高校教育教学改革及创新研究

主　编　王洪伟　阮青松
副主编　唐　伟　佟爱琴　曹晓玲

同济大学出版社
TONGJI UNIVERSITY PRESS
·上海·

图书在版编目（CIP）数据

高校教育教学改革及创新研究 / 王洪伟，阮青松主编；唐伟，佟爱琴，曹晓玲副主编. -- 上海：同济大学出版社，2024.12
ISBN 978-7-5765-0529-0

Ⅰ. ①高… Ⅱ. ①王… ②阮… ③唐… ④佟… ⑤曹… Ⅲ. ①高等教育-教育改革-研究-中国 Ⅳ. ①G649.21

中国版本图书馆 CIP 数据核字（2022）第 240573 号

高校教育教学改革及创新研究

主编 王洪伟 阮青松
副主编 唐 伟 佟爱琴 曹晓玲

出品人 金英伟　**责任编辑** 孙铭蔚　**责任校对** 徐春莲　**封面设计** 张 微

出版发行	同济大学出版社　www.tongjipress.com.cn
	（地址：上海市四平路1239号　邮编：200092　电话：021-65985622）
经　销	全国各地新华书店
制　作	南京月叶图文制作有限公司
印　刷	苏州市古得堡数码印刷有限公司
开　本	787 mm×1092 mm　1/16
印　张	15.5
字　数	368 000
版　次	2024年12月第1版
印　次	2024年12月第1次印刷
书　号	ISBN 978-7-5765-0529-0
定　价	90.00元

本书若有印装质量问题，请向本社发行部调换　　版权所有　侵权必究

序

　　教育兴则国家兴，教育强则国家强。习近平总书记强调："从教育大国到教育强国是一个系统性跃升和质变，必须以改革创新为动力。"建设教育强国、科技强国、人才强国具有内在一致性和相互支撑性。高校作为建设人才强国的重要阵地和教育改革的排头兵，要根据科学技术发展态势，聚焦国家重大战略需求，系统分析我国各方面人才发展趋势及缺口状况，有的放矢地培养国家战略人才和急需紧缺人才，推动新时代教育事业发生格局性变化。

　　同济大学主动适应国家战略发展新需求和世界高等教育发展新趋势，站在新的历史起点上，紧紧围绕培养什么人、怎样培养人、为谁培养人这一教育的根本问题，坚持立德树人。同济大学经济与管理学院倡导"包容、创新、集成、致用"的价值观，以"扎根中国大地，用创新性的理念和方法培养高质量优秀人才，造就业界精英；面向世界，建设高水平国际合作平台，应对全球挑战；聚集高层次人才，打造国际一流的学术创新团队和科研中心，创造管理新知；着眼现代化经济体系，服务政府、企业和社会，践行持续发展"为使命，努力建设全球知名的商学院。学院秉承"产学融合、知行合一"的价值理念，积极顺应当前国内外经管人才培养规律与趋势，获得了国际商学院协会(The Association to Advance Collegiate Schools of Business, AACSB)、欧洲质量改进体系(European Quality Improvement System, EQUIS)、工商管理硕士协会(The Association of MBAs, AMBA)等国际权威认证。学院充分用好齐全的学科门类、跨院系培养式与国际化基因等核心资源，以本硕博贯通式培养、双学位项目、国际化办学、复合型人才培养等创新模式，努力使每名学生通过高等教育获得通识基础、专业素质、创新思维实践能力、全球视野、社会责任等综合特质，成为具有管理思维、科学精神、人文情怀、国际视野的社会栋梁和行业人才。

　　在社会宏观环境和人才需求导向的重大变化中，经济与管理学院以"融合商学＋技术边界"为创新培养理念和模式，增强学科的柔性及专业的可变性，以充分适应现代社会的高速发展；以"商学＋科技人文"交叉培养理念打造数字时代的开阔视野；以产学研深度融合实现教育同社会的无缝对接，落实人工智能教学模式的"商学＋X"新路径，积极开拓高等教育教学改革新局面。

　　本书收录了经济与管理学院近年在教育研究和教学改革领域的部分优秀成果，涵盖专业建设、课程建设、本硕培养等方面的重点问题和热点现象。在立德树人方面，有对习近平总书记"清华谈话"语境下学院学科建设的深入分析和对"双循环"背景下MBA招生培养创新模式的探索；在专业建设方面，基于"新文科""新工科"背景，对信息管理与信息系统、物流管理、会计学、经济学等学科和专业的建设展开理论论述和国内外案例分析；在人才培养方面，结合国家战略导向和社会人才需求，对乡村振兴、工程情景、实习基地等创新场景培养的设计和中德美全球供应链管理硕士等教学项目的实施进行讨论；在课程建设方面，既有对编程类课程和工程类课程教学模式改革的思考，又有对"微课程"等创新课程模式的研究;在热点现象方面,对"朋辈指导""产教融合""学习倦怠"等问题进行分析和总结,并基于教学实践提出相应的对策。

"教育者,非为已往,非为现在,而专为将来。"培养引领未来的创新型人才,为学生创设更多成长和发展的机会与通道,已成为世界一流大学的共识。谨以本书记录经济与管理学院教育工作者的探索和思考,总结可供读者参考的经验以抛砖引玉,推动教学改革向纵深发展,为党和国家事业培养德才兼备、引领未来的创新人才。

2024年5月9日

目　　录

序

专业建设

新文科建设背景下信息管理与信息系统专业人才培养研究
　　　　　　　　　　　　王洪伟　陈璇屹　吴维宇　朱茂然　栾尚飞　003

国内外标杆专业建设对比分析——以信息管理与信息系统专业为例
　　　　　　　　　　　　王洪伟　吴维宇　张福国　李彦凯　徐德华　009

基于师生"实践共同体"特征的乡村振兴育人模式研究
　　　　　　　　　　　　　　　　　　　胡　静　陆英楠　史成宇　015

同济大学本科会计学专业教育的变革研究——基于标杆专业的对比分析
　　　　　　　　　　　　　　　　　　　　　　　　佟爱琴　薛倩芸　020

会计学专业校外实习基地建设研究　于团叶　黄　睿　匡梦丹　李霁婷　钟郭伟　032

课程建设

本研贯通的EMI课程体系建设——以信息管理与信息系统专业为例
　　　　　　　　　　　　　　　　王洪伟　伍明浩　李沁芳　吴　冰　039

一流物流管理专业建设的思考　　　张艳霞　郑小金　胡一竑　秦圣坤　046

电子商务课程思政的实施方略设计　刘义理　朱茂然　王洪伟　徐德华　054

教改前沿

"新工科"背景下基于项目管理的PjBL教学模式设计与实践
　　　　　　　　　　　　　　　　王广斌　金颖妍　张文娟　王旭育　061

人工智能技术对当今大学教育的影响——以ChatGPT为例
　　　　　　　　　　　　　　　　　　　张福国　王海权　王　伟　069

基于在线评论文本分析的高校竞争力比较关系挖掘　李彦凯　王洪伟　汤若琦　077

基于混合式教学的编程类课程教学模式改革——以Python语言课程为例
　　　　　　　　　　　　　　　　　　　　　　　　徐德华　胡佳玲　086

习近平总书记"清华谈话"语境下的同济大学经济学学科建设问题与初步建议
　　　　　　　　　　　　　　　　　　　　　　　　　　　张文辉　090

基于建构主义理论的信息管理专业教学改革探究　　　李　曼　朱茂然　101

同济大学本科会计学专业教育的变革研究——基于国内顶级专业的对比分析
　　………………………………………………………………… 佟爱琴　吴行健　106

教 学 研 究

习近平经济思想"三进"教改创新思考与实践探索 ………… 石建勋　李海英　115
"新工科"背景下面向复杂工程问题的 4D 计划管理教改探索
　　………………………………………………… 李永奎　欧阳鹭霞　韩一龙　126
融媒体一体化在市场营销教材中的探索应用 ………………… 熊国钺　高冰莹　131
高校会计学专业国际化教学模式研究 ………………………… 于团叶　王雯茜　139
课程思政融入财经大数据教学的探索与实践 … 宋　媛　宋晓满　朱茂然　徐　鑫　144

研 究 生 教 育

经济"双循环"背景下 MBA 软实力人才培养模型构建研究
　　………………………………………… 徐　勤　邵宏轩　吴　伟　许倩倩　155
硕士专业学位论文质量提升路径探索——基于论文评阅意见分析
　　………………………………………………………………… 徐　勤　张新玲　163
针对硕士研究生新生学习倦怠情况的调查分析与建议 ……… 胡　靖　韩歆予　173
"双循环"背景下 MBA 招生—培养—职业发展全过程质量提升研究
　　………………………………………………………… 耿　榕　邵宏轩　徐　勤　184

专 题 研 究

新形势下国际化人才培养的实践与经验
　　——以同济大学中德美全球供应链管理硕士项目为例 ……… 霍佳震　陈丽沙　193
基于协同创新理念的高校人才培养改革路径探索——以商学院为例
　　………………………………………………… 曹晓玲　徐　鑫　郭逸群　郭　峥　200
职业生涯教育"朋辈指导"方法实践与探讨——基于班杜拉社会学习理论
　　………………………………………………………… 陈　迅　李小小　丁巴芫　207
微课程研究主题分析 …………………………………… 吴　冰　张　文　李沁芳　213
基于"四重螺旋"理论的信息管理与信息系统专业产教融合人才培养研究
　　………………………………………………………………… 李　萌　朱茂然　219
习近平总书记"清华谈话"的主要内涵与启示 ……………………………… 张文辉　227
进一步增强高校教职工党支部组织生活的有效性 …………………………… 陆　薇　235

专业建设

ZHUANYE JIANSHE

新文科建设背景下信息管理与信息系统专业人才培养研究

王洪伟　陈璇屹　吴维宇　朱茂然　栾尚飞

（同济大学经济与管理学院）

摘　要：新文科建设推动了文科学科体系与新一轮科技革命和产业交叉融合，旨在培养适应新时代要求的文科人才。本文首先分析新文科建设背景下人才培养改革的必要性；其次提出信息管理与信息系统专业人才培养目标，并分析现有不足；最后从健全课程体系和优化教学方法、注重实践教学、改进培养模式、优化师资队伍和实施国际化培养五个方面提出改革措施，为新文科建设背景下信息管理与信息系统专业人才培养改革提供新的思路。

关键词：新文科建设；人才培养；信息管理与信息系统；改革创新

一、引言

2020年11月，教育部发布了《新文科建设宣言》，自此中国高校文科建设步入全面开展的新纪元。新文科建设旨在推进文科学科体系与新一轮科技革命和产业交叉融合，建设交叉学科及专业，并培养适应新时代要求的应用型、创新型、复合型文科人才。

新文科建设要求各学科在中国文化与历史的发展传承中，汲取外来知识并提炼出具有中国特色的学术话语；深刻反思中国现代化过程，基于中国文化立德树人，培养学生的文化认同和文化自信；利用学科交叉融合推动学科建设、文理融合，特别是与信息技术、人工智能的深度融合，各学科不仅要结合自身特点和行业实际，促进自身特色发展，同时要打破学科壁垒，与理工科协同发展，促进文理融合的新兴学科产生与发展。

信息管理与信息系统专业（以下简称信管专业）是一门复合型专业，其人才培养目标为培育扎实掌握基本经济管理理论及大数据、人工智能等新型信息技术，懂技术、熟业务、会管理的创新型、应用型、复合型人才。在新文科建设的背景下，信管专业人才基本特征被进一步重塑，在理论基础、实践能力、综合素养等多方面有了全新的要求。然而，原有的课程体系和培养模式无法满足新的人才标准，阻碍了学科转型和人才培养。

二、新文科建设下人才培养改革的必要性

（一）国家战略、外部形势发生变化

1. 新时代

习近平总书记在党的十九大报告中指出，"中国特色社会主义进入了新时代""必须坚持科技是第一生产力、人才是第一资源、创新是第一动力"。《中华人民共和国国民经济和社会发展第十四个五年规划和2035年远景目标纲要》指出，"坚持创新在我国现代化建设全局中的核心地位，把科技自立自强作为国家发展的战略支撑，面向世界科技前沿、面向经济主战场、面向国家重大需求、面向人民生命健康"。因此，我国迫切需要培养创新型人才，加强基础研究人才培养。

2. 新环境

当今世界正处于百年未有之大变局，加强国际传播能力以提升国家文化软实力迫在眉睫。新一轮科技革命和产业变革迫切要求高校培养宽口径、厚基础、跨学科、国际化的复合型人才。

3. 新变化

交叉融合已成为世界潮流，包括技术融合、媒介融合、中外文化融合，这一潮流要求高校培养"商学＋科技"的跨学科人才。

（二）现行教育体系中四大基本要素发生转变

教师、学生、教材和教学环境是现行教育体系中的四大基本要素，在新文科建设要求下，教师由知识传播者转向知识共享者，学生由参与集中的、批量的课程转向参与以个体为主的、个性化定制的课程，教材从以纸质图书为主转向以电子资源和网络资源为主，教学环境也由传统固定空间转向现实与网络结合的虚拟空间。

（三）企业和社会对人才的需求发生变革

中国特色社会主义进入新时代，我国经济发展也进入新常态，大数据、人工智能等新兴科技与传统行业迅速融合，社会和企业对于管理人才的知识、能力和人格有了更高的要求。

党的二十大报告指出："培养什么人、怎样培养人、为谁培养人是教育的根本问题"。因此，新文科建设背景下信管专业人才培养模式必须顺势而变。

三、新文科建设下信管专业人才培养目标

（一）信管专业特点

在我国，信管专业作为管理学、经济学、计算机科学与技术的交叉学科，经过四十多年的发展，已经形成较为完善的学科体系。该学科具有综合性、边缘性及实践性三个特点，以培养具备现代管理学理论基础、计算机科学与技术知识及应用能力，掌握系统思想、信息系

统分析和设计方法及信息管理等方面的知识与能力,能在国家各级管理部门、工商企业、金融机构、科研单位等从事信息管理及信息系统分析、设计、实施和评价等方面工作的高级专门人才为目标。信管专业集信息技术与管理技术于一体的特点,决定了其要培养既懂经济管理,又有扎实的信息技术处理能力的复合型高级人才。

(二) 信管专业人才培养新标准

一方面,信管专业人才培养要积极响应"将现代信息技术融入课程"的新文科建设要求,为学生提供综合性的跨学科学习机会,促进学生知识扩展和创新思维提升。另一方面,信管专业人才培养要应对当今错综复杂的国内外形势,以服务国家、增强我国在国际社会上的话语权为目标。从信管专业的特点来看,其本身就是一门融合了管理学、经济学和计算机科学与技术的交叉学科。因此,首先,信管专业要紧跟技术发展,向学生传授前沿技术与管理知识,培养了解掌握大数据分析、系统设计、人工智能等技术的科技创新型人才。其次,信管专业要加强对学生全球视野和跨学科知识的培养,使其成为能适应国内外形势的复合型人才。最后,信管专业要更好地把握管理与技术的结合点,培养技术跟得上时代、管理顺应时代的应用型高级人才。

四、信管专业人才培养现有的不足与面临的挑战

(一) 课程设置及教学方法单一

一方面,大数据时代来临,机器学习、深度学习等技术已成为信息技术发展的重点,但是信管专业人才培养目标的制定和课程系统的设计尚不能跟上信息时代的变化。另一方面,信管专业教学方法较为落后,很多学校无法利用先进技术提高教学效率、改善教学效果。

(二) 教学与实践脱离

创新是引领发展的第一动力,社会对于创新型人才的需求日益增长。目前,信管专业教学活动多停留在知识理解层面,对于学生知识应用能力和创新能力的培养相对不足。如何打破知识与应用之间的壁垒,培养学生的科研创新能力和产业创新能力,是信管专业人才培养面临的新挑战。

(三) 培养模式单一

信管专业目前单一的教学培养模式,已无法满足培养精通技术与管理的创新型、应用型、复合型的高素质人才的目标。为了使学生掌握跨学科知识,提高学生的科技创新能力、实践能力和自主学习能力,信管专业应探索不同类型的个性化培养模式。此外,信管专业本研贯通的培养模式有待加强,要统筹设计本研培养方案,完善本研弹性学制,达到保障科学研究的连续性、提高科研效率的目的,以为学生的成长提供更广阔的空间和更多的机会。同时,人类命运共同体的构建要求人才培养模式与国际接轨,培养学生的全球视野与跨文化交流能力。

（四）师资队伍重心在科研，缺乏配套引导机制

教师是人才培养的实施者，但目前信管专业师资队伍建设仍存在诸多问题。一方面，新文科建设对师资队伍提出了新的要求，但部分教师尚未将专业人才培养作为重要的工作。另一方面，无论是高校综合实力评比还是国家科研经费的发放，都离不开科研产出的量化，这在一定程度上导致高校"重科研轻教学"。目前，我国缺乏引导高校注重人才培养的评价和监督体系，也缺乏与引导新文科建设人才培养目标实现相关的教师绩效考核评价体系。

五、信管专业人才培养改革主要举措

（一）优化课程体系、改进教学方法，打造"数智信管"

新文科建设提出"新课程"任务，要求各学科通过改革课程、教材和授课方式打造新课程体系，采用创新教学方法使学生在现代化教学中提高学习效率、增加学习兴趣。

第一，信管专业应完善现有课程体系，通过数据赋能打造"数智信管"，以满足大数据时代的需求。在课程设置上，应强调信息技术的作用，保障基础课程的质量，加强数理基础训练和量化方法应用，增加与前沿科技结合的计算机技术课程，课程包括区块链、人工智能、数据挖掘、社交网络等内容，打破科研壁垒，强化课程与技术之间的联系，搭建理论知识与实际应用之间的桥梁。

第二，信管专业应利用先进技术创新教学模式，合理发挥网络教学的辅助作用。信管专业应积极地开展教学方法改革，实现线上和线下教学相结合，利用慕课（Massive Open Online Courses，MOOC）、微课等教学平台收集学生课上行为数据，摆脱传统线下教学在时空上的桎梏，实施个性化教育。以学生为主体、教师为主导，锻炼学生的逻辑思维和自主学习能力。同时，通过线上互动答疑、网络交流论坛等方式帮助学生更加深刻地理解知识，提高学生发现问题、解决问题的能力。

（二）构建多元实践体系，注重实践创新能力培养

信管专业培养学生实践创新能力不仅需要开设相关实践教学课程，还应构建一个包括第二课堂、专家讲座、社团俱乐部等的多元实践体系，夯实实践基础。

在教学上，信管专业应将实践教学体系和综合实践实训相结合，利用虚拟实验平台打造整合多门课程知识点的实验课程，通过实例教学、启发式教学，将理论与上机实验、实际开发相结合，注重实践能力的培养，加深学生对专业的理解。同时，通过实施本科导师制，鼓励本科生参加科研项目，进一步提高学生的实践能力。

在实践上，信管专业应利用第二课堂、专家讲座、社团俱乐部举办多元活动，利用微信公众号、小程序等新媒体平台进行推送。开设第二课堂，举办专家讲座（特别是前沿科技讲座），让学生把握时代发展潮流，找到所学专业知识与创新创业的结合点。积极举办并推广校内外创新创业类赛事及数学建模类、计算机设计类赛事，培养学生的动手创新和科技创新能力，提高团队合作素养。整合企业资源，定期组织学生参观新兴行业，或邀请相关人员

来校作报告,使学生了解优秀创业者的创业经历,为其提供创业实践指导、职业生涯规划指导,提高学生的创新素养,培养学生的专业兴趣。

(三) 创新培养模式,"四合"培养复合型人才

1. 学科融合

在对学生全面素质的考察中,特别强调交叉学科知识的掌握与运用。信管专业作为交叉学科专业,其学生更应具备全面的学科素养。因此,信管专业应构建跨学科师资平台、跨专业培养体系,组织跨学科的师资力量,培养具有宽口径、厚基础、强能力的复合型人才。信管专业应开展大规模个性化的定制培养,以学生为中心,让学生根据自身的特点和兴趣选修专业课程或者不同的课程模块。同时,打造多学科的精品课程池,构建"层次化、模块化、平台化"的个性化人才培养课程体系。实施优秀本科生科研能力提升计划,审核遴选优秀本科生加入教授科研团队,为优秀本科生继续深造提供发展平台。

2. 跨院联合

信管专业应整合全校资源,建立跨学院的双学位项目或主辅修项目,与数学、计算机、电信等学院加强合作,突破管理体制的瓶颈。目前,同济大学经济与管理学院已开设"数理金融学人才培养模式创新实验区"项目、"中法工商管理专业人才培养模式创新实验区"项目,未来可在信管专业开设"大数据管理与应用"等本科双学位项目。

3. 校校联合

信管专业应建立跨校学分互认、学位联授机制,增加合作高校数量并提高合作项目质量;与兄弟院校进行跨校师资和课程共享,成立虚拟教研室,鼓励校外师资的嵌入式、模块化教学,鼓励学生跨校辅修。

4. 产教联合

信管专业应以学生需求为中心,与知名企业合作优化学生培养过程和培养方案,以满足学生发展需求和用人单位需求为核心开发新的培养方案,培育和打造一流大学生联合培养基地平台。通过组织企业参观、培训、实习等实践活动,推动产学研一体化发展,以产业需求为导向,致力于成为人才培养的重要平台。

(四) 优化师资结构,完善教学队伍

信管专业需要专业背景深厚的教师基于新文科视角对专业知识进行新的理论解读。因此,构建一支学历结构、年龄结构、职称结构、学缘结构合理的师资队伍,不仅可以为教学科研与学科建设发展奠定良好基础,还可以增强学科的可持续发展能力。此外,要做好本土师资国际化转型,运用国际资源培训本土师资,促进本土师资与海外师生进行教学和科研交流;同时整合国际师资,根据人才培养要求,以"不求所有,但求所用"的态度,通过课程、讲座、研究等多种人才培养形式,围绕学科群汇聚全球师资力量。针对当前海外高水平人才引进力度不足的问题,应加快人才引进的步伐,创造一个宽松、和谐的研究环境,为人才提供有竞争力的薪酬待遇,争取规模化地引进海外名校毕业的博士研究生。

有关部门应将评价与监督体系纳入新文科建设要求的人才培养目标的实现效果考核,建立相关引导机制,鼓励高校注重教学与人才培养。同时,信管专业应在教师绩效考核中

建立配套评价考核体系，确保教学育人、科研学术在职称晋升和内外部考核评价中得到同等重视。

（五）实施国际化培养

信管专业人才培养要与国际接轨，培养具有国际视野的高级管理人才。国际化培养要坚持对外开放，将"引进来"和"走出去"更好地结合。一方面，要同国外优秀高校合作，实施双学位项目或交换交流项目，通过学分互认、学位联合培养等机制，推动学生到海外高校及研究机构进行科研交流。另一方面，要融合优秀的国际教学课程，接轨国际前沿暑期课程，在课堂中融合优秀的国际教学课程视频和案例，实现线上线下相融合，打造翻转课堂；面向国际科学前沿和国家重大需求，与海外高校联合组建虚拟实验室。此外，对标国际商学院认证标准，如国际商学院协会（The Association to Advance Collegiate Schools of Business，AACSB）认证、欧洲质量改进体系（European Quality Improvement System，EQUIS）认证等，建设世界一流商学院。

六、结语

面对新文科建设下人才培养的发展趋势，信管专业应该改进其传统人才培养模式中存在的不足，以适应新时代我国社会发展需求。在大数据时代，信管专业应更好地将计算机科学与技术和管理学结合，丰富课程体系并优化教学方法，注重学生创新能力的培养，完善教学队伍，通过融合培养、国际化培养等多种培养模式，培养出一批创新型、应用型、复合型的高素质管理人才。

除此之外，新文科建设强调以中国文化为基础开展立德树人工作，因此，提高学生的人文素养和道德使命感同样重要。同时，打造与软件工程、计算机专业不同的具有信管特色的信息技术课程，将管理和技术结合并创新，也是信管专业未来需要探索的重要方向之一。

参考文献

[1] 王锁柱,张建林,李环,等.基于CDIO理念的信息管理应用型人才培养模式[J].计算机教育,2015(8)：40-43.
[2] 韩成春,王立文,王峰,等.地方应用型本科个性化人才培养模式探索与实践[J].教育现代化,2020,7(51)：16-19.
[3] 林健.一流本科教育：认识问题、基本特征和建设路径[J].清华大学教育研究,2019,40(1)：22-30.

国内外标杆专业建设对比分析
——以信息管理与信息系统专业为例

王洪伟　吴维宇　张福国　李彦凯　徐德华

（同济大学经济与管理学院）

摘　要：新文科建设推动了文科学科体系与新一轮科技革命和产业交叉融合，同时也对信息管理与信息系统专业提出了新的挑战。本文依据 QS 世界大学排名和国内大学排行榜，选取国内外六所高校作为研究对象，结合国内高校实际进行比较研究。研究发现，在课程设置方面，国内外各高校多以层次化课程为主线，以模块化课程为补充，由通识课到专业课循序渐进，结合高校自身特色设置课程；在人才培养方面，国外高校更注重提升学生解决实际问题的能力，而国内高校更注重提升学生的理论知识水平。本文认为，强化师资力量、调整课程设置、加强实践学习、培养创新能力和实施人才分类培养可以作为国内高校信管专业未来建设方向。

关键词：信息管理与信息系统；标杆专业；人才培养；课程体系；对比分析

一、引言

信息管理与信息系统专业（以下简称信管专业）于 20 世纪 70 年代在中国开始发展。从问世之初，信管就被视为计算机科学与技术和管理科学相结合的复合型学科，旨在培养拥有系统化管理思想和较高管理素质，同时掌握管理学、经济学基础理论及信息与工程相关技术知识的高素质人才。信管专业开设数理类、信息技术与工程类、经济类、管理类等众多门类课程，这些课程具有较强的实践性与实效性。

随着大数据、人工智能等新兴技术的发展，信管专业面临种种困难与挑战。一方面，多学科课程设置使得学生专业知识学习"杂而不精"，实践经验相对缺乏，难以将掌握的知识应用于实际；另一方面，方法理念的迭代升级与新技术的涌现，使得教学内容更新速度难以跟上时代发展步伐，学生在学习知识时"晨兴理荒秽，带月荷锄归"，但在实际应用中却难免"种豆南山下，草盛豆苗稀"。因此，寻找学习标杆高校以加强信管专业建设、结合实际进一步提升人才培养水平势在必行。

同济大学信管专业创办于 1984 年，历经 40 年，已形成博士、硕士、本科等多层次的办学体系。在国内多个版本的专业排名中，一直位居前列。其所在一级学科"管理科学与工程"

被列为上海市重点学科，在教育部第四轮学科评估中位居 A＋档，并入选上海市Ⅰ类高峰学科建设计划。2019 年，同济大学信管专业首批入选国家级一流本科专业建设点。

如何更好地建设信管专业、更好地培养信管专业人才，是每个学校都在探索的问题。本文选取美国的加州大学伯克利分校和亚利桑那大学，新加坡国立大学，以及我国的香港城市大学、清华大学、复旦大学六所著名高校作为研究对象，对其信管专业的建设进行比较研究，并结合同济大学的具体情况，提出相应的改进措施。

二、人才培养

（一）人才培养目标

随着新兴技术的发展，作为前沿科学学科的信管专业的人才培养目标也应该与时俱进。根据 2018 年版《管理科学与工程类教学质量国家标准》，管科类专业的人才培养目标为："培养拥有系统化管理思想和较高管理素质，掌握管理学与经济学基础理论以及信息与工程相关技术知识，具有一定的理论和定量分析能力、实践能力以及创新创业能力，具备职业道德与国际视野，满足现代管理需要的高素质人才"。作为管理科学与工程下属的方向（二级学科），信管专业的人才培养目标应当根据时代进步和社会需要，向着更深入、更专业的方向转变。

根据就业市场的调研，社会对信管专业人才的期望为"既懂计算机技术又懂管理相关知识的复合型人才"，这也符合当今大部分学校信管专业的培养目标。如清华大学信管专业的人才培养目标为："培养把握数字经济时代的商务活动规律，能够开发和运用信息技术及数理方法以优化管理、提升绩效、引领创新的复合型管理人才。"这一目标极具代表性，展现了各高校信管专业的目标方向，即"培养能够利用信息技术处理管理相关问题的专业人才"。

新时代信管专业的人才培养面临标准提升。为了满足社会需求，加州大学伯克利分校要求信管专业学生掌握计算机科学、认知科学、心理学和社会学等方面的知识，以满足各行各业的需求，帮助其更好地解决各类管理问题。

总体来讲，国内外各高校的人才培养目标较为一致，都希望培养掌握多方面知识的，能够解决管理问题的复合型人才。

（二）人才培养模式

人才培养模式以人才培养目标为导向，要求学生有扎实的技术基础和管理知识储备，同时能够运用所学知识开展实践以解决现实问题。因此，各学校的人才培养模式普遍设置为"理论学习＋实际应用"，不同学校安排的理论与实践占比有一定差异。在满足基本理论教学和实践教学的基础上，根据学校的不同特色，培养目标的具体实施策略也会有所差异。以清华大学为例，其对学生国际化的要求高，因此其培养学生时，强调国际交流的内容，如开设"中国与世界"系列课程，增设本科特色国际交流项目，为学生提供大量出国交流学习的机会，以此不断提高专业的国际化水平。

（三）学生就业

信管专业学生的就业方向集中于计算机、互联网、通信等行业，从事大数据分析与管理、互联网与商务智能建设、管理决策分析及运营优化等工作。同时,也有学生进入政府部门或其他行业的信息部门。比较典型的岗位包括ERP实施、数据分析、电子商务运营和信息系统开发等。与以往相比,新的信息时代的信管专业毕业生的就业方向不再局限于信息系统的开发,而是变得更加广泛,新时代的信管专业毕业生能够胜任不同行业的不同岗位。

(四)差异性分析

通过对国内外高校的标杆专业的课程设置及人才培养模式进行对比分析,可以看出,国外高校的信管专业比国内高校的信管专业更注重专业实践,在设置理论知识课程的同时,设置了更多实践类课程,旨在提升学生解决实际问题的能力。清华大学、复旦大学则更注重基础理论知识的学习,基础理论课程占比更大,但这两所高校目前也在逐渐提升实践课程的占比,如清华大学要求学生在大二和大三学年暑假参加实习或者实践训练。虽然学校之间有差异,侧重点也不尽相同,但培养目的都是推动学生将理论运用于实际。

三、课程体系的对比分析

信管专业综合性较强,其课程体系分为两类:层次化课程体系和模块化课程体系。层次化课程体系以专业知识为主线,由基础课、专业基础课和专业课三部分构成;模块化课程体系则由若干课程模块构成。无论是哪种体系,总体来讲,其课程设置都可分为通识类课程、专业核心课程、院系课程和专业选修课程。为此,本节对比分析六所高校信管专业的课程体系,进而探究各高校信管专业课程体系设置的原则和方法。

(一)课程设置

1. 核心课程

核心课程(core courses)是指信管专业必修的、与专业关联最密切的课程。国际计算机学会(Association for Computing Machinery,ACM)和国际信息系统学会(Association for Information Systems,AIS)共同制定的IS2010标准,对全球高校的本科信管专业建设提出了建议,设定了七门核心课程,分别是:信息系统概论(Foundations of Information Systems)、数据和信息管理(Data and Information Management)、企业架构(Enterprise Architecture)、信息系统项目管理(IS Project Management)、信息技术基础设施(IT Infrastructure)、系统分析与设计(Systems Analysis and Design)、信息系统战略、管理与获取(IS Strategy, Management, and Acquisition)。

经过多年的探索,各高校又在上述七门核心课程的基础上形成了各自的课程体系。通过对各高校列出的专业核心课程(选取标准为有四个及以上学校共同开设)进行对比,找到了目前六所高校的信管专业设置的相同或类似的核心课程,主要包括数据库原理与技术(Database)、系统分析与设计(System Analysis and Design)、管理信息系统(Management Information System)、数据结构(Data Structure)、统计学(Statistics)等。上述核心课程的设置,表明六所高校在专业建设上存在一致性,体现了信管专业所应具备的最基本的专业知识:一是对数据的基础性认知,二是对信息系统的基础性认知。这表明,信管专业的侧重点从传统的对信息系统的分析与设计转变为如今的信息系统与数据分析。

除此以外,每所高校的专业核心课程都不尽相同,如加州大学伯克利分校、清华大学、香港城市大学将数据结构(Data Structure)设置为专业核心课程;清华大学和复旦大学将运筹学作为核心课程。此外,一些学校还开设了极具自身特色的课程,如香港城市大学的社交媒体分析课程。通过对比可知,各高校信管专业人才培养的目标及着重点存在一定差异,其不同的核心课程都体现出自身的培养特色。

总体来讲,六所高校的核心课程设置较为相似,集中于信息系统和数据处理的相关知识,同时也保留了本校的优势和特色,如香港城市大学的社交媒体相关课程,亚利桑那大学的计算机相关课程。通过学习本校的优势科目,本校学生的相关知识得到强化,能够在未来的就业竞争中展现出突出优势。因此,其他高校可以此为鉴,在满足信管专业基础知识需要的前提下,根据自身的优势设立相关课程。

2. 经济管理类课程

人才培养目标要求学生能够学以致用,具备解决管理问题的能力。目前,大部分高校将信管专业设立于经济与管理学院(商学院),要求学生掌握经济与管理类相关知识。为此,各高校信管专业也开设了大量的经济类课程,其中具有共性的包括经济学、组织行为学、计量经济学等;具有学校特色的包括清华大学与复旦大学开设的国际商务管理、亚利桑那大学开设的商业决策的微观分析(Microecomic Analysis for Business Decisions)等。

3. 专业选修课程

选修课程的设置能够给学生提供更多样的选择,使得学生能够根据自身职业发展方向选择相应的课程,从而更深入地学习。根据对信管专业学生就业方向的调查,可以将信管专业毕业生分为两种类型:一是技术型人才,包括系统开发、管理软件开发、数据分析等方面的人才;二是管理型人才,包括产品经理、IT项目管理经理等方面的人才。六所高校作为知名高校,吸引了大量的优秀人才,师资力量雄厚,有能力为学生提供各类课程。在此基础上,为了满足学生职业发展需要,六所高校开设了大量的专业选修课程。如为计划走上技术岗位的学生提供人工智能、数据挖掘、系统运营与维护、计算机语言(C++、Python)等课程;为计划走上管理岗位的学生提供项目管理、商业数据分析、电子商务、信息经济学等课程。

(二)教学安排

课程安排的连贯性是影响学生知识获取的重要因素。时间安排不当会影响学生对知识的吸收,不利于学生的发展。通识教育课是大学生的基本课程,国内外高校都倾向于将其设置在大一、大二两学年内。专业课则贯穿整个本科阶段,国外高校会让学生从大一就开始接触专业知识,但国内高校更偏重先打牢基础再进行专业课的学习。如亚利桑那大学的本科生会在第一学期学习计算机知识,第二学期学习经济学相关知识,第三学期学习更加深入的专业知识,同时开始规划自己的职业生涯。而国内高校普遍采取大类招生,因此复旦大学经济管理类的本科生在大一只学习通识课和经济类课程,到大二选择信管专业后才开始接触专业课程,大三开始做职业规划,大四上学期修完全部课程,大四下学期则被鼓励在完成毕业设计的同时,进入社会开展实践。

信管专业课程需要循序渐进。以清华大学为例,信管专业的学生会在大一及大二上学期学习通识类课程及数学和经济学课程,为专业课学习打下基础;在大一下学期接触计算机程序语言,在大二上学期接触数据结构,为后续专业课学习打下基础;紧接着趁热打铁,在大二下学期开展管理信息系统及数据库的学习,强化对相关知识的掌握;大三上学期参与专业限选课,深化专业认知;有了更加全面的专业知识后,大三下学期再进行综合性的课程学习,例如系统分析与设计、商务数据分析等,进一步巩固知识。这样的课程安排是相当合理的。

总体来讲,信管专业课程体系以层次化课程为主线,以模块化课程为补充。一方面,课程设置从通识类课程逐步过渡到院系课程、专业基础课,再深入到专业课程,这种循序渐进的课程设置方式,使得学生能够系统深入地掌握专业知识;另一方面,通过模块化课程的补充,学校提供了某些模块的全部课程,以满足学生对不同方面知识的需求。同时,信管专业的侧重点从传统的对信息系统的分析与设计转变为如今的信息系统与数据分析。

四、启示与建议

(一)强化师资力量

一方面,采取灵活的人才政策以引入相关人才;另一方面,强化对已有教师的培训,鼓励其学习前沿知识,并提高其开展课程思政教学的能力。此外,还可以通过构建虚拟教研室,实现校校、校企之间的协同师资建设,让优质师资的作用得到最大限度的发挥。

(二)调整课程设置

根据学科发展和社会需要,首先,可以开设更多前沿科学课程,如大数据处理与分析、人工智能、数据挖掘等。其次,可以增加实践类课程,通过与企业合作,为学生创造更多的实习机会,让学生走上实际操作的道路,帮助其更深入地理解自己所学习的知识。最后,还可以加强院院联合,开设多学科交叉课程,促进学生了解多方面知识,满足社会与自身需要。

(三)加强实践学习

根据调查,对于信管专业学生,社会各界最看重其实践应用能力。而与国外高校学生相比,国内高校学生实践经历较少。因此,国内各高校应该适当加强实践教育,增大实践课程的占比,为学生创造更多的实践机会,通过企业走访等活动加强学生与社会的联系,促进学生实际操作能力提升;让学生参与长期项目,真正实际上手操作;等等。

(四)培养创新能力

一方面,新兴技术和社会需求快速更新迭代,迫使信管专业不断地改革培养模式,以培养出符合社会需求的人才;另一方面,具备创新能力的信管专业毕业生能更好地适应社会的变化,也能为信管专业的发展作出更大的贡献。高校或学院可以举办创新大赛,鼓励学生展示自己的创意,予以优异者嘉奖,将其作为模范以激励其他学生。

（五）人才分类培养

学生拟定的毕业去向不同意味着其在校期间的学习需求不同，信管专业需要进一步优化人才分类培养方案。因此，可以根据学生拟定的毕业后的不同去向，如就业、保研或考研、出国留学等，采取相应的人才培养措施，以满足广大学生的不同需要。

五、结语

本文通过对比六所国内外知名高校信管专业的课程设置和人才培养模型，为同济大学信管专业的发展提出了一系列建议，这些建议对我国其他高校信管专业建设也具有借鉴意义。

第一，信管是一门与时俱进的综合学科，对教师团队的能力要求高，对此本文提出强化信管专业师资力量的建议。第二，通过对比国内外高校信管专业的课程设置，本文认为信管专业需要在力所能及的范围内开展前沿学科的教学、与企业的合作、院系之间的交叉合作。第三，六所标杆高校都强调实践能力的提升，这是国内其他高校所欠缺的。因此，本文提出了通过增加相关课程占比，带领学生走访企业、参与项目等措施来增加学生实践机会的提议。第四，为了应对业内新兴技术的更新迭代和社会需求的变化，本文提出通过举办创新大赛等方式加强学生创新能力培养的建议。第五，综合各高校的人才培养模式和学生自身的发展需要，本文提出根据学生的不同需求采取不同的培养措施的建议，这能够使学生在毕业后更好地融入社会。

随着信息化进程的加快，人类社会对信息的处理能力也亟须紧跟时代的步伐。世界各高校对信管专业发展的探索仍在继续，国内信管专业的改进依旧任重道远。

参考文献

[1] 梁亚玲,黄晓瑞.大数据背景下信息管理与信息系统专业发展研究[J].中国管理信息化,2021,24(1)：215-220.

[2] 沈波,廖嘉莉.数字化时代信息管理与信息系统专业人才培养的思考[J].高教学刊,2021,7(23)：161-164.

[3] 林健.面向"卓越工程师"培养的课程体系和教学内容改革[J].高等工程教育研究,2011(5)：1-9.

[4] Association for Computing Machinery, Association for Information Systems. IS 2010: curriculum guidelines for undergraduate degree programs in information systems[EB/OL].[2023-07-29]. https://www.acm.org/binaries/content/assets/education/curricula-recommendations/is-2010-acm-final.pdf.

[5] 李玲,高美.网络招聘时代专业人才技能需求分析——以信息管理与信息系统专业为例[J].情报探索,2018(11)：53-57.

[6] 梁亚玲,揭安琪.大数据背景下信息管理与信息系统专业课程设置研究[J].中国管理信息化,2020,23(13)：208-213.

[7] 桂海霞,薛菁,王向前.大数据下信息管理与信息系统专业就业能力评价及培养研究[J].西昌学院学报（自然科学版）,2021,35(1)：116-119,128.

[8] 李尚越,吴丽娜.高等院校分类培养模式的现状与发展趋势[J].现代营销（信息版）,2019(9)：76-77.

基于师生"实践共同体"特征的乡村振兴育人模式研究

胡 静 陆英楠 史成宇

(同济大学校长办公室、定点帮扶办公室)

摘 要：实践育人是新时代高校落实立德树人根本任务的关键环节，是新时代高校培育和践行社会主义核心价值观、为社会主义事业培养建设者和接班人的重要途径。基于同济大学在云南省大理白族自治州云龙县九年的定点帮扶工作实践，本文提出构建以师生"实践共同体"为特征的乡村振兴育人模式。从实践育人的问题情境、组织方式和成效评估三个层面，探讨研究构建师生"实践共同体"的必要性，以及如何提高同济大学乡村振兴育人工作的成效。

关键词：乡村振兴；实践共同体；实践育人

一、引言

探索乡村振兴人才培养的实现路径，是高校立德树人的应有之义。基于同济大学在云南省大理白族自治州云龙县九年的定点帮扶工作实践，本文提出构建以师生"实践共同体"为特征的乡村振兴育人模式。该模式强调基于乡村振兴实践的真实情境，推动专业教师带头、多学科团队协同、师生共同参与的乡村振兴"实践共同体"建设，引导师生共同走进农村、关注农民，在以科技助力云龙发展的同时，培养更多知农、爱农的乡村振兴人才。

二、探索乡村振兴育人模式的重要性

2021年5月，教育部等四部门发布《关于实现巩固拓展教育脱贫攻坚成果同乡村振兴有效衔接的意见》，明确要求高校："推进乡村振兴育人工作。把巩固拓展脱贫攻坚成果和乡村振兴作为国情教育和思政课堂的重要内容，鼓励教育系统干部师生积极参与、深度实践，进一步深化立德树人成效。鼓励高校、职业院校、中小学积极探索乡村振兴育人模式，形成一批可复制、可推广的工作成果。"

(一) 开展乡村振兴实践是高校落实立德树人根本任务的重要载体

坚持什么样的实践方向，关乎实践育人的成效。党的十九大报告指出，要"培养担当民族复兴大任的时代新人"。这一重要论断,深刻回答了"培养什么人、怎样培养人、为谁培养人"这一教育的根本问题,也指明了高校服务乡村振兴战略、积极开展乡村振兴实践的必然性。高校要立足我国"三农"发展实际,将课堂搬到乡村,通过开展乡村振兴实践,鼓励和支持更多师生运用自身所学学科理论、专业技能、前沿知识,把论文写在祖国大地上。

(二) 探索乡村振兴育人模式是高校服务乡村振兴战略的根本任务

人是实现农业农村现代化的关键所在。2019年1月,教育部印发《高等学校乡村振兴科技创新行动计划(2018—2022年)》(以下简称《行动计划》),就推动高校深入服务乡村振兴战略实施作出了明确要求。《行动计划》要求高校"统筹育人资源和育人力量,发挥科研育人、实践育人在高等教育内涵式发展和高质量人才培养中的重要作用,提升乡村振兴创新人才培养能力"。高校作为基础研究主力军和技术创新策源地,要在乡村振兴"人才衔接"上发挥作用,充分发挥创新实践、生产实践、帮扶实践的重要作用,推动科技创新、人才培养、社会服务的有机结合,以高站位、宽视野、真行动来探索实践育人模式。

三、构建师生"实践共同体"的必要性

"实践共同体"这一概念最早由简·莱夫(Jean Lave)和艾蒂安·温格(Etienne Wenger)在《情景学习:合法的边缘性参与》(Situated Learning: Legitimate Peripheral Participation)一书中提出,被用来分析人类的非正式学习。他们认为"实践共同体"是"一个分享共同关注的问题或对同一话题抱有热情的人群"。"实践共同体"通过在一个持续发展的基础上的互动,深化了该领域的知识和专业技术。在教育领域,"实践共同体"理论常被用作探讨学校及课堂教学发展的理论框架。随着教育界对"实践共同体"的不断探索,出现了包括教师"实践共同体"、教学"实践共同体"、在线"实践共同体"(虚拟共同体)、UDS(University, District, School)合作"实践共同体"、教育信息化"实践共同体"在内的多种形式。这些"实践共同体"的衍生,促进了教师的专业发展,推动了教学实践研究,丰富了教学形式,也为进一步提高实践教学质量提供了思路。

(一) 构建师生"实践共同体"是乡村振兴人才培养的重要环节

全面实施乡村振兴战略,其深度、广度、难度都不亚于脱贫攻坚。脱贫地区面临的发展瓶颈问题,往往更为顽固。在这样的背景下开展乡村振兴实践,不仅需要有实践经验的带头人,更需要一个团队的持续实践。有实践经验的专业带头人能够整合高校智慧,突破制约乡村发展的"卡脖子"难题;而一个团队的持续实践,则能通过"实践共同体"的模式,将更多青年学子培育为乡村振兴发展的生力军。因此,构建专业教师带头、多学科团队协同、师生共同参与的乡村振兴"实践共同体",是培养乡村振兴人才不可或缺的重要环节。

(二) 构建师生"实践共同体"是开展国情教育和课程思政的有效途径

大学是师生的学术共同体,也是师生的"实践共同体"。富有时代性和正能量的思政内容,才能引起年轻学子的心理共鸣,使年轻学子产生强烈的爱国情怀、民族自豪感和坚定的

理想信念。通过引导教师投身乡村振兴实践,鼓励教师将思想政治教育元素融入专业实践,潜移默化地对学生的思想意识、行为举止产生影响。这样的"实践共同体"强调使理论学习研究主动服务于改造世界的实践;这样的思政教育内容源于对实践的总结和提升,具有强烈的时代性和体验性;这样的实践经历更强调在师生心中种下一颗"读懂祖国、建设祖国"的种子。

四、探索以师生"实践共同体"为特征的乡村振兴育人模式

要构建基于实践的乡村振兴育人模式,离不开对三个核心要素的创建,即实践的问题情境、组织方式和成效评估。基于同济大学定点帮扶云龙县的乡村振兴实践,本文提出以三个要素为核心,探索同济特色的乡村振兴育人模式。

(一)立足云龙乡村振兴主战场,打造高校助力云龙乡村振兴的同济样本

在实践的问题情境上,2019年,同济大学选择具备西南山区贫困村落特征的永安村作为育人实践的问题情境,并对永安村作为实践情境的基本特征进行了考察和归纳。

永安村距云龙县城12千米,是云龙县24个深度贫困村之一。由于地处山区,永安村面临环境差、资源匮乏、人多地少、公共设施严重滞后的窘境,脱贫任务十分艰巨。通过前期调研,项目组将制约永安村脱贫的问题锁定为"三难"。一是产业规模小导致发展难,体现为"小""散""弱"、投入不足、缺少稳定增收产业;二是基础设施差导致发展难,体现为公路通达率低、水利基础设施薄弱、网络信号覆盖率低;三是人居环境落后导致发展难,体现为环境保护意识不足、规划执行力度不够、"脏乱差"问题突出。

2019年年初,同济大学启动"永安村乡村振兴示范建设"项目,并将其列入同济大学年度定点帮扶工作计划。借鉴同济大学在浙江黄岩开展乡村振兴工作的成功经验,充分发挥学科和专业优势,加大资金投入,集中资源精准发力,为永安村制定了"聚焦基础民生、整体统筹规划、绿色生态发展、脱贫攻坚与乡村振兴有效衔接"的帮扶方案。

(二)营造同济师生"实践共同体",探索乡村振兴战略下的实践育人模式

在实践的组织方式上,为了解决单兵作战、力量分散、服务单一等问题,组成"一名特聘教授带队+多名青年教师骨干+若干名骨干学生"的科技实践团队。科技实践团队作为师生"实践共同体"的具体组织形式,支撑"三农"问题与多学科的交叉融合,并最终将科研成果带到田间地头。

永安村示范项目启动以来,同济大学建筑与城市规划学院、土木工程学院、环境科学与工程学院、数学科学学院、设计创意学院等多个学院的师生团队先后参与实践,在永安村的整体规划、村民议事点建造、入户厕所改造、人行桥梁搭建、村落标识设计、乡土教育等项目中精准施策,完成了一批具有示范意义的实践项目。

此外,同济大学多措并举,加强对师生同行实践的支持。一是建立需求发布机制。设立"云龙乡村振兴种子计划",通过双向发布需求,为云龙乡村发展找到合适的科技助力团队,也为渴望加入乡村振兴实践的在校师生找到合适的实践情境。二是推动多学科团队协

作。以"探索乡村振兴育人模式"为题申报"2021 年同济大学教师思想政治建设项目",并在云龙发展基金中设立"同行实践资助金",旨在引导和支持不同学科团队共同了解云龙、建设云龙。

(三)探索实践育人评价要素,传承同济人的家国情怀与责任担当

纵观国内相关论述,大多学者对实践育人的研究还停留在社会实践的必要性及实践模式上,与实践育人评价机制相关的研究较为匮乏,仍处于探索阶段。陈步云提出从评价、反馈、优化三个要素出发对高校实践育人质量进行评价;肖青山基于增值理论,提出从评价主体、内容、方式、时间四个维度构建大学生社会实践考核评价体系;李宝玲基于 CIPP 评价模式,用层次分析法分析各影响因素并确定其权重,从背景、输入、过程、结果四个维度分析大学生"三下乡"实践育人的成效评价指标体系。

在实践的成效评估上,同济大学强调突出乡村振兴实践的特点,将"师生共同实践""领域交叉协同""项目过程管理""支撑体系充分""反哺专业实践教育""实践反馈评价"作为乡村振兴育人模式的六大评价指标。其中,在组织形式上,强调师生共同参与;在项目设计上,强调将学科知识运用于乡村情境,探索具有引领性、示范性的解决方案;在实施路径上,鼓励组建跨学科团队,实现多团队在真实情境中的协同攻坚;在过程管理上,推动专业教师从课程思政的角度开展有规划、有设计的实践育人课程,并从过程管理的角度加强对学生的引导;在结果评价上,注重帮扶项目在当地获得的评价和反馈,也强调师生个体在实践中获得的成长体验和认同感。

五、结语

经过两年多的努力,永安村从"五低"(公路通达率低、道路硬化率低、危房改造率低、安全饮水率低、综合活动场所覆盖率低)到实现"五变"(公路通车、道路平整、住房改善、饮水健康、公共设施提升的全面变化),提前十年完成基础设施建设目标,村容村貌发生了翻天覆地的变化;2019 年 37 户 148 人实现脱贫,2020 年 6 月全村退出贫困村序列;村民的内生发展动力明显增强,"自己的事自己办"已成为永安村党员和群众的共同意识。与此同时,基于云龙帮扶实践的乡村振兴育人模式也逐渐形成。

(1)从实践到认同,以师生"实践共同体"为特征的乡村振兴育人工作初见成效。在中国共产党成立 100 周年倒计时 100 天之际,同济大学定点帮扶办公室联合校内多个部门及艺术与传媒学院,以思政大课堂的形式回顾了同济师生投身扶贫事业的实践。大课堂邀请曾经奋战在脱贫攻坚一线的师生,将同济大学定点帮扶云龙县八年来的生动实践娓娓道来,并深情述说了从中感悟到的使命与担当。沉浸式的体验场景,鲜活的师生团队,使台下的师生在真切领略同济人脱贫攻坚风采的同时,在心中种下了一颗投身乡村振兴事业的种子——要去云龙、要去乡村、要去祖国需要的地方。

(2)从零散到系统,抓实三大要素有助于乡村振兴育人项目的培育。基于实践育人的过程特征,本文提出乡村振兴育人工作既要关注实践的情境和情境中的人,也要关注人在情境中取得的实践成效,即关注实践的问题情境、组织方式和成效评估。抓实这三个要素,

能够为实践育人项目的组织和实施提供有力的支点。近年来,越来越多的同济扶贫项目从零散走向系统,也有越来越多的师生团队从初出茅庐到斩获各类奖项。例如,美丽乡愁公益团队开展的乡土教育实践入选联合国教科文组织全球世界遗产教育创新推荐案例;上海同济城市规划设计研究院和建筑与城市规划学院联合选推的城市开发研究院规划三所"启明"青年规划师团队获得2021年同济青年五四奖章(集体)等。

（3）从实践到评估,乡村振兴育人实践的评价指标还有待深入研究。基于对"乡村振兴育人成效"问题的思考,本文提出将"师生共同实践""领域交叉协同""项目过程管理""支撑体系充分""反哺专业实践教育""实践反馈评价"作为乡村振兴育人实践的六大评价指标。从自发的实践,到有组织的实践,再到具备育人功能的实践,六大评价指标为乡村振兴育人实践的项目设计、过程管理和项目成效提供了必要的指引和参考。探讨评价指标是为了确保乡村振兴育人工作的方向明确、成效显著,今后还须继续加强对评价指标的量化研究。

参考文献

[1] 王利敏."实践共同体"研究综述[J].上海教育科研,2016(12):28-33.
[2] 陶永建,田国华,许迈进,等.共同体理论视野下的工程教育教学新探[J].高等工程教育研究,2020(5):57-63.
[3] 陈步云.高校实践育人质量评价机制的构建[J].思想教育研究,2018(5):76-80.
[4] 肖青山.大学生社会实践考核评价体系之构建:基于增值理念[J].当代教育实践与教学研究,2018(12):219-220.
[5] 李宝玲.基于CIPP评价理论的大学生"三下乡"社会实践育人成效评价指标体系研究[J].高校后勤研究,2021(5):76-79.
[6] 高嵩,蒋艳双,苏瑞.我国高校专业实践共同体的学习机制——一项基于博士研究生学习行为的质性研究[J].高教论坛,2020(10):101-104.

同济大学本科会计学专业教育的变革研究
——基于标杆专业的对比分析

佟爱琴　薛倩芸

（同济大学经济与管理学院）

摘　要：本文选取同济大学经济与管理学院会计学的标杆专业，即上海交通大学安泰经济与管理学院会计学和上海财经大学会计学，对其人才培养理念、人才培养模式和人才培养方案等方面进行调研、比较和分析。通过对比分析，找出同济大学经济与管理学院会计学专业与标杆专业的异同，进而对同济大学经济与管理学院会计学专业的人才培养方案变革提出建议：采用"主修专业＋辅修模块"培养模式，建立交叉学科培养体系；继续推进本研贯通，促进知识共享；进一步丰富选修课种类，推动个性化发展。

关键词：会计学；教学改革；人才培养

一、引言

如今，数字经济成为新常态，成为新一轮科技革命和产业变革的重要驱动力量。以大数据、人工智能、移动互联网、云计算、区块链等为代表的信息技术已经全面融入社会生产生活，对社会经济发展、商业模式和企业管理等方面有着重大且深远的影响。与此同时，"会计无用论""会计消亡论"的声音此起彼伏，未来几乎所有结构化核算的工作都将由计算机完成，这对会计学科提出了一定的质疑，也对加快会计行业转型及高层次、创新型、复合型人才的培养提出了更高的要求。目前，人工智能技术在会计行业替代的是传统、简单的基础会计工作。事实上，会计的功能不仅局限于核算和监督，还包括更深入实现信息判断、审核决策、战略管理等。用会计数据为企业运营风险监控、生产效率提高和市场竞争力提升等方面提供支持，无论是微观主体的投资决策与契约安排、资本市场的股票交易与估值定价，还是宏观总体的经济预测与政策制定，以及政府和市场之间的相互学习，都体现着会计信息的基础功能与特有属性。

现阶段，对于同济大学经济与管理学院会计学专业而言，要牢牢把握时代发展机遇，重塑智能化时代背景下的人才培养模式，加快培养适应新时代新技术环境的新型会计人才。为此，本文选取会计学的标杆专业，即上海交通大学安泰经济与管理学院会计学和上海财经大学会计学，对其人才培养理念、人才培养模式和人才培养方案等方面进行调研、比较和分析,进而对同济大学会计学专业的人才培养方案变革提出建议。

二、标杆专业评价指标及选择标准

为了尽可能客观科学地选择会计学标杆专业,以使其与同济大学经济与管理学院会计学专业更具可比性,且在专业教学领域具有值得学习和借鉴的意义,本文考察了不同的评价指标,包括生源质量、毕业生质量、师资规模与结构、学科水平、办学层次、国际竞争力、重大项目与成果、人才培养、科学研究成果等多方面,最终选择了上海交通大学安泰经济与管理学院会计学专业和上海财经大学会计学院会计学专业。具体评价指标如表1所示。

表1　　　　　同济大学会计学专业与标杆专业的评价指标

评价指标	同济大学经济与管理学院会计学专业	上海交通大学安泰经济与管理学院会计学专业	上海财经大学会计学院会计学专业
师资规模与结构	15名教师(其中1名教授,7名副教授)	18名教师(其中4名教授,9名副教授)	61名教师(其中20名教授,20名副教授)
办学层次	学士、硕士、博士	学士、硕士、博士	学士、硕士、博士
国际竞争力	AMBA、EQUIS、AACSB认证	AMBA、EQUIS、AACSB认证	AMBA、EQUIS、AACSB认证
2020软科中国排名	第17名	第3名	第30名
教育部第四轮学科评估	B+	A+	A
2021QS世界大学会计与金融学科排名	未上榜	亚洲第7名(世界并列第34名)	世界第101~150名
所在学院愿景	成为培养卓越管理人才,推动可持续发展的全球知名会计专业	成为扎根中国的世界级会计专业	构建具有全球影响力的中国会计、财务与审计学科
所在学院使命	创造管理新知,造就业界精英,践行持续发展,应对全球挑战	做一等学问,铸一等人才,成一等事业	探究创值规律,培植业界英才,传播商业文明

资料来源:笔者根据各学校学院官方网站信息整理。

同济大学、上海交通大学与上海财经大学均位于上海市,地理位置优越。同济大学与上海交通大学同为具有鲜明理工特色的综合性大学,二者的会计学专业都下设于工商管理一级学科。两所高校的经济与管理学院同属为数不多的同时获得AMBA、EQUIS、AACSB认证的商学院,具有较高的学术声誉和社会影响力,在生源质量和师资力量方面较为相似。上海财经大学属于财经类大学,专门设置了会计学院,并且学院设有会计学和财务管理两个二级学科,师资力量雄厚,专业特色鲜明,学科优势显著。

另外,上海交通大学的会计学专业在QS世界大学会计与金融学科排名中的位次不断提升,2020年位列全球高校第39名、中国内地高校第3名,2021年位列全球高校第34名、亚洲高校第7名,学科发展稳定而迅速。上海财经大学依托自身财经类大学的优势,教学力量相对集中,在学科专业性上具有显著优势,具有对比研究学习的意义。

同济大学、上海交通大学与上海财经大学的会计学专业在办学层次、国际影响力和学科地位方面都比较相似,具有可比性。另外,上海交通大学的会计学专业体现出鲜明的理工科特色,而上海财经大学的会计学专业体现出显著的商科特色,二者在培养方案和课程设置上也体现出不同的特点,具有研究借鉴意义。故选择上海交通大学安泰经济与管理学院会计学专业与上海财经大学会计学院会计学专业作为同济大学经济与管理学院会计学专业的标杆专业。

三、同济大学会计学与标杆专业的调研

根据同济大学经济与管理学院、上海交通大学安泰经济与管理学院和上海财经大学会计学院的官方网站公开内容,本文收集整理了各专业的人才培养理念、人才培养模式和人才培养方案,对核心课程和核心实践进行调研。

(一)同济大学会计学专业人才培养

1. 人才培养理念

同济大学会计学专业以培养德智体美劳全面发展的高素质创新人才为目标,力求使学生具有"通识基础、专业素质、创新思维、实践能力、全球视野、社会责任",为此制定了本研贯通、大类培养、学时统筹、交叉创新的培养方案,将人才培养理念定位为"国际视野、中国情怀、创新务实与业精德高"。

2. 人才培养模式

招生时按"管理科学与工程类"进行选拔,第一学年以通识教育为主,第二学年开始逐渐加入专业教育,同时学生可以选择进入会计学专业学习。

3. 人才培养方案

同济大学会计学专业的培养方案中包括通识教育、专业教育和个性教育,以工商管理和经济学为主干学科,结合"会计技术+管理"的模式,除设置以会计基础知识体系为引领的专业课程外,还设有较强的理工类课程,旨在提高学生对科技发展的适应度,培养学生在实践中运用技术的能力。详细课程设置如表2所示。

表2　　　　　　　　　　　同济大学会计学专业课程设置

课程类别	课程名称
通识教育课程	思想道德修养与法律基础、中国近现代史纲要、马克思主义基本原理、毛泽东思想和中国特色社会主义理论体系概论、习近平新时代中国特色社会主义思想概论、形势与政策、军事理论、军训、体育、大学计算机、C/C++程序设计、大学英语、数据库技术与应用
大类基础课程	高等数学、管理学概论、线性代数、概率论与数理统计、大学语文与写作
专业基础课	会计学、经济学、组织行为学、经济学、应用统计、财务管理、市场营销、中级财务会计、会计信息系统、专业导论(经济管理类)
专业必修课	中级财务管理、审计学、成本管理会计、税法、高级财务会计、税务会计、跨国公司财务、会计研究方法
专业选修课	财政学、商业伦理、货币金融学、财务经济分析、计算机审计、会计专题讲座、企业战略与风险管理、工程项目成本管理与控制、互联网金融、数据科学、解读中国经济发展的密码、固定收益证券、工程经济学、可持续发展与管理
实践环节	会计大作业、会计调研实习、技能实习(会计学)、财务建模、会计模拟实习、企业经营沙盘模拟、毕业论文、毕业实习

资料来源:《同济大学经济与管理学院2020级会计学专业培养方案》。

（二）上海交通大学会计学专业人才培养

1. 人才培养理念

上海交通大学安泰经济与管理学院以"纵横交错、知行合一"为发展战略，秉承"扎根中国管理实践，推动社会经济发展，完善经济管理理论"的方针，承担着"做一等学问，铸一等人才，成一等事业"的光荣使命，以一流的科学研究和行业研究为支撑，培养德才兼备、具有国际视野且深谙中国国情的战略型高层次会计人才，力图成为扎根中国的世界级商学院。

2. 人才培养模式

2018年，上海交通大学安泰经济与管理学院推出经济管理试验班，经济管理试验班采用"主修专业+辅修模块"培养模式，要求学生在修读1个主修专业的同时，自主选择修读1个辅修模块。经济管理试验班的学生在第一、第二学年接受通识教育和专业基础教育，以掌握经济学、管理学的前沿理论和分析方法，具备跨学科知识，成为复合型人才；在第三、第四学年接受专业深度教育和个性化教育，以掌握除基础知识外的更具核心竞争力的深度知识。

3. 人才培养方案

上海交通大学会计学专业本科人才培养采用学术型或应用型双通道培养模式，课程体系中，必修课程少而精，选修课程多而广，给予了学生充分的选择权。上海交通大学会计学专业的课程设置如表3所示。

表3　　　　　　　　　　上海交通大学会计学专业课程设置

课程类别		课程名称
通识教育课程	公共课程类（必修）	中国近现代史纲要、思想道德修养与法律基础、毛泽东思想和中国特色社会主义理论体系概论、马克思主义基本原理、体育、军事理论、新时代社会认知实践
	公共课程类（选修）	英语选修课、通识核心课程
专业教育课程	数学模块	数学分析、高等数学、线性代数、概率统计
	经管基础模块	政治经济学、心理与行为、经济与管理精要、管理学原理、经济学原理、企业责任与伦理
	写作模块	研究选题与论文写作
	数据模块	程序设计、商务统计分析和数据挖掘
专业课	专业基础课	中级微观经济学、中级宏观经济学、计量经济学
	专业核心课	会计学、财务管理、中级财务会计、管理会计、报表分析与估值、审计学
实践课	—	工程体验与创新、经管实践调研、军训、毕业设计

资料来源：《上海交通大学2020级经济管理试验班本科生培养计划》。

除了表3中所列课程，上海交通大学会计学专业还设置了多而广的选修课程。有志于学术研究的学生可以选择修读侧重数理逻辑训练和基础理论积累的课程，并在教师的指导下参加学术研究，为学术深造做好准备，成为理论基础扎实、熟悉学术前沿成果的学术研究型人才；而有志于参加工作的学生则可以在修读完基础理论课程后，选择修读适合自身职业发展的应用型专业课程，成为优秀的应用型人才。上海交通大学经济管理试验班选修课如表 4 所示。

表 4　　上海交通大学经济管理试验班选修课

课程名称	学分	学期	备注
经济优化方法	3	4	经济类
发展经济学（A 类）	2	4	
经济思想史	2	4	
区域经济学	3	5	
实验经济学	2	5	
产业组织理论（A 类）	3	5	
劳动经济学	2	5	
环境经济学	2	5	
行为经济学	3	6	
行业分析理论与方法	3	6	
公共经济学	2	6	
中国经济	2	6	
论文研讨（经济）	2	6	
创业基础	2	2	创新创业管理类
社会创业	2	春、秋	
技术商业化理论与途径	2	春、秋	
商业模式	2	春、秋	
创业融资与股权设计	2	春、秋	
设计思维	2	春、秋	
常微分方程	4	4	数学类
实变函数	3	3	
高级宏观经济学(1)	3	6	博士共享课程
高级微观经济学(1)	3	7	
高级计量经济学(1)	3	7	
高级宏观经济学(2)	3	7	
高级微观经济学(2)	3	8	
高级计量经济学(2)	3	8	
财务会计信息系统	2	5	会计类 （含博士共享课程）
高级公司财务	2	6	
高级财务会计	2	6	

(续表)

课程名称	学分	学期	备注
税务学	2	7	会计类 (含博士共享课程)
战略财务管理	2	7	
会计与资本市场研究(1)	2	7	
会计与资本市场研究(2)	2	8	
经济制度与会计信息	2	8	
公司治理	2	5	金融类 (含博士共享课程)
中国医疗商业保险	2	5	
金融数学	2	6	
风险投资和金融创新	2	6	
论文研讨(金融)	2	6	
高级计量经济学(3)时间序列	3	7	
高级计量经济学(3)微观计量	3	7	
资产定价实证	3	7	
公司金融实证	3	7	
资产定价理论	3	6	
公司金融理论	3	6	
市场调研	2	5	营销类
营销工程与营销模型	2	5	
大数据与精准营销	2	6	
销售管理	2	6	
企业经营决策模拟	2	6	
数字化营销	2	7	
战略性品牌管理(A类)	2	7	
现代服务营销	2	7	
全球化下的国际经济分析	2	4	贸易类
国际投资学	3	5	
商务英语沟通	2	6	
投资科学	2	5	商务数据科学类
采购与供应管理	2	5	
供应链管理	2	6	
运营风险管理	2	6	

(续表)

课程名称	学分	学期	备注
随机过程及应用	2	6	商务数据科学类
算法分析与设计	2	6	
数值计算方法	2	7	
增强学习	2	7	
数据库基础及 SAS 应用	3	4	MIS 类
MATLAB 编程与建模	2	5	
电子商务(B类)	2	5	
计算机网络及应用	2	6	
计算文本分析	2	6	
算法交易和量化投资	2	7	
人工智能导论	3	7	
管理思想	2	7	博士共享课程
问卷调查	1	7	
数据采集与分析	1	7	
多元统计分析	3	春、秋	
管理研究方法	2	8	
定性研究	1	8	
实验研究	1	8	

资料来源:《上海交通大学 2020 级经济管理试验班本科生培养计划》。

上海交通大学经济管理试验班采用"主修专业＋辅修模块"培养模式,要求学生在修读 1 个主修专业的同时,自主选择修读 1 个辅修模块。以会计学为主修专业,学生可修读的辅修模块及课程如表 5 所示。

表 5　　　　　　上海交通大学经济管理试验班辅修模块设置

辅修模块	课程名称
经济学	中级微观经济学、中级宏观经济学、计量经济学、博弈论、应用计量经济学、经济优化方法、发展经济学(A 类)、经济思想史、区域经济学、实验经济学、产业组织理论(A 类)、劳动经济学、环境经济学、行为经济学、行业分析理论与方法、公共经济学、中国经济、论文研讨(经济)
国际经济与贸易	中级微观经济学、中级宏观经济学、计量经济学、国际经济学(1)、国际经济学(2)、国际贸易实务、国际服务贸易、商法、国际技术贸易(A 类)、全球化下的国际经济分析、国际投资学、商务英语沟通
人力资源管理	组织行为学、战略管理、人力资源管理、绩效与薪酬管理、领导力与自我管理、组织设计与发展、谈判与冲突管理、人力资源管理前沿、人力资源管理定量分析、跨文化管理、组织管理研究方法

(续表)

辅修模块	课程名称
市场营销	市场营销学(B类)、消费者行为、新产品管理、定价策略、现代客户关系管理、广告与新媒体、渠道管理、市场调研、营销工程与营销模型、大数据与精准营销、销售管理、数字化营销、战略性品牌管理(A类)、现代服务营销
信息管理与信息系统	信息系统概论、计算机硬件与软件原理、数据采集和可视化、数据库与大数据、数据结构和算法设计、信息系统分析与设计、数据库基础与SAS应用、MATLAB编程与建模、电子商务(B类)、计算机网络及应用、计算文本分析、算法交易和量化投资、人工智能导论
商务数据科学	管理科学、运营管理、回归分析、机器学习、商业建模与决策、商业与管理模拟、决策分析、预测分析与方法、投资科学、采购与供应管理、供应链管理、运营风险管理、随机过程及应用、算法分析与设计、数值计算方法、增强学习
创新创业管理	创业基础、社会创业、技术商业化理论与途径、商业模式、创业融资与股权设计、设计思维、技术创新管理

资料来源:《上海交通大学2020级经济管理试验班本科生培养计划》。

(三) 上海财经大学会计学专业人才培养

1. 人才培养理念

上海财经大学会计学院始终坚持"国际化、本土化、专业化和智能化"的学科发展理念,提倡"慎思明辨、敢为人先"的学术精神,旨在培养具有国际化视野和创新精神,具有社会责任感,既掌握国际先进管理理念和方法,又扎根中国本土商业实践,熟悉中国会计实务,具备会计、管理、经济、法律和计算机应用方面的知识和能力,符合会计师事务所需要的"应用型、复合型、外向型"高级会计人才。

2. 人才培养模式

根据"宽口径、厚基础"的教学方针,学生在第一、第二学年主要接受通识教育,从第二学年上学期开始学习专业课。

3. 人才培养方案

上海财经大学会计学专业的专业必修课有:基础会计、中级财务会计、高级财务会计、成本和管理会计、财务管理、审计学、财务分析与公司估值、会计信息系统、公司战略。

上海财经大学会计学专业的专业选修课有:中国会计与财务专题、创业投资管理、财务决策支持系统、XBRL:理论与应用、税务筹划、会计与财务英语、国际会计准则比较、Excel在财务决策中的应用、职业道德规范等。

上海财经大学会计与财务实验班培养计划包括:通识教育课程(70学分)、学科共同课(27学分)和专业课(24学分)、拔尖型课程(11学分)、第二课堂(17学分)、毕业论文(4学分)、毕业实习(4学分)。拔尖型特色课程包括:财务会计研究(3学分)、公司财务研究(3学分)、计量经济学与软件应用(3学分)。且实验班学生须在大二、大三两个学年修读2门暑假国际课程,所得2学分作为拔尖型选修课学分计入培养计划。

另外,上海财经大学为会计学专业学生提供了不同方向的多门选修课,具体如表6所示。

表6　　　　　　　　　上海财经大学会计学专业选修课

财务管理方向	CGA方向	注册会计师方向	ACCA方向	会计学方向	美国会计方向
企业价值评估	兼并与收购	税法	个人理财	税法	税务筹划
个人理财	中国会计与审计专题	个人理财	兼并与收购	个人理财	个人理财
兼并与收购	高级审计学AU2	兼并与收购	中国会计与审计专题	兼并与收购	兼并与收购
高级财务会计	风险投资管理	会计英语	风险投资管理	会计英语	中国会计与审计专题
风险投资管理	管理咨询	会计理论	管理咨询	会计理论	会计理论
公司治理	外汇业务会计	财务报告分析	外汇业务会计	审计理论	财务报告分析
管理咨询	股份公司会计	风险投资管理	财务报告环境（ACCA系列）	财务报告分析	风险投资管理
审计学	证券公司会计	管理咨询	管理会计（ACCA）	风险投资管理	管理咨询
金融市场学	税法TX1	外汇业务会计	股份公司会计	管理咨询	外汇业务会计
—	公司财务FN2	股份公司会计	证券公司会计	外汇业务会计	股份公司会计
—	—	证券公司会计	国际会计	股份公司会计	证券公司会计
—	—	国际会计	—	证券公司会计	税务会计
—	—	—	—	国际会计	国际会计

资料来源：笔者根据相关资料整理。

四、同济大学会计学专业与标杆专业的比较分析

同济大学、上海交通大学和上海财经大学的会计学专业在人才培养理念上相对较为一致，具有相同的方向。然而，在培养方案的具体落实中，三校的会计学专业存在明显差异。

（一）会计教学与信息技术的结合度存在差异

同济大学会计学专业虽然要求学生掌握计算机这一工具，但主要集中于运用现代信息管理技术进行专业文献检索、数据处理、模型设计等，以及使用专业数据库进行专业论文和研究报告撰写等。培养方案中涉及的计算机课程主要有：大学计算机、C/C++程序设计、数据库技术与应用、会计信息系统、计算机审计。

而上海交通大学会计学专业不仅在专业教育课程中开设了程序设计、商务统计分析和数据挖掘等与实务相关度更高的数据模块课程，还在选修课中设置了单独的MIS类课程，包括数据库基础及SAS应用、MATLAB编程与建模、电子商务、计算机网络及应用、计算文本分析、算法交易和量化投资，以及人工智能导论等。从课程设置可以看出，上海交通大学会计学专业对计算机相关课程的设置更偏向实际应用而非理论学习，学生修读课程之后，能够更快地通过计算机技术将专业知识应用于科研和工作。

(二) 专业与课程选择空间存在差异

同济大学会计学专业的培养方案中有明确的专业基础课和专业必修课,以及少量可供选择的专业选修课,学生在选择课程时无法根据自身职业规划和兴趣方向使所选课程集中于某一方向,自由选择的空间较小。

上海交通大学会计学专业采用了与同济大学会计学专业不同的培养模式——"主修专业＋辅修模块"培养模式。这一模式对于交叉学科学习而言具有显著优势,既可以使学生掌握除主修专业之外的专业知识,又可以使学生学习模块集成知识,避免所学知识过于零碎,无法系统地组合运用。以将会计学作为主修专业为例,主修专业设有辅修模块,在此模式下,学生可以选择"会计＋信息系统""会计＋金融""会计＋数学""会计＋商务科学"等培养模式,这一交叉学科的培养模式体现了未来会计的发展方向,即会计不只是核算,需要做到业财融合,掌握计算机知识,能够参与公司治理,使财务信息能够真正运用于管理,与同济大学会计学专业的"会计技术＋管理"模式相比可能具有更多的选择。另外,上海交通大学安泰经济与管理学院开设了多达80门选修课,课程内容涵盖理论与应用,且包含多门研究生共享课程,本科生拥有相当多的选择,可以进一步夯实专业知识,也可以参与更高阶的课程。这不仅使资源得以充分共享和利用,还为学生提供了更多学习途径。

上海财经大学会计学院下设工商管理(ACCA)、财务管理(智能化)、会计学(会计与财务实验班)等多个细分专业,有助于学生更好地按需选择修读方向,攻读符合自身未来发展规划的专业。同时,学院为有志于从事学术研究和应用研究的学生提供了充足的选择空间和适宜的专业课程。上海财经大学会计学专业选修课覆盖6个方向,每个方向开设9~13门课程,包括外汇业务会计、股份公司会计、证券公司会计、税务会计、国际会计等课程。这些课程内容涵盖理论与应用、国内与国际,为学生提供了广泛的选择。两个标杆专业的选修课程的数量和类型都远多于同济大学会计学选修课程。

(三) 师资规模与结构存在差异

同济大学经济与管理学院会计学专业目前有15名教师(其中包括1名教授、7名副教授),而上海交通大学安泰经济与管理学院会计学专业有18名教师(其中包括4名教授、9名副教授)。上海财经大学专设会计学院,共有61名教师(其中包括20名教授、20名副教授),具有博士学位的教师占比95%,取得海(境)外博士学位的教师占比40%,45岁以下中青年教师占比60%,学院拥有教育部首批"全国高校黄大年式教师团队"1支、国家级教学团队1支、上海市教学团队1支、上海市"为人、为师、为学"先进典型团队1支,各类省部级及以上人才项目入选者40余人次。

与标杆专业相比,同济大学会计学专业在师资规模上存在明显不足,缺乏足够多的、各个领域发展的教师,这不仅间接限制了课程设置的数量和种类,无法为学生提供多而广的课程选择,而且不利于学科多方向发展,缺少不同方向上的研究力量。

五、同济大学会计学专业的人才培养方案变革方向

通过比较分析同济大学经济与管理学院会计学专业与标杆专业,本文提出同济大学经

济与管理学院会计学专业的人才培养方案变革的基本思路。

（一）加快推进会计学专业学习与信息技术相结合

会计从业人员不仅需要掌握会计知识，还需要跟踪市场趋势和行业特性，做到业财融合。高校会计学专业首先要考虑需要培养什么样的人才、学科的界限在哪里。其次，基础专业知识是学生发展的基石，高校会计学专业必须抓好基础教育。最后，高校会计学专业应根据市场需要，培养能够解决问题的会计人才。智能会计取代传统会计已经成为大势所趋，这对高校会计学专业教学提出了新的要求。

第一，在专业教学上，高校会计学专业需要紧跟时代发展步伐，精简和优化传统会计理论课程，整合内容相近的课程，例如将财务管理与中级财务管理课程相结合、将审计学与计算机审计课程相结合等。

第二，除了现有的编程软件的学习，高校会计学专业还应增加计算机课程的比重，注重培养学生的编程思维，增加商务科学、数据分析、智能会计、系统开发等模块，使学生将会计学专业知识和计算机知识充分结合，掌握利用计算机知识解决会计学专业问题的能力，提高管理水平，拓展会计职能。

（二）变革课程设置，提高课程选择自由度

1. 采用"主修专业＋辅修模块"培养模式，建立交叉学科培养体系

同济大学会计学专业现有的培养方案将经济学、金融学、信息系统、工程管理、市场营销等其他专业课程直接纳入培养计划，并未对这些课程加以区分，不利于构建完整的知识体系。若增加辅修模块则可以将主修专业课程与其他课程区分开来。辅修模块的设置方式有两种：一种如上海交通大学会计学专业的模式，将某一专业的核心专业课程作为一个模块，如经济学模块、金融学模块；另一种是将不同专业的课程打包，作为一个辅修模块，如同时包含经济学、金融学的核心专业课程的辅修模块。在"主修专业＋辅修模块"模式下，学生既是会计领域的专业人士，又对经济管理、税收法律法规、内部控制、风险管理、战略规划、税收筹划、公司治理等有所涉猎，能够跨领域熟练应用财务知识，由此逐渐成长为管理人才，甚至是战略专家。

2. 继续推进本研贯通，促进知识共享

同济大学会计学专业提出"本研贯通"的人才培养理念，而这一理念在培养方案中却鲜有体现。同济大学会计学专业应继续推进本研贯通的落实，统筹设计本研培养方案，提高本研衔接质量，支持学分认定，为本科生提供更多学习知识的机会。具体而言，可以效仿上海交通大学安泰经济与管理学院的做法，筛选一些适合本科生学习的、有助于衔接本研阶段知识的课程，将其作为共享课程加入专业选修课，给予学生直接选课的权限。本研贯通既可以使本科生较早地接触研究生阶段的知识和技能，又可以充分利用有限的师资力量，使研究生阶段课程资源效用最大化，从长远来看，此举措也有利于本研阶段的知识衔接，优化课程设置。

3. 进一步丰富选修课种类，推动个性化发展

与标杆专业相比，同济大学会计学专业选修课数量和种类较少，可以借鉴上海财经大学会计学院的课程设置，引进新的师资力量，结合同济特色，开设更多样化的选修课程。不

仅可以增设专业会计方向的课程,如国际会计、工程会计、股份制企业会计,还可以增设信息技术方面的课程,如商务智能、数据挖掘、信息分析等。

(三)加快师资力量建设,巧妙利用外部资源

对于现有教师,应为其提供足够的支持,落实师资培训。具体做法包括:安排国际访问进修、组织校际学术交流、举办学术研讨会、开设师资培训课程等。这不仅有利于加强师资队伍的管理与建设,保障雄厚的教学资源,还能使教师更好地服务教学,从而保证一流的师资队伍、一流的教学内容和一流的教学方法。

同时,应该加快引进大数据、人工智能方面的青年人才,提升学科活力、丰富知识方向,为多样化课程的设置奠定基础。

考虑到师资力量无法在短时间内快速培养,因此在初期可以巧妙利用外部资源。可以聘请国际知名院校的教师担任特聘教授,这不仅可以为学生打开全新的视野,还有利于教师进行学术交流。此外,还可以充分利用社会资源,建立校企合作,邀请杰出校友、行业知名专家和企业家分享、传递最新的行业资讯,积极建设联合培养实践基地,为学生提供近距离接触业务的场所。

六、结语

本文通过对同济大学会计学专业的标杆专业,即上海交通大学会计学专业和上海财经大学会计学专业的调研分析,明确了同济大学会计学专业与标杆专业在会计教学与信息技术的结合度、专业与课程选择空间、师资规模与结构三方面存在的差异。本文借鉴标杆专业的经验,针对上述三方面的差异,分别提出同济大学会计学专业人才培养的三条思路。第一,加快推进会计学专业学习与信息技术的结合,精简和整合现有课程,增加计算机课程的比重。第二,变革课程设置,提高课程选择自由度,采用"主修专业+辅修模块"培养模式,推进本研贯通,进一步丰富选修课种类,以此建立交叉学科培养体系。第三,加快师资力量建设,为现有教师提供更多培训和学习的机会,引进高素质青年人才,充分利用校友等外部资源。通过适时、主动变革,积极适应时代发展需求,推动卓越管理人才培养和可持续发展的全球知名商学院建设。

参考文献

[1] 鲁芳.会计本科教育改革研究——基于研究、实务、教育协同发展视角[J].财会通讯,2017(10):40-43.

[2] 程瑶."互联网+"时代会计本科教育教学变革思考[J].财会通讯,2019(1):40-44.

[3] 张新民,祝继高.会计学本科专业核心课程建设:突围之路[J].会计研究,2015(8):80-85,97.

[4] 刘国城,董必荣."互联网+"时代我国高校本科会计教育的困境与变革[J].南京审计大学学报,2017,14(1):102-109.

[5] 唐大鹏,王伯伦,刘翌晨."数智"时代会计教育重构:供需矛盾与要素创新[J].会计研究,2020(12):180-182.

[6] 张多蕾,刘永泽,池国华,等.中国会计教育改革40年:成就、挑战与对策[J].会计研究,2019(2):18-25.

会计学专业校外实习基地建设研究

于团叶　黄　睿　匡梦丹　李霁婷　钟郭伟

（同济大学经济与管理学院）

摘　要：会计学是一个实用性极强的专业，就职业发展而言，会计人员应兼具丰富的理论知识和过硬的实操能力。在如今竞争激烈的市场上，企业的招聘门槛不断提高，而会计学专业的大学生普遍缺乏实践锻炼。高校主要通过建设校外实习基地来提升会计学专业大学生的实践能力，然而会计学专业校外实习基地的建设仍存在校企合作程度低、实习制度不成熟、实习内容空洞等问题。通过建立仿真信息系统、增加反馈渠道、优化实习岗位设置等方式，有望解决当下实习基地建设中存在的问题。

关键词：会计学；实践；校外实习基地；校企合作

一、引言

会计作为经济发展到一定阶段的产物，对人类社会的经济运行有巨大意义。如今，会计是集计量、反映核算、监督、预测和决策等职能于一体的一大经济管理活动，大到政府，小到个体经营户，都要通过会计快速而准确地了解自己或他人的经济状况、经营成果，从而制定决策。随着科学技术的进步，会计学不断发展，这要求从事会计工作的人员不断提升自身能力水平。当前我国高校培育出的会计学专业大学生在实践能力方面有所欠缺，校外实习基地的建设成了锻炼学生实践能力的有效途径。

二、会计学专业校外实习基地建设现状

目前，我国经济正处于由高速发展转向高质量发展的阶段，对高级的应用型会计人才的需求持续增长。在会计人员供给方面，根据中国注册会计师协会公布的历年注册会计师（Certified Public Accountant，CPA）全国统一考试数据，报名人数从2011年的55.9万人上升至2020年的160.7万人。但是，信息化时代下市场竞争愈发激烈，用人单位出于提高企业核心竞争力的目的不断提高会计人员的招聘门槛。而我国会计学专业大学生的培养显然未跟上市场需求，导致初级会计人才市场相对饱和而中高级会计人才需求尚未得到满足。目前高校会计学专业大学生课程大多局限于理论知识，即使近年来众多高校推出一系列改革措施，如将实践案例分析纳入考核科目、增强课后小组合作等，也达不到真正的改革

效果,学生仍只是刻板地完成课程作业,这与真正的"学以致用"相去甚远。关于会计人员的能力构成,荆新、王建英的一项调查显示,用人单位最看重会计学专业毕业生熟练掌握会计操作的能力和工作经历。因此,无论是从高校对应用型会计人才的培养层面还是企业对高级应用型会计人员的需求层面来看,大学生校外会计实习基地都发挥着至关重要的作用。

针对上述现状,本文分析会计学专业校外实习基地建设存在的问题,并提出针对性的解决方案。

三、会计学专业校外实习基地存在的问题

(一)实习需求过剩

高校会计学专业人数逐年激增,而企业对实习生的需求量显然跟不上学生实习需求的增长。一方面,相较于销售、技术等领域的职位,企业的会计岗位数量较少,而且企业对实习生的信任程度较低,一般企业不愿接受实习学生,出现了"僧多粥少"的局面;另一方面,高校的传统教学模式落后且单一,导致学生专业认知与实训缺失,动手能力差,既增加了学生就业的难度,又增加了企业的用人成本。因此,企业在面临用人选择时,并不青睐在校实习生。

(二)实习效果不佳

由于缺乏有效的监管措施和正规制度,一些企业并不看重实习生的培养,未给予实习生足够的工作指导和技能培训。校外实习常用形式为顶岗实习,管理松散,实习内容缺乏系统性和连贯性,而理论上,会计实习应包括企业经济业务核算、成本核算、税费计算与申报、财务管理等内容。即使通过校外实习,大多数学生的会计专业核心能力也没有得到实质性提升。实习需求过剩也导致部分学生无法找到适合自己的实习工作,校外实习难以达到预期目标。

(三)企业积极性不高

作为与校方合作的实习基地,企业的合作积极性往往不高。因为企业招收会计学专业的实习生不仅不能直接收获经济利益,还有可能影响正常运营,降低效率,提高管理成本,甚至还可能面临商业机密泄露等风险。同时,部分学生对实训基地的实习工作缺乏热情,认为短暂的实习不需要丰富的专业知识和高度责任感,陷入"为了实习而实习"的观念误区,导致了一种反射式的效应——降低企业的接纳意愿,使得大部分愿意接受实习生的企业仅停留在从学生身上获得廉价劳动力的层面。

(四)经费不足

组织学生到校外实习基地实习可能存在经费不足的问题。校外实习必然涉及企业收取的管理费用,与有关部门的沟通的费用,以及住宿、餐食、交通等费用。由于经费的缺乏,很多高校无法主动选择与其合作的企业,在企业给予的实习岗位、工作内容上不具备支配权,甚至退而求其次,只能选择"参观实习",无法保证实习流程高效、实习效果良好,学生的会计实践能力难以得到锻炼。

四、针对性的解决方案

当前市场迫切需求中高级财会人员,但仅通过建设大学生实习基地一举,难以直接培养出此类人才。各种财会类证书、经济管理相关竞赛获奖证明等荣誉正成为用人单位筛选求职者的侧重点。但是,我们并不能因此否定大学生实习基地在高级人才培养过程中的阶梯性作用。在实习过程中,学生可获得了解行业竞争、直面实务难点的机会。总体来说,实习基地建设过程中的"枷锁",主要表现为以下矛盾:第一,较少的会计岗位与大量的实习需求之间的矛盾;第二,学生接近于零的实务经验与实习岗位所需的工作能力之间的矛盾;第三,校企管理分离与学生需要密切指导之间的矛盾。

为了化解上述矛盾,高校和企业应分别采用以下解决方案:第一,高校要丰富学生的实操知识,使用大数据和互联网技术为学生提供便捷的求知渠道,同时积极促进校企合作,为会计学专业的学生制定合理的实习制度;第二,企业应积极配合高校的要求,提高对实习生的重视程度,以培养学生能力和提升企业运行效率为目标,合理规划实习岗位、工作内容的设置,使实习生收获真实完整的工作体验。

(一)建设仿真企业会计实务信息系统

2020年年初新冠疫情的流行,推动了线上学习、线上办公的新模式,受此启发,建设线上实训系统同样具有可行性。建设线上实训系统的目的是帮助尚未走上实习岗位的大学生熟悉实习单位的业务流程、财务流程和实际账务处理方式,让学生预先体验企业会计工作与其所学理论知识的差距。该系统的最大优势在于使用的便捷性,学生通过互联网可随时随地体验;该系统也可作为对常规会计课后作业的补充,为学生自主寻找实践机会提供便利。在高校与企业构建起校企合作机制后,该系统可以将企业往期的流水、凭证、报表等真实的财务记录作为学生的练习材料,并提供企业的账务处理方式供学生参考。除了模拟企业内部的财务系统,该系统还可以模拟银行、仓库等机构场所,还原凭证获取、账实核对等环节。考虑到企业信息的保密需要,校方和企业可以与会计审计机构、财务软件开发公司等第三方合作,共同运营和维护系统。

(二)优化实习流程

会计学专业大学生与高校、企业之间仅仅是工作的派出与接受的关系,沟通不足,学生在实习过程中遇到的问题很少被传递到高校或企业层面。学校检验学生实习效果的传统方式是批阅学生提交的实习报告。但是,在实际情况中,实习生往往从事如录入凭证、装订凭证等简单的重复性工作,企业安排的实习内容有时存在避实就虚的问题,导致实习结束后学生提交的实习报告内容趋于空洞。对于提交的实习报告,高校与企业之间亦缺乏反馈渠道。目前校企合作的制度存在诸多纰漏,难以得到完善。

改变实习的考核形式,对提升实习效果有一定作用。学校可以安排"任务型实习",要求学生在实践中发现企业财会运作存在的问题,并通过实践提出合理的解决方案。确保每个实习生均有对应的教师给予密切的指导与反馈,通过这种方式,教师可以对学生的实习方向和着重点进行引导,避免实习过程空洞化,使实习机制更加成熟。

(三) 深化校企结合

许多企业设有内部培训机构,目的是对新职员进行适应性和选拔性培训,使新职员更好地适应企业的运作模式,同时提升新职员的业务能力。这样的模式也存在与校企合作实习基地结合的可能性。企业可以以筛选人才为目标,安排内部人员对实习生进行能力培训,在会计实践中对学生进行指导,在学生实习过程中安排能力考查,为表现优异的实习生打开入职绿色通道。通过这种方式,企业可以根据其用人需要培养合适的人选,学生则能够在实习中得到有效的锻炼。此外,企业或高校还可以安排企业财务人员或有经验的学长开展校园宣讲,为实习生和准实习生分享实务注意事项和具体案例。

(四) 优化实习岗位设置

针对会计实习岗位"僧多粥少"的情况,企业可根据实习生规模对岗位进行调整,设置实习专岗,设立在职会计"一对多"带学实习小组,以小组分工及审核验收模式执行工作任务。同时,在企业财会部门的不同职位上安排实习生,并实施轮岗制度,让学生参与企业经济业务核算、成本核算、税费计算与申报、财务管理等各个环节,使学生对财会工作的全流程有相对全面的了解。

(五) 给予政策支持

政府应给予会计学专业校外实习基地建设政策支持,加大经费投入力度。充足的经费支持是加强实习基地建设的物质保障。国家应针对校外实习基地设立专项基金,为会计学专业校外实习基地建设提供适当的资金支持。高校方面也要予以会计学专业校外实习基地建设足够的重视。积极扩展经费渠道,建立校外实习基地管理机制,使有限的资金发挥最大效益,保障学生高效率实习。

五、结语

作为理论学习与业务实践之间必不可少的过渡,校外实习基地建设对提升会计学专业大学生的实践能力具有重要意义。目前,我国高校会计学专业校外实习基地的建设存在一些亟待解决的问题,如实习需求过剩、工作内容空洞、校企沟通不畅、经费不足等,但在全社会的关注和不断探索中,总体发展态势稳中向好。通过建立仿真企业会计实务信息系统、完善实习流程、加强校企结合等措施,有望构建良好的校外实习模式,为学生、高校、企业提供互利共赢的平台。

参考文献
[1] 李鸿奎.新形势下会计专业就业现状探讨[J].中小企业管理与科技,2019(35):2.
[2] 许萍.会计人才能力社会需求的国际比较——国内外用人单位招聘意向分析[J].福州大学学报(哲学社会科学版),2006(3):57-61.

[3] 赵媛.基于流程的会计信息系统实验教学改革[J].中国乡镇企业会计,2020(9):247-248.
[4] 赵聚辉,刘文姣,李岩.关于高校会计专业实践能力培养研究[J].中国集体经济,2019(19):153-154.
[5] 董晓双.应用型本科院校财务管理专业实训基地建设可行性问题研究[J].山西农经,2016(9):102.

课程建设

KECHENG JIANSHE

本研贯通的 EMI 课程体系建设
——以信息管理与信息系统专业为例

王洪伟　伍明浩　李沁芳　吴　冰

（同济大学经济与管理学院）

摘　要：随着我国高等教育深化改革的步伐加快，本研贯通的全英语课程体系建设成为各高校院系的工作重点之一。本文以信息管理与信息系统专业为例，从本研贯通人才培养模式和全英语（English Medium Instruction，EMI）教学两个角度分析了本研贯通的 EMI 课程体系建设的必要性，并梳理了目前贯彻落实该课程体系遇到的关键阻碍，最后结合相关研究结果给出针对性建议。

关键词：本研贯通；EMI 教学；信息管理与信息系统专业

一、引言

随着高等教育"双一流"建设的稳步推进，分阶段式的人才培养模式已经无法满足创新型人才培养需求，各大高校开始推行"本研贯通"的人才培养模式。此外，为进一步提高我国高等教育国际化水平，全英文专业建设也正在如火如荼地展开，EMI 教学的普及程度正在逐渐提高。在双重背景下，本研贯通的 EMI 课程体系建设的重要性不言而喻，众多高校将其视为国家深化教育改革的重要手段。

信息管理与信息系统专业（以下简称信管专业）属于一级学科管理科学与工程的子学科，在国内众多高校都有开设，致力于培养信管分析、设计和实施等方面的专业人才。部分高校的信管专业在实施本研贯通人才培养模式和 EMI 教学方面具有突出优势，可以为其他专业提供借鉴经验。本文将以信管专业为例，分析本研贯通的 EMI 课程体系建设的必要性及所遇到的主要障碍，并结合现有的研究结果给出针对性建议。

二、本研贯通的 EMI 课程体系建设的必要性

（一）信管专业介绍

信管专业源于 20 世纪 60 年代末诞生于美国的管理信息系统（Management Information System，MIS）专业。在我国，清华大学于 20 世纪 80 年代开始试办 MIS 专业，复旦大学于

1990年首次设立MIS专业硕士点。由于各高校的情况不同,MIS的中文名称被确定为"经济信息管理""信息管理""图书情报管理"等,分别从属于管理学院、商学院、计算机学院或信息学院,没有统一的培养目标和课程体系。在教育部1998年颁布的《普通高等学校本科专业目录》中,原有的科技信息学、经济信息管理、信息学、管理信息系统和林业信息管理五大专业统一为信息管理与信息系统专业,属于一级学科管理科学与工程。至此,信管专业进入新的发展时期,各高校结合自身平台优势建设信管专业,展现出不同的办学特色,但是各高校信管专业与国际接轨的程度却参差不齐。

(二)本研贯通课程体系建设的必要性

近年来,"双一流"高校为提升科学研究水平、培养创新型人才,开始推行本研贯通人才培养模式。本研贯通人才培养模式,即遴选优秀学生,整合教育资源,统一安排课程、科研实践和管理考评,精准衔接本科教育和研究生教育。这一培养模式不但为学生提供了灵活多样的选择,提高了人才培养效率,而且打破了本科和研究生教育子系统之间的壁垒,对学科专业一体化起到了极大的促进作用。而课程体系作为知识传授的主要载体,在本研贯通人才培养模式的贯彻落实中发挥着关键作用。在以往的本科、硕士、博士的三段式培养模式中,各阶段的课程体系和培养方案难以实现系统化,存在着课程设置重复、研究方向与专业知识不匹配等诸多问题。因此,对于本研贯通课程体系的建设,各高校院系提出了知识结构完整、课程衔接合理、培养环节优化的基本要求,强调基础知识传授和研究能力培养并重的建设原则,旨在为国家和社会输送大批卓越人才。

在课程体系建设上,信管专业作为交叉学科也呈现出多样化的特点。如上文所述,不同高校院系根据自身优势学科资源,形成了具有不同侧重点的信管专业课程体系,体现了各自的办学特色。这种多样性给信管专业统一标准化的本研贯通课程体系的建立带来了挑战,但也为各高校提供了培养具有独特特点的信管专业人才的机会。在本研贯通模式下,学生能够充分发挥主观能动性,有针对性地选择相应课程进行知识储备,尽早为学术研究或者职业生涯做好发展规划。例如,北京大学信息管理系于2020年起试行《推荐免试研究生提前选修研究生课程管理办法》,准许已被推荐免试攻读硕士的本科生自愿提前选修研究生阶段的课程。此外,该系还会组织各专业教师、学生召开人才培养与教学改革系列研讨会,共同优化培养方案与课程体系。这一系列举措正是朝着本研贯通人才培养方向做出的努力,为本科生教育和研究生教育之间打造出一条绿色通道。

(三)EMI课程建设的必要性

在全球化程度不断加深的背景下,EMI课程在母语非英语地区的普及程度越来越高。EMI课程已经成为各个国家提高高等教育国际化水平、培养具有国际竞争力人才的重要抓手。就学院层面而言,推进EMI教学有利于提高学院国际声誉,为与高水平国际院校合作创造机会,同时吸引更多海外人才来此求学深造,协力将学院未来发展带向新的台阶。

信管专业源于美国高校的交叉学科,美国等英语母语国家在这一专业领域仍然保持着领先地位,吸引着各个国家和地区的大批求学者,其中不乏既具备专业知识基础又拥有良好英语沟通能力的优秀人才。此外,随着大数据时代的到来,数据科学越来越受到社会各界的重视,深耕于该领域的信管专业人才在全球范围内都会受到用人单位的青睐,许多大型跨国企业都急需这类熟悉企业信息系统、擅长数据挖掘分析、能够制定数据驱动解决方案的人才。由此可见,各高校信管专业的EMI课程体系建设具有一定的必要性和迫切性。

目前,国内已有部分信管专业学生在EMI课程中受益。自2014年以来,同济大学经济与管理学院依托平台优势面向中国学生和留学生共开设了17门EMI专业课程,其中包含本科生课程和研究生课程,本研贯通课程体系已见雏形(表1)。北京交通大学于2021年与美国罗切斯特理工学院合作设立信管专业本科教育项目,共同制订培养计划,其中主要课程采用英文授课。此外,还有许多高校的信管专业开设了双语教学课程,处于向EMI课程过渡的阶段。实践证明,经历过此类课程培养的人才具备较高的专业素养,同时精通专业术语的英语表达,能够与国际同行无障碍地进行沟通交流。

表1　　　　　　　同济大学经济与管理学院信管专业开设的EMI课程

课程名	学时	层次
管理信息系统(Management Information System)	34	本科
运营管理(Operations Management in China)	34	本科
供应链管理(Logistics and Supply Chain Management in China)	34	本科
电子商务(E-Commerce in China)	34	本科
管理信息系统Ⅱ[Management Information System(Ⅱ)]	54	硕士
应用统计(Applied Statistics)	54	硕士
高级运筹学(Advanced Operations Research)	54	硕士
商务研究方法(Business Research Methods)	36	硕士
运营管理(Operations Management)	36	硕士
项目管理(Project Management)	36	硕士
流程管理与决策(Process Management and Decision Science)	36	硕士
工程管理前沿(Frontiers of Engineering Management)	36	硕士
量化风险管理(Quantitative Risk Management)	36	硕士
高级数量统计(Advanced Mathematical Statistics)	54	硕士
管理信息系统Ⅱ[Management Information System(Ⅱ)]	54	硕士
物流与供应链管理(Logistics and Supply Chain Management based on Chinese Cases)	54	硕士
中国商务实践(Conducting Business in China)	18	硕士

三、本研贯通的EMI课程体系建设面临的问题

本研贯通的EMI课程体系建设面临着两方面的挑战,一方面在于实现"融合贯通、本研

互享"的课程体系设计,另一方面在于全面实现 EMI 教学。对于信管专业而言,构建知识结构完整的课程体系并非易事,但是各高校院系可以结合自身平台特点,统筹规划具有本校特色的课程组织结构,解决"本研贯通"难题,将课程体系设计融入本研贯通人才培养模式,发挥出各自的人才培养优势。而在 EMI 课程建设方面,信管专业则面临着绝大多数专业面临的问题。

(一)"本研贯通"问题

如何实现本科生教育和研究生教育精准衔接与有机融合是本研贯通的 EMI 课程体系建设面临的首要问题。传统的本科生教育和研究生教育泾渭分明,分别承担高教系统中不同的使命:本科生教育的重点在于素质教育,侧重基础知识的积累和专业技能的初步训练,旨在培养大量的高级专门人才以适应经济社会的发展;而研究生教育则是在本科教育基础上向更专、更深的层次发展的专业教育,侧重对已有知识的开发和利用,旨在在为社会发展培养高层次人才的同时,贡献有价值的科研成果。"本研贯通"旨在打破这两个教育子系统之间的壁垒,使整个教育过程更加紧密有序。在这个过程中,如何界定课程体系中的"分水岭"、如何确定不同层次的培养目标、如何逐步培养学生的科研创新意识等问题对高校提出了挑战。如果只是照搬原有的培养计划,简单拼凑本科生课程和研究生课程,则会导致课程组织结构混乱,明显缺少顶层设计与贯通理念。

另外,作为贯穿始终的课程组织体系,课程思政建设同样不容忽视。2020 年 5 月,教育部印发《高等学校课程思政建设指导纲要》,强调"课程思政建设工作要围绕全面提高人才培养能力这个核心点,在全国所有高校、所有学科专业全面推进"。正是因为传统的课程体系缺乏系统性设计,与课程思政结合得不够紧密,作为培养创新型人才的本研贯通课程体系必须抓住契机,将课程思政融入课程体系,帮助学生树立正确的创新价值取向,端正科研态度,实现全方位发展。

(二)学生接受能力问题

对于国内本科生而言,首次参加 EMI 课程都需要经历一个过渡阶段。由于学生的英文水平不同,他们所需要的过渡时间也存在较大差异。因此,部分高校设置了参与 EMI 课程的门槛,要求学生的英文水平达到一定程度才能参与这些课程。而有些高校为了保证教育公平,未将英语语言技能水平作为必要条件。调查显示,EMI 课程会严重影响英文水平较低的学生的学习效果,甚至会导致他们产生焦虑、沮丧等一系列负面情绪,从而对专业学习失去信心。即使对于英文水平较高的学生而言,EMI 课程也会增加他们的学习负担,对于他们对专业知识的理解程度有一定影响,使用英语学习的效果无法同使用母语学习相比。有研究表明:在 EMI 课程背景下,中国学生在理解问题、阅读观点和案例、使用可视化工具等方面能够从容应对,但是在撰写学术作业、阅读知识难点、深入交流观点等方面还存在诸多困难。

(三)"混班教学"问题

EMI 的授课对象不但包括中国学生,而且包括海外留学生,这种"混班教学"会给 EMI 课程体系建设带来挑战。其一,中外学生的培养目标可能存在差异:由于文化差异,某些具有中国特色的课程内容,对于国际生而言可能难以理解,而对于国内生的知识体系形成却非常重要,这不利于统一考核教学效果。其二,中外学生的学习周期不一致:国际生的学期通常比国内生短,有些国际生的学期只有12周,不利于统一安排教学进度。此外,有些交流项目对国际生收费较高,为了适应国际生的需求和背景,不得不采用分班教学模式。这些问题的存在都阻碍了EMI课程中混班教学模式的正常运转。

(四)师资配备问题

教师资源不足且水平差异较大也是EMI课程体系建设面临的问题之一。开授EMI课程的教师,不但应具备优秀的专业知识水平,还应具有用英语传授专业知识的能力。EMI课程授课教师英语的发音准确度、流利度等问题都会对教学内容的传授效果产生影响,从而影响学生对知识的接受程度和后续阶段的学习。另外,许多EMI教师往往不会自觉承担语言教学方面的责任,也不会在学生语言学习方面给予正确反馈。总而言之,开展EMI课程对于母语非英语的教师提出了很高的要求,即使是拥有海外留学经历的教师也未必能够胜任。

(五)教材及案例选编问题

EMI课程通常使用国际主流英文教材,为学生搭建英语语境中系统且科学的知识框架,以实现EMI课程建设的初衷。但是,在某些专业领域,不同国家和地区有着不同的标准和规范,例如不同国家和地区土木工程、机械工程等领域的专业术语和制图规范就有所出入。在这种情况下,使用英文原版教材明显"水土不服",不利于学生掌握课程的基础知识。同样地,对于参加EMI课程的外国留学生而言,完全使用国际主流英文教材也并非完全是一件好事。例如,前来中国深造的留学生对西方企业的案例研究已经司空见惯,反而会对中国本土企业的案例研究兴趣浓厚。然而,目前国内本土企业的EMI教学案例存在一定短缺,并不能完全满足外国留学生的学习需求。因此,如何选编既符合中国学科特色又具有国际视野的英文教材及案例也是EMI课程建设中需要解决的棘手问题。

四、改进建议

在语言、专业、混班教学等多方面因素的限制下,本研贯通的EMI课程体系离完全落地实施还有一段距离,对此,本文给出了下列四点建议。

(一)加强本研贯通的课程体系顶层设计

本研贯通课程体系建设的首要任务就是完成层次分明、衔接合理的顶层设计,即从系统的视角出发设计整个课程组织结构。一方面,将传统的本科生教育从"宽口进、窄口出"的专业化教育中解放出来,增加通识教育在本科生课程中的比例,帮助学生构建扎实的学科基础和掌握专业理论知识,培养学生的科研意识与创新意识,以及英语能力,使学生能够快速适应EMI教学环境,为后续阶段的学习打下坚实基础。另一方面,推动科研要素下移,在研究生课程中重视学生的研究能力,包括知识运用能力与科研实践能力,加强研究方法课程和研讨式课程建设,鼓励学生积极实践与自主创新,同时发挥EMI教学的培养优势,帮助学生开阔国际视野,带领学生探索前沿科学热点。此外,还应重视课程思政建设,将思政元素融入课程体系的全过程,使得专业课程和思政课程协同进行,共同推动创新型人才培养。

(二) 合理组织 EMI 课程授课对象

在建设本研贯通的 EMI 课程体系时,要对学生各项能力进行合理评估,尤其是英语水平。对于英语水平未达标的学生,需要给予其专业性建议,充分尊重学生参与 EMI 课程的意愿。同时,本研贯通的 EMI 课程体系的建设,也要考虑与其他课程的衔接与融合,保证本研贯通模式下的退出机制能够顺利进行。事实上,本研贯通的 EMI 课程体系针对的对象不仅包括国内学生,还包括母语为英语的海外学生,实现中外学生"混班教学"。如上文所述,"混班教学"模式尽管会受到一些客观因素的干扰,但是这种模式能够营造真实的国际化教学氛围,促进不同文化背景学生之间的交流,也能提高 EMI 课程的教学质量。

(三) 普及授课教师 EMI 教学培训

EMI 课程教师首先应准确认识 EMI 课程的真实内涵,即利用英语教授专业知识。在此过程中,EMI 课程教师要承担起英语教学和专业知识传授的双重角色。然而,许多教师会将学生的英语学习任务归结到外语课堂,忽视了学生在英语学习上的需求,这一点需要在未来的教学实践中纠正。EMI 课程教师可以通过 EMI 教学培训提高自身英语语言能力,不断完善语音语调、专业词汇等细节,从而达到吸引学生注意力、帮助学生更好地吸收知识等目的。此外,为了解决 EMI 课堂互动效果较差的问题,EMI 课程教师还应合理使用教学方法,使用多种辅导工具(如翻转课堂、MOOC 等),调动学生在课堂中的学习积极性,引导学生自主思考、主动交流,从而实现更高的教学目标。

(四) 借鉴国际经验建立质量保证体系

本研贯通课程的评价体系涉及多个方面,包括 EMI 课程教师的教学能力、学生对知识的掌握程度及课程之间的衔接度等。我们可以从两个思路着手,一方面,借鉴国际经验建立质量保证体系,如国际商学院协会(The Association to Advance Collegiate Schools of Business,AACSB)的学习质量保证体系(Assurance of Learning,AoL):第一,定义学院的使命、愿景和价值观;第二,为每个专业制定所需能力的培养目标和具体学习目标;第三,设置各个专业的课程图谱;第四,确定各专业需检测的课程及其检测方案或标准;第五,检测、收集并分析相关检测结果数据信息,形成课程检测报告;第六,根据课程检测分析报告与专业能力和学习目标的达成情况找出差距,以调整和改进课程的教学方案和检测标准;第七,回到为每个专业制定所需能力的培养目标和具体学习目标这一步,形成闭环并循环往复。另一方面,可以引入第三方评价机制,例如聘请外籍专家进行教学督导和教学,及时发现问题并提出解决措施。

五、结语

目前,在核心专业课程上推行 EMI 教学仍存在些许争议。但是,随着全球化程度的不断深入，EMI教学已经成为世界各国实现高等教育国际化战略的主要方案。同时，实施本研贯通人才培养模式也是我国创新型国家发展战略的必然需求，各行各业急需一批具有创新能力的卓越人才。因此，构建本研贯通的EMI课程体系对于我国高等教育改革发展意义非凡。

但是，该课程体系建设目前仍存在缺乏顶层设计、难以制定统一评价标准等诸多问题。未来的研究可以以解决这些问题为方向，为各高校各专业本研贯通的EMI课程体系的实施扫清障碍。

参考文献

[1] 闫广芬,尚宇菲.本研贯通人才培养模式的核心要义及发展路向[J].研究生教育研究,2020(2)：34-39.

[2] 何永刚,黄丽华.信息管理与信息系统专业课程体系研究综述[J].情报杂志,2007(8)：128-131.

[3] DAFOUZ E. English-medium instruction and teacher education programmes in higher education: ideological forces and imagined identities at work[J]. International Journal of Bilingual Education and Bilingualism, 2018, 21(5)：540-552.

[4] 张宁,袁勤俭.面向数据科学的信息管理和信息系统专业课程建设与改革[J].现代情报,2017,37(8)：106-110.

[5] 包水梅,高洁.从本科生与研究生培养方案的比较看研究生教育的本质[J].现代教育科学,2006(1)：139-142.

[6] 陈夏莹.本硕博贯通式人才培养成效研究[D].广州：华南理工大学,2020.

[7] 教育部印发纲要加强高校课程思政建设[J].中国农业教育,2020,21(3)：23.

[8] AI ZUMOR A Q. Challenges of using EMI in teaching and learning of university scientific disciplines: student voice[J]. International Journal of Language Education, 2019, 5(3)：1-17.

[9] JIANG L, ZHANG L J, MAY S. Implementing English-Medium Instruction (EMI) in China: teachers' practices and perceptions, and students' learning motivation and needs[J]. International Journal of Bilingual Education and Bilingualism, 2019, 22(2)：107-119.

[10] 黄洁.中外学生"混班教学"模式的困境和出路[J].国际贸易法论丛,2014(5)：345-352.

[11] 牟鹏.全球化背景下高校全英文教学的现状及启示[J].中国高教研究,2017(9)：99-104.

[12] 马建山,冯其红,侯影飞,等."本研贯通"培养一流人才的改革与实践——以中国石油大学（华东）为例[J].山东教育（高教）,2019(Z2)：83-85.

[13] 高燕.课程思政建设的关键问题与解决路径[J].中国高等教育,2017(Z3)：11-14.

[14] 黄昭,郑新曼."信息管理与信息系统"专业课程全英语教学模式调查与分析[J].教育现代化,2017,4(52)：314-315.

[15] BELYAEVA E, KUZNETSOVA L. Implementing EMI at a Russian university: a study of content lecturers' perspectives[J]. Journal of Teaching English for Specific and Academic Purposes, 2018, 6(3)：425-439.

[16] 刘新颖.基于AACSB认证的AOL体系的建立与运行——以会计学专业为例[J].财会通讯,2018(25)：39-41.

一流物流管理专业建设的思考

张艳霞　郑小金　胡一竑　秦圣坤

(同济大学经济与管理学院)

摘　要：科技和社会的发展、一流本科专业建设和新文科建设对物流管理专业建设而言既是机遇也是挑战。本文讨论了一流物流管理专业建设的问题，分析了物流管理专业人才培养面临的机遇和挑战。探讨了一流本科专业的建设标准，提出从培养计划制定到课程知识体系设计再到课程内容体系建设的一流本科专业建设路径。在对国内外高校物流管理专业展开调研的基础上，找到了差异和建设方向。

关键词：一流本科专业；物流管理；专业建设

一、物流管理专业人才培养面临的机遇与挑战

(一) 时代发展对物流管理专业人才培养提出新要求

物流业是融合运输、仓储、货代、信息等产业的复合型服务业。随着我国经济社会的发展，物流业在国民经济发展中的重要性逐渐提升。2009年4月，国家发改委发布《物流业调整和振兴规划》，指出物流业是"国民经济的重要组成部分，涉及领域广，吸纳就业人数多，促进生产、拉动消费作用大，在促进产业结构调整、转变经济发展方式和增强国民经济竞争力等方面发挥着重要作用"。2014年9月，国务院印发《物流业发展中长期规划(2014—2020年)》，强调物流业"是支撑国民经济发展的基础性、战略性产业。加快发展现代物流业，对于促进产业结构调整、转变发展方式、提高国民经济竞争力和建设生态文明具有重要意义"。

为了满足社会对物流人才的需求，我国于20世纪90年代初开设了物流管理专业，经过30多年的探索和建设，已形成较成熟的知识体系和人才培养模式，为我国培养了大量的物流管理人才。在我国经济繁荣发展的同时，互联网、大数据、人工智能等新兴技术不断涌现，新技术的应用使得生产、消费、流通等模式发生了深刻的变化。物流业这一支撑现代商品流通的复合型服务业面临新的挑战，对物流管理专业人才培养提出了更高的要求。

(二) "双万计划"的机遇

2019年4月，教育部办公厅发布《关于实施一流本科专业建设"双万计划"的通知》，指出"启动一流本科专业建设'双万计划'"，"双万计划"的主要任务是"2019—2021年，建设

10 000个左右国家一流本科专业点和10 000个左右省级一流本科专业点"。开展一流本科教育是新时代国家推动高等教育内涵式发展的新举措。

在"双万计划"中,中央部门所属高校、地方高校分赛道建设,名额分列并向地方高校倾斜。一流本科专业建设与高校"双一流"建设的定位不同,"双万计划"将"一流本科教育建设"的"一流"概念具体化到本科专业点,围绕培养一流本科人才这一目标,开展相关本科专业的建设。一流学科专业建设中,中央赛道高校和省级赛道高校的定位有明显的差异。中央赛道高校应瞄准国内一流国际知名、国际特色一流或国际一流目标;省级赛道高校则应以省区一流国内知名、国内特色一流或国内一流为目标。

(三)"新文科"建设要求专业建设有新内涵

2016年5月17日,习近平总书记在哲学社会科学工作座谈会上强调"构建中国特色哲学社会科学""体现中国特色、中国风格、中国气派",为我国哲学社会科学发展指明了方向。2019年4月29日,教育部、中央政法委、科技部等13个部门在天津启动"六卓越一拔尖"计划2.0,全面拉开了新文科建设的序幕。为了明晰新文科建设的"新",高校管理者和理论界展开了广泛讨论,积极探索新文科建设的实现路径,提出了很多具有建设性的观点。

尽管学者们提出了"新文科"的概念、特征和方向,并设计了一些实验性的教学模式、开展了一些课程创新探索,但如何将"新文科"理念与教学实践相结合并落实,以及"新文科"对教师和学生有什么新要求和新影响等问题仍然处于不断探索中,教学实践中仍缺少具有可操作性的方案。

科技和社会的发展、国家对本科教育的高度重视、新文科建设的要求,对于物流管理本科专业的人才培养和专业建设而言是机遇,更是挑战。中央部门所属高校需要认真思考如何将物流管理专业建设为能够代表我国水平、参与国际竞争的一流专业,如何培养社会需要的新型物流管理专业人才,为科技、产业、市场变化和社会文化发展提供理论话语支撑。

二、一流本科专业建设标准探讨

"双万计划"中的分赛道建设,考虑了高校类型的差异,以及专业建设目标的不同。对于一流专业的建设标准,目前还没有统一、明确的表述,本文尝试从两个层次探讨一流本科专业建设标准。一个层次本文称为本科专业建设基准层次,以教育部2018年1月发布的《普通高等学校本科专业类教学质量国家标准》(以下简称《国标》)为基准;另一个层次本文称为一流本科专业目标层次。本文对教育部办公厅发布的《关于实施一流本科专业建设"双万计划"的通知》中的"国家级一流本科专业建设点信息采集表"进行解读,以找出一流本科专业建设目标。

(一)物流管理专业《国标》

教育部高教司指出,《国标》有三大特点。一是既有"规矩"又有"空间"。"规矩"就是对各专业类提出统一要求、保障基本质量;"空间"就是为各专业人才培养特色留有足够的拓展空间,形象地说就是"保底不封顶"。二是既有"底线"又有"目标"。"底线"是对专业类提出教学基本要求,也就是"兜底线、保合格";"目标"是对提升质量提出前瞻性要求,也就是"追求卓越"。三是既有"定性"又有"定量"。既对各专业类标准提出定性要求,又注重量化指标,做到可比较、可核查。

在《国标》中,物流管理专业隶属物流管理与工程类本科专业。物流管理与工程类本科专业包括三个专业:物流管理(120601)、物流工程(120602)和采购管理(120603T)。对于物流管理专业建设而言,在培养规格、课程体系、师资队伍、教学条件上要满足"规矩"和"底线"要求,符合"定量"标准。在此基础上精准定位、提炼专业特色,追求卓越。

(二) 一流本科专业建设目标

《关于实施一流本科专业建设"双万计划"的通知》指出,报送专业要"专业定位明确""专业管理规范""改革成效突出""师资力量雄厚""培养质量一流",这些要求在"国家级一流本科专业建设点信息采集表"内均有体现。信息采集表中的条目归纳如下:①推进高水平本科建设是对学校的整体要求。②专业建设积累,包括专业负责人、专业获奖(教学成果、教学名师与团队、专业建设、课程与教材、实验和实践教学平台、教学改革项目等),是对已取得的建设成效的评估。③专业定位与特色优势是未来专业建设发展的起点。④专业综合改革、师资队伍和基层教学组织、教学质量保证体系是未来专业建设与发展的制度保证。⑤毕业生培养质量是当前和未来对人才培养效果的检验。⑥专业建设思路及举措将影响专业未来发展的高度。以上内容可以作为一流本科专业的建设重点。

(三) 一流本科专业建设的实施路径

一流本科专业建设的根本目的是培养国家和社会需要的一流人才。专业培养方案是人才培养的主要参照文件,可以说是专业建设与发展的纲。培养方案一般包括培养标准、培养目标、毕业要求、课程知识体系和教学安排、学制或学分要求等内容。中国工程教育专业认证协会发布的《工程教育认证标准》将本科工程教育的培养目标定义为对该专业毕业生在毕业后5年左右能够达到的职业和专业成就的总体描述。为了实现人才培养目标,专业必须明确能够支撑培养目标达成的毕业要求,该毕业要求应明确、公开、可衡量、可评价。毕业要求中的诸多能力,是以各类课程、不同的教学环节或课内外活动为载体进行培养的。因此,课程知识体系的设计对于保证人才培养质量和专业能力非常重要。课程知识体系要能够支撑培养目标的实现,课程知识体系的学习进度设计要逻辑合理,符合专业知识的学习规律。课程知识体系落地则依靠课程内容的设计,在课程内容中融入专业领域的新知识和新技术,以学生为中心和注重成果导向,重新设计课程内容体系。一流本科专业建设的实施路径可以概括为:培养计划制定—课程知识体系设计—课程内容体系建设。

三、国内外物流管理专业建设情况

中央部门所属高校一流本科专业建设应以国际一流为目标。调研国内外一流物流管理专业的发展现状可以为中央所属高校一流本科专业建设目标的制定提供助益。国内调研对象选取拥有国家一流物流管理本科专业的"双一流"建设高校,包括太原理工大学、安徽大学、华东理工大学、合肥工业大学、北京交通大学、华中科技大学、东南大学和同济大学。对于国外高校，综合考虑物流业发展状况和物流管理专业建设水平，从德国、英国、美国、荷兰四国中选择专业历史悠久、国际认可度高的高校。根据专业开设情况及学校或专业排名，选择以下国外高校作为调研对象：德国的柏林工业大学、汉诺威大学、达姆施塔特工业大学、马格德堡大学；英国的克兰菲尔德大学、赫瑞瓦特大学、格林尼治大学、索尔福德大学、华威大学；美国的得克萨斯大学达拉斯分校、密歇根大学罗斯商学院、哥伦比亚大学；荷兰的鹿特丹大学、马斯特里特赫大学、斯坦顿大学、汉恩大学。受限于调研手段，无法获取部分高校的详尽信息。

由于国内外高校学制、专业设置差异，对国内物流管理专业的调研主要关注人才培养理念、人才培养特色和人才培养目标三个方面。对国外物流管理专业的调研则注重人才培养理念。

(一) 国内高校物流管理专业建设情况

1. 人才培养理念

国内各高校物流管理专业人才培养理念略有不同。北京交通大学物流管理专业坚持党的教育方针和社会主义办学方向，对接国家社会经济和行业发展需求，依托物流管理国家级特色专业、管理科学与工程北京市重点学科、国家级经济管理虚拟仿真实验教学中心、北京市实验教学示范中心和北京市校外人才培养实践基地，坚持与学校特色鲜明研究型大学定位相适应的"宽口径、厚基础、有特色、重个性、强能力、求创新"的人才培养理念。东南大学物流管理专业坚持以人才培养为核心，在继续传承"重基础、重实践、重素质"教育教学传统的同时，进一步提出"卓越化、国际化、研究型"理念。华东理工大学物流管理专业秉承学校与学院教育发展理念，连接"商业"与"科技"，融合大数据、物联网、人工智能等新技术，着眼国际物流、全球供应链、智慧供应链、新零售等新的管理模式，推进传统物流管理与新技术深度融合。其以培养高质量的供应链管理人才为目标，紧跟新一代的信息技术和物流供应链技术应用前沿，通过与国外高水平大学合作及实施学术导师制度等方式，从课程、教材、教学团队和实践等方面形成物流专业的立体化人才培养模式，培养学生拥有系统全面的理论知识及具有行业特色的实践经验。

2. 人才培养特色

太原理工大学物流管理专业开设多种经济、金融课程。北京交通大学物流管理专业注重产—研—学互动和实践。同济大学物流管理专业注重实践培训、专业技术培养。东南大学物流管理专业"重基础、重实践、重素质"。合肥工业大学将管理科学，尤其是信息管理、计算机技术运用到物流管理专业人才培养中。华东理工大学物流管理专业在开展人才培养工作中将专业必修课程分为数据分析与决策类、供应链管理类和物流管理类三大类。

3. 人才培养目标

同济大学物流管理专业的培养目标面向企业和政府相关部门，具体为培养能适应社会经济发展需要，具备扎实的管理知识和国际化理念，掌握物流管理与物流工程理论、知识和方法，熟悉供应链运作、物流控制、信息管理、财务、金融等工作，能够运用信息管理与信息系统的方法，在物流管理领域从事全过程策划、管理和物流信息化工作的复合型专门人才和拔尖创新人才。

太原理工大学物流管理专业致力于培养德、智、体、美、劳全面发展的,掌握扎实人文社会科学基础理论与物流管理专业基础知识的,具有高度的社会责任感和开阔国际视野的,具备基本的科学研究及创新创业能力的,具有可持续竞争优势的高素质应用型创新人才与高层次复合型专门人才。

北京交通大学物流管理专业遵循经济管理大类培养目标,培养具备人文、科学素养,拥有理学与英语基础,较深入地掌握物流管理的专业基础理论和方法,具有较强的物流管理专业的知识、能力与素质,能从事物流和供应链系统优化、采购和物流业务运作及组织管理等工作,具有较强可持续发展潜质和社会适应能力的物流管理高级专门人才,以及具有高度的社会责任感、国际视野和跨文化交流能力,具有扎实的物流与供应链管理理论基础,具有勇于探索的创新精神和善于解决问题的实践能力,以回应社会现实需求的现代高层次专门人才。

东南大学物流管理专业采用"宽口径、厚基础"的人才培养模式,培养掌握系统的经济、管理、法学基础理论,掌握现代物流管理理论与技术,熟悉国内外生产、流通活动中的物流业务,能够从事物流管理工作的高级专门人才。毕业生可从事国内外专业物流企业和制造、分销企业及国际货运代理工作,连锁经营企业的物流、配送管理工作,海关及其他相关国家行政管理机关的物流管理工作,高等院校等教学科研部门的物流教学和科研工作,为物流服务提供方和物流服务需求方提供物流咨询。

合肥工业大学物流管理专业的培养目标是使学生适应国民经济和社会信息化建设需要,德智体美全面发展,具有较高道德文化修养和科学研究素质,良好的沟通能力、表达与写作能力和学习能力,坚实的外语、数学和计算机等理论基础;深入地掌握物流管理的专业基础理论、方法及现代物流技术,具有较强的实践能力、创新能力和团队协作能力,成为在跨国公司、大型工商企业、政府经济管理部门、高等学校和科研院所以及港口物流、国际物流和商贸物流等从事物流系统优化、物流业务运作及物流管理与规划等工作的,德才兼备、能力卓越、自觉服务国家的信息时代的领导者和管理精英。

安徽大学物流管理专业致力于培养具有道德文化修养,坚实的数学基础,较强的外语和计算机应用能力,扎实的经济和管理理论知识,系统掌握现代物流和供应链管理的理论知识、方法与技能,受到物流系统规划、设计、运作和评估的基本训练,具有较强物流实务能力的物流管理专门人才。

华东理工大学物流管理专业致力于培养德才兼备的高素质国际化物流供应链管理专业人才。学生应具有深厚的人文底蕴、严谨的科学精神、全面的职业素养和高度的社会责任感。掌握扎实的供应链运营管理和物流管理系统知识,具备复杂全球化物流供应链管理问题的系统业务解读能力、应用前沿数据分析与决策理论和方法创新性解决问题的能力、高效的商务沟通表达及团队合作能力。毕业生可以在金融、交通、商务和海关等政府部门从事供应链金融和供应链物流工作,也可以在商业银行从事供应链金融工作,或在大型跨国制造企业(如汽车制造企业)、大型连锁企业(如零售、商贸企业)、互联网企业(如网络、电子商务企业)和第三方物流企业(如跨国物流公司)等从事运营管理、供应链管理和物流管理工作。

(二)国外高校物流管理专业建设情况

国外许多高校并未设置物流管理本科专业,因此调研范围扩大到供应链管理专业及硕士学位相应专业。

1. 专业设置

德国有两所高校的物流管理相关专业为学士项目,其余两所高校的物流管理相关专业为硕士项目。汉诺威大学开设生产和物流学士项目,授予毕业生理学学士学位;马格德堡大学开设工业工程/物流学士项目,授予毕业生理学学士学位;柏林工业大学开设工业工程与管理硕士项目,授予毕业生理学硕士学位;达姆施塔特工业大学开设物流与供应链管理硕士项目,授予毕业生理学硕士学位。

英国有两所高校的物流管理相关专业为学士项目,其余三所高校的物流管理相关专业为硕士项目。格林尼治大学开设物流和供应链管理学士项目,授予毕业生文学学士学位;索尔福德大学开设供应链商务和项目管理学士项目,授予毕业生荣誉管理学学士学位;克兰菲尔德大学开设物流与供应链管理硕士项目;华威大学开设供应链与物流管理硕士项目,授予毕业生理学硕士学位;赫瑞瓦特大学开设物流与供应链管理硕士项目,授予毕业生理学硕士学位。

美国只有一所高校有物流管理相关学士项目和硕士项目,其余两所高校仅有物流管理相关硕士项目。得克萨斯大学达拉斯分校开设供应链管理和分析学士项目与供应链管理硕士项目,分别授予毕业生理学学士学位和理学硕士学位;密歇根大学罗斯商学院开设供应链硕士项目,授予毕业生理学硕士学位;哥伦比亚大学开设物流与供应链管理硕士项目,授予毕业生理学硕士学位。

荷兰高校与物流管理相关的学位项目较少。斯坦顿大学开设物流管理学士项目;马斯特里特赫大学开设供应链管理硕士项目;鹿特丹大学开设物流与运输管理交换项目;汉恩大学开设供应链管理短期课程。

2. 人才培养理念

德国各高校物流管理相关专业的培养理念及模式内容如下。汉诺威大学生产和物流学士项目课程围绕整个价值链,从生产和分配到货物和产品的运输,涵盖数学、科学、经济和工程的基础,面向生产技术、自动化、物流和运营管理,以及实验室工作、辅导、实地考察和实践培训等。柏林工业大学工业工程与管理硕士项目理论培训包括教授相关科学学科的高级规律和相互关系,指导逻辑、分析和批判性思维,以及培养独立批判地处理新问题的能力。坚持以实践为导向的教育,在实践中进一步落实理论;培养学生在信息不完整和时间紧急的情况下找到有意义的解决方案的能力。培养团队合作精神,进一步促进团队合作,并将具有合作性和建设性的理念内化和应用。马格德堡大学构成以任务为导向的学习计划的核心,通过一系列的学期项目和实习,在解决问题时将在不同教育领域中获得的知识联系起来。因此,在早期阶段就为实际的、与物流有关的应用创造了先决条件。其目的是培养学生系统分析物流问题的能力,以及规划、设计、衡量和评估社会技术过程和系统的能力。

英国各高校物流管理相关专业的培养理念及模式内容如下。格林尼治大学物流和供应链管理学士项目侧重组织内的物流和运输管理,学生将探索业务流程、规划和开发、项目管理和物流等主题。该项目毕业生就业后可担任物流运营经理、供应链经理和运营总监等。索尔福德大学供应链商务和项目管理学士项目培养学生掌握雇主所需要的实用技能。学生通过参与实时项目和业务模拟,学习业务管理基础及解决问题、领导力、沟通和数据分析等核心技能,为商业问题找到创造性、可持续和合乎道德的解决方案。克兰菲尔德大学物流与供应链管理硕士项目旨在培养学生的实际业务技能和信心,并高度重视学生参与现实世界的挑战。除课程学习外,学生还将参加考察旅行,体验英国不同地区的供应链视角;参加其他课程活动,包括参观仓库、实际操作最新软件/平台和模拟游戏。华威大学供应链与物流管理硕士项目注重培养通过相互关联的供应链和高效的物流为消费者提供附加值的能力。其培养围绕供应网络展开,构建供应链网络关系;学习供应链网络运营技术,管理供应链网络输入、材料和信息流,研究在供应链网络中分发产品。在课程中培养评估、管理和改进供应链流程的技能。赫瑞瓦特大学物流与供应链管理硕士项目以研究为主导、以行业为重点,培养学生全面的技能基础,包括文本和数据的处理方法、学术写作技巧和反思性学习方法等。职业发展规划也是该硕士项目的组成部分,旨在使毕业生具有较高的专业技能,适合在与物流和供应链管理密切相关的商业和公共服务领域从事高级、专业的管理工作。

美国各高校培养理念及模式内容如下。得克萨斯大学达拉斯分校的供应链管理和分析学士项目的特色是基于STEM(科学、技术、工程和数学)课程设计,为学生就业和攻读硕士学位打下基础。硕士项目也是基于STEM理念,以成熟的理论、最佳实践和人工智能(Artificial Intelligence,AI)等新兴创新为基础,使学生能够研究运营、管理人工智能和技术驱动的流程,并制定供应链战略。密歇根大学罗斯商学院的供应链硕士项目课程也是基于STEM理念,关注端到端的全球供应链管理,培养学生通过"罗斯行动式学习体验"(Ross Experiences in Action-Based Learning,REAL),将在课堂上学到的知识和商业概念付诸实践。哥伦比亚大学物流与供应链管理硕士项目坚持让学生通过参与物流、供应链管理、收入管理、金融工程等领域的特定课程专注于数学规划、随机模型和模拟等领域,提升风险管理能力、创业能力和一般管理能力。

荷兰各高校培养理念及模式内容如下。鹿特丹大学物流与运输管理交换项目重点关注与鹿特丹港有关的公司,学生将参与以下活动:一是对组织运输链的公司进行管理或给予建议,并作出相关的创新决策;二是为一家快速发展的运输公司提供建议,使其更好地控制其流程;三是为一家本地生产公司制订出口计划,使用实用的工具来发现客户的需求,并将客户的需求转化为公司的明确目标;四是在一个实践整合项目或多学科团队中为鹿特丹港的真实公司充当顾问。马斯特里特赫大学供应链管理硕士项目致力于使学生掌握供应链改进的理论、实践和管理技能,以满足消费者需求并保持公司的竞争力;探讨物联网、"工业4.0"和创客运动等令人兴奋的概念。其供应链管理涵盖在竞争激烈的全球经济中维持供应链的所有方面,从新产品开发到国际供应链的管理和规划,以及与供应商和分销商的合作。供应链管理课程重点关注创造价值,课程内容包括优化采购、物流和营销过程,而且涉及与供应商、分销商和客户的战略合作。斯坦顿大学物流管理学士项目坚持基于设计的教育理念,致力于建立一个以设计为基础的教育系统,它与该领域的专业人士共同创造为中心。学生能够在由学生、教师、研究人员和行业专家组成的小团队中工作。其课程涵盖供应链的所有领域:从采购到库存管理、仓储、生产、计划和调度,以及运输。此外,其课程还关注供应链专业内的相关主题,包括风险管理、国际物流、电子商务、创新、变革管理和信息技术。汉恩大学供应链管理短期课程秉持使学生在现实生活中运用物流知识的理念，教授学生如何在供应链战略中结合全球、绿色和创新技术，更好地开展沟通和合作。学生需要了解荷兰的物流历史，体验欧洲最大的海港——鹿特丹港，将理论付诸实践，在一个小团队中完成一个最终项目——对一个虚构公司的西欧供应链进行全面的重新设计。

四、国内外物流管理专业对比分析和启示

首先，德国、英国高校的物流管理专业教学定位清晰，实践教学与理论教学关系密切，值得我国物流管理专业借鉴。首先，我国的一流物流管理专业建设可以考虑在专业课程设置体系中加入更多实践性强的课程。其次，重视实践教学是物流管理专业的趋势，虽然本文所调研的国内专业都设置了实践环节，但实践环节的系统性设计仍有不足，可能会使实践教学流于形式，无法达到培养学生专业能力和素质的效果，又浪费了资源。可以考虑更新核心实践的内容和形式，加强实习基地建设，加强校企合作，给学生提供更多的实习机会；根据企业岗位需求，校企双方合作，进行系统的课程设置与课程内容开发，对课程的结构、内容、比例和总体课时做系统的安排、调整、更新和改造。再次，国外高校开设的物流管理相关专业大多为物流与供应链管理专业，关注整个价值链，从生产和分配到货物和产品的运输。不仅涵盖优化采购、物流和营销过程，而且涉及与供应商、分销商和客户的战略合作。核心课程中关于供应链的课程十分丰富，从供应链的战略技术到其运营管理、可持续性、分析技术、信息技术，种类繁多，学生通过课程学习对供应链的认识也会更深刻、更开阔。在我国的一流物流管理专业建设中可以考虑围绕供应链过程进行课程体系设计，以物流活动串起供应链上下游，培养学生在供应链这一宏观基础上管理物流的能力。最后，我国一流物流管理专业建设需要进一步厘清专业培养特色，课程体系的设置应该围绕培养目标和培养特色进行。

参考文献

[1] 教育部办公厅.关于实施一流本科专业建设"双万计划"的通知[EB/OL].(2019-04-02)[2023-07-29]. www.gov.cn/zhengce/zhengceku/2019-12/03/content_5458035.htm.
[2] 王建华.关于一流本科专业建设的思考：兼评"双万计划"[J].重庆高教研究,2019,7(4)：122-128.
[3] 林键.一流本科教育：认识问题、基本特征和建设路径[J].清华大学教育研究,2019(1)：22-30.
[4] 刘六生,宋文龙.我国地方高校一流本科专业建设的困境与出路[J].云南师范大学学报(哲学社会科学版),2019,51(6)：111-119.
[5] 樊丽明,杨灿明,马骁,等.新文科建设的内涵与发展路径(笔谈)[J].中国高教研究,2019(10)：10-13.

电子商务课程思政的实施方略设计

刘义理　朱茂然　王洪伟　徐德华

(同济大学经济与管理学院)

摘　要：在数字中国的战略引领下，对于作为高校公共基础课之一的电子商务课而言，实施课程思政尤为重要。本文结合电子商务课程的教学实践，从课程思政元素识别、思政元素进教学大纲、思政元素进教学设计、思政元素进课堂和思政过程回头看五个方面设计了电子商务课程思政的实施方略，并对电子商务课程思政今后的提升进行了展望。

关键词：电子商务；课程思政；思政元素

一、引言

随着电子商务实践在我国不断深入，党和国家对电子商务和互联网产业给予高度重视，确定了"数字中国"的发展目标，并推出"互联网＋"行动计划，以更好、更快、更深入地推进我国电子商务发展。时代的发展要求高校进一步推广和重视电子商务课程教学。

同济大学电子商务课程有着极为悠久的历史。同济大学是全国最早设立电子商务课程的高等院校之一，自 2000 年起，经济与管理学院就开设了电子商务课程，并将其作为全院专业选修课。历经 8 年建设，该课程获评 2008 年度上海市重点课程。随着"大众创新、万众创业"大学生实践活动的深入，电子商务已成为同济大学学子参加各类创新创业大赛，从而报效祖国的主要领域之一。为此，学校扩大电子商务课程授课范围，使其成为学校公共选修课，为全校学生提供电子商务知识，并培养他们的能力。该课程成为同济大学的精品公选课，并获评 2021 年上海市重点课程。

当前，中华民族伟大复兴战略全局和世界百年未有之大变局相互交织、相互激荡，高等教育不仅要在知识传授方面担负起职责，更要在回答培养什么人、怎样培养人、为谁培养人这一教育的根本问题上承担应有的责任。"才者，德之资也；德者，才之帅也""君子挟才以为善，小人挟才以为恶"。课程思政就是落实这一责任的重要方略。作为面向全校学子的公共课程，电子商务课程实施课程思政势在必行。电子商务课程需要正确引导学生的知识学习，帮助学生树立家国情怀，思考课程相关的社会问题，进一步激发学生的学习热情和主观能动性。

二、思政元素挖掘

课程思政的落实，首要的是挖掘和识别课程的思政元素。课程思政中的思政元素，是指能滋养学生健康成长的德育元素或正能量。更具体地说,电子商务课程的思政元素可以分为思政、科学和文化素养三大类。

"富强、民主、文明、和谐,自由、平等、公正、法治,爱国、敬业、诚信、友善"的社会主义核心价值观,从国家、社会和个人三个层面指明了电子商务课程思政元素的精髓。

从国家层面来看,电子商务课程需要引导学生明确国家的数字化发展战略,从而帮助他们树立明确的学习目标。习近平总书记在党的十九大报告中指出,"加快建设制造强国,加快发展先进制造业,推动互联网、大数据、人工智能和实体经济深度融合",我国的电子商务和数字化发展已进入快车道。李克强同志连续多年在政府工作报告中强调"互联网+"行动计划,推动移动互联网、云计算、大数据、物联网等与现代制造业结合,促进电子商务、工业互联网和互联网金融健康发展,引导互联网企业拓展国际市场。《中华人民共和国国民经济和社会发展第十四个五年规划和2035年远景目标纲要》进一步强调,未来我国将"聚焦新一代信息技术、生物技术、新能源、新材料、高端装备、新能源汽车、绿色环保以及航空航天、海洋装备等战略性新兴产业",推动互联网、大数据、人工智能等同各产业深度融合,促进平台经济、共享经济健康发展。在这样的时代和社会背景下,学生将更加自然地将个人的电子商务知识学习与国家的发展需要紧密结合,明确学习这门课程能够有效地提升自身报效祖国的能力,明确学习的重点所在。

从社会层面来看,电子商务课程应引导学生树立正确的技术伦理观和社会价值观。电子商务以前所未有的信息技术为支撑,创建出全新的商业环境,并对社会其他行业产生前所未有的影响。然而,在这一过程中,由于缺乏经验可借鉴,整个行业基本上处于探索阶段。这种探索可能引发超出传统价值观和伦理观的现象,对学生造成一定的困扰。因此,电子商务课程需要引导学生牢固树立以人为本的社会价值观和技术伦理观,牢牢把握技术为人服务这一根本要务。电子商务课程教师应告知学生在创新电子商务商业模式时,一定要依法行事,摒弃无视正常社会秩序的技术和避免信息滥用。例如,绝不能为了商业利益侵犯广大用户的隐私,绝不能为了商业利益最大化而借助信息不对称的特点瞒骗用户,绝不能为了建立竞争优势而采取妨碍用户公平获取信息服务的做法,等等。引导学生在牢固树立法律意识,坚决不做违法的事情的基础上,以青年人的热情承担起揭发和纠正违法事件的责任,努力发掘新的技术方案以纠正种种不公正的商务现象。

从个人层面来看,电子商务课程应当引导学生树立积极向上的正确人生观。电子商务和互联网为人们的生活提供了诸多的便利,更为青年人提供了创新创业的广阔空间。为此,一方面,电子商务课程需要鼓励广大学生积极进取,充分发挥自己的聪明才智,在大众创业、万众创新的大潮中建功立业;另一方面,则要警示学生不能有一夜暴富等不切实际的想法,一切都要踏踏实实地从头做起,不能施行网络暴力行为或者沉迷于庸俗、低俗、媚俗内容不能自拔,引导和鼓励学生构建信息时代健康的生活态度和生活方式。

三、思政元素进教学大纲

课程的教学大纲应当明确课程目标、合理选择内容、科学划分知识点、凝练重点、聚焦难点、合理分配学时、明确课程进行方式及做好进程的顶层设计。一般而言,课程教学大纲包括课程名称、授课对象、总学时/学分、授课语种等基本信息,以及课程内容简介、课程的地位、作用和教学目标,课程教学基本要求,课程考核方式与评价结构比例,课程教学进度与内容安排等,同时还会列出使用教材和主要教学参考资料等。其中,课程的地位、作用和教学目标是最需要也最能够体现课程思政特色的部分。

电子商务是我国当前社会发展的焦点,对实现我国建设数字中国的远景目标至关重要,提升大学生的电子商务知识基础和专业素养势在必行。电子商务课程要求学生掌握电子商务的基本知识、基础理论和基本技能;知晓中国和世界电子商务的起始和发展,知晓中国"互联网+"行业实践的展开,知晓新技术革命的基本内容;勇于将知识应用于大众创业、万众创新实践,学以致用,身体力行,以实际行动推动我国电子商务的发展;从中国电子商务的奋斗历程中汲取营养,形成热爱祖国、报效祖国的情怀,培养他们严谨、求实、团结、创新的科学文化素养,以及热爱社会、乐于奉献的人文精神和良性的技术—社会伦理观。

四、思政元素进教学设计

教学设计是指教师根据教育教学规律、课程目标和学情,对参与教学过程的诸多要素进行分析和研判,制定课程教学的实施方案。教学设计需要回答四个问题:教(学)什么?如何教(学)?为何教(学)?教(学)得怎样?包含思政元素的电子商务课程教学设计见表1。

表1　　包含思政元素的电子商务课程教学设计(32课时)

教什么(教学内容)		如何教(教学方式)(单位:课时)	为何教(教学目标)	教得怎样(教学效果评价)
绪论	电子商务定义	6=6K+2A	使学生知晓课程的特征、学习方法和学习价值 思政目标:使学生明确国家战略,回顾中国奋斗历程	在线知识测试 学生访谈反馈 教师自我反省
	电子商务类型			
	电子商务价值			
	电子商务学习视角			
	中国电子商务历史			
电子商务互联网+实践	在线零售	10=4K+4S+2A	使学生掌握中国电子商务的行业实践情况、面临的问题,以及问题产生的原因,明确发展趋势 思政目标:激励学生投身中国电子商务实践	互动、作业与点评 教师自我反省
	在线旅游			
	在线招聘			
	在线教育			
	社交商务			
	移动商务			

(续表)

教什么（教学内容）		如何教（教学方式）（单位：课时）	为何教（教学目标）	教得怎样（教学效果评价）
电子商务创新创业	商业模式画布	10＝2K＋6S＋2A	培养学生电子商务创新创业系统能力、了解创新创业环境 思政目标：使学生形成正确的义利观和人生观	互动、作业与点评 学生访谈反馈 教师自我反省
	互联网营销			
	电子商务物流			
	电子商务法律			
	电子商务创新			
	电子商务创业			
新技术革命与电子商务	大数据与电子商务	6＝2K＋2S＋2A	使学生能够判断新技术的影响；思政目标：使学生形成正确的社会伦理观，拥有评判性思维能力	课堂讨论、作业与点评 学生访谈反馈 教师自我反省
	区块链与电子商务			
	人工智能与电子商务			

注："K"代表孔子型课堂教学，知识驱动、教师主动、学生能动；"S"代表苏格拉底型课堂教学，问题驱动、学生主动、师生互动；"A"代表自主型学习，目标兴趣驱动、自主自觉行动、线上线下联动。

五、思政元素进课堂

思政元素能否进入课堂，取决于三个要素：教师、课程和教授。思政元素进课堂，德才兼备的"四有好老师"是关键，守正创新的课程是基础，情真意切的课堂教授是动力。

电子商务课程的教学团队包括专业教师、创业导师和行业讲师。专业教师团队的成员基本上是教师党员，在理想信念、道德情操和学识方面都有很好的基础，能够通过教学研讨活动，统一教学思政目标和认识。课程团队中的创业导师，主要来自创新创业学院和大学生创业基金会，政治面貌也都是中共党员，并在各自所在部门担任较高的领导职位，对国家相关政策有着较好的理解和把握。课程团队中的行业讲师，主要是企业和行业中的成功人士，他们向学生分享行业经验，为学生提供将所学知识与我国的电子商务实践相结合的机会。

为了达到课程守正创新的目标，教学团队集体备课，强化授课中对学生思维逻辑的培养，避免学生纯粹依靠个人灵感来分析问题；强化授课中对学生认识问题的理论角度选择能力的培养，使学生正确运用经济管理学中的经典理论，避免纯粹依靠经验和感觉分析和认识问题；强化授课中对事实思政内涵的传递，引导学生从发现表面现象进入深入思考，传承优良传统，增强"四个自信"，勇于展望未来。

为了保证课堂教授的情真意切，电子商务课程团队应集体进行教学技艺的探讨，经常相互听课，并提出进一步提高授课水平的意见和建议。电子商务也是一门实践性很强的课程，如果没有互联网上足够的身体力行，教师很难对其所教授的内容产生真切的感情，很难与学生产生共鸣。为此，教学团队应鼓励教师成员积极体验各种互联网业务，并积极鼓励专业教师与创业导师、行业讲师密切交流，力求使专业教师的教学能力体系实现理论与实践的完美结合。

通过三个方面的建设，电子商务课程授课在授课环节体现为静而不死，学生们认真听讲和思考，没有嘈杂之声；在互动环节体现为活而不乱，师生热烈交换意见，甚至争论，但是整个讨论有着明确的目的和程序。通过热烈的讨论，师生针对问题达成理性上的一致。这样的课堂为思政元素入耳、入心和入行提供了高效的环境。

六、课程思政过程回头看

课程思政过程回头看主要包括"五度"（五个核查方面）：挖掘的思政元素及其类别与课程内容的契合度，思政元素与教学大纲的融合度，思政元素与教学设计的匹配度，思政元素进课堂的达成度和师生的满意度。前三个核查方面，主要应邀请学校和学院的专家评判，后两个核查方面则主要由教师通过对学生进行访谈和调查评判。电子商务课程思政应构建可持续的课程思政质量标准，支持课程思政效果得到可持续的提升。

七、结语

课程思政实施是教育教学改革的一项系统工程，涉及学校、教师和学生多个方面，本文结合同济大学电子商务课程的教学实践，从课程思政元素识别、思政元素进教学大纲、思政元素进教学设计、思政元素进课堂和思政过程回头看五个方面进行了探讨。但是，由于课程思政对学生世界观、人生观和价值观的影响是潜移默化的，其效果往往不能够在短时间就凸显出来。此外，由于课程思政依托专业课程，部分专业教师的思政水平与当下的要求相比，还存在一定的差距。对于这两个问题，电子商务教学团队还需要进一步思考和探索。

参考文献

[1] 龚一鸣.课程思政的知与行[J].中国大学教学,2021(5)：77-84.

[2] 龚一鸣.高校教师如何上好一门课[J].中国大学教学,2014(9)：22-26.

[3] 戴健.高校课程思政教学团队建构探析[J].江苏高教,2020(12)：100-103.

[4] 陶志欢.当前思想政治教育质量提升困境及其应对[J].中国青年社会科学,2020,39(1)：8.

教改前沿

JIAOGAI QIANYAN

"新工科"背景下基于项目管理的 PjBL 教学模式设计与实践

王广斌[1]　金颖妍[1]　张文娟[2]　王旭育[1]

(1. 同济大学经济与管理学院；2. 同济大学机械与能源工程学院)

摘　要： 本文主要探讨了 PjBL 教学模式在新工科建设中的应用。"新工科"强调提高学生的实践能力、创新能力和国际竞争力，PjBL 教学模式以学生为中心，以项目为载体，能够很好地满足这些需求。通过将项目管理体系融入 PjBL 教学，可以为学生提供系统化的理论和方法指导，提高他们的学习积极性和实践能力。随着技术飞速发展和项目易变性、不确定性、复杂性的日益凸显，PjBL 教学模式需要强调以交付价值为导向，推动各方的深度合作，实现多元协同的价值共创。本文还分析了 PjBL 教学模式的特征和项目管理知识体系在 PjBL 教学中的应用，并以同济大学智能建造专业工程管理方向课程为例，对基于项目管理体系的 PjBL 教学模式进行了讨论，希望能为其他正在进行"新工科"专业建设的高校提供参考。

关键词： "新工科"教育；项目式学习；项目价值交付

一、引言

21 世纪以来，全球科技创新进入空前密集的活跃时期。以人工智能、大数据、云计算、物联网、区块链等为代表的信息技术成为全球新一轮科技革命和产业变革的核心引擎，不断孵化催生新技术、新产业、新业态、新模式，也使得社会、经济、环境等方面面临的挑战愈加复杂且充满不确定性，这些挑战打破了传统工程师任务和责任的边界，对未来工程师的专业知识、技能、职业素质、能力等都提出了新的要求。在此背景下，教育部自 2017 年开始，全力推进实施"新工科"建设，以探索能够应对未来发展与挑战的新型工程人才培养模式。

与传统工科相比，"新工科"更强调学科的实用性，"新工科"人才应该具备更全面的综合能力和更强的工程实践能力。项目式学习 (Project-based Learning, PjBL) 以项目为载体，面向真实的工程情境，为培养具有综合素质、自主学习能力和实践能力的人才提供了新的模式，被国际和国内教育界视为跨学科工程教育的典范模式，与"新工科"建设理念高度契合。然而，对于我国高等工程教育而言，传统基础教育单向、以灌输为主的教学模式导致大部分学生进入大学后仍然缺乏完成项目式学习所需的知识与能力。在项目开展过程中，若教师未能给予学生适时的引导，搭建有效的"脚手架"①，PjBL 教学模式将很难达到预期的效果。项目管理是组织高效开展项目的战略手段和方法体系，能够在学生解决问题、完成学习任务时向其提供一套系统的模型及方法。本文在"新工科"背景下探讨如何将项目管理融入 PjBL 教学，把项目管理知识体系作为项目式学习的"脚手架"，从而提升 PjBL 教学的效果，为"新工科"建设中的教学模式改革与创新提供理论基础和实践方针。

二、PjBL 教学模式及其典型应用分析

"新工科"建设的目的是培养面向未来的具有优秀实践能力的卓越工程创新人才。未来工程师的竞争力已不能仅通过以专业知识、技术能力为特点的"硬技能"来衡量，与之相异互补的"软技能"亦是关键。"软技能"注重的是个人发展必备的综合素质和能力，通常包括批判性思维、问题解决能力、沟通协作能力，以及自我激励与自我管理能力等。Burkhardt、Monsour 和 Valdez 在《21 世纪能力：数字时代的基本素养》(*21st Century Skill：Literacy in the Digital Age*)报告中指出，快速的变化和日益激烈的竞争要求工程师必须具备一定的"软技能"来应对不断更迭的技术和组织结构。高等工程教育改革应重视"软技能"与"硬技能"的全面培养，以提高学生的实践能力，从而应对未来的挑战。

"软技能"的培养主要依靠训练与实践，需要面向真实工程情境，以"硬技能"为专业载体，通过情景化模拟来实现。传统的以教师、书本、课堂为中心的教学方式已难以满足培养"软硬兼备"的工程人才的需求，因此高校应转变教育理念与模式，强调学生的主动式学习与高度参与。目前国际上主要有两种培养兼具"软技能"和"硬技能"的实践型教育模式：问题式学习(Problem-based Learning，PBL)教学模式与项目式学习教学模式。PBL 教学模式与 PjBL 教学模式均以建构主义学习理论(constructivist learning theory)为基础，关注学生的主体性角色，与现实世界中的任务衔接，由学生以小组形式完成任务，从而达到学习的目的。PBL 与 PjBL 作为两种自主式教学模式，具有诸多共性，二者的界限十分模糊，但二者并不等同，仍存在各自的侧重点。针对 PBL 与 PjBL 的区别，已有学者从不同的角度进行了分析，如表 1 所示。

表 1　　PBL 与 PjBL 的不同点

角度	PBL	PjBL
目标	培养和提高学生的"软技能"	培养和提高学生的"硬技能"与"软技能"，为学生提供真实的工程实践
学习模式	探究模式，根据课程目标和学生知识水平设计问题，以问题为驱动，引导学生发现、分析和解决问题	产品模式，遵循"设计—探究"的一般步骤，以项目为基础设计教学单元，由学生解决具体问题，完成项目目标
知识	侧重知识的获取	侧重知识的应用

---

① "脚手架"喻指由教师辅助学生完成学习任务，并在学生认知能力增强、学习过程内化时逐渐淡出。

(续表)

角度	PBL	PjBL
问题真实程度	通常与真实情境存在一定的"距离"	通常是完全真实的任务和情境
最终产品	最终产品较为简单,可以是有形的,也可以是以书面或陈述形式提出的解决方案	最终产品能够促使学生塑造和描述整个计划、生产和评估的过程
教学评估	对解决方案的有效性进行评估	对项目过程中获得的技能水平进行评估
持续时间	通常涉及单一学科,持续时间较短	通常是跨学科的,持续时间较长
应用领域	缘起于医学,多用于医学、法律、经济学等社会学科	多用于计算机科学和工程学等学科

通过比较 PBL 教学模式与 PjBL 教学模式发现,PjBL 教学模式更适合工程教育。Lowenthal 将 PjBL 定义为一种融合了问题式学习、合作式学习、主动式学习的教学方法。Khair、Nabir 和 Farzeeha 等认为 PjBL 教学模式更注重培养学生的工程实践能力,促使学生对其所在行业工程师的工作有更加清晰的认知,以更早地适应工程师的身份并快速投入工作。相比之下,PBL 教学模式则更适用于非项目制生产领域,如医学实践领域。

目前,PjBL 教学模式已成为诸多国际一流大学工程教育的中心环节。本文选取了四个典型的 PjBL 教学案例,包括麻省理工学院 NEET(The New Engineering Education Transformation)计划、佐治亚理工学院 VIP 项目(Vertically Integrated Projects)、伦敦大学学院 IEP 项目(Integrated Engineering Program)与欧林工学院 SCOPE 项目(Senior Capstone Program in Engineering),从项目选择、实施与评估三个方面分别进行分析,分析过程如表 2 所示。

表 2   国际一流大学 PjBL 教学案例

案例	项目设计	项目实施	项目评价
麻省理工学院 NEET 计划	项目是最核心的教学组织单元,围绕机器学习、物联网、自动化系统、智慧城市和基础设施等"新机器和系统"中的跨学科交叉知识进行设计	学生从大二开始每年参与一个项目,项目的难度和专业性随着学生的进步不断提高,到大四形成跨专业、跨学科的串编(threads)。NEET 教学委员会由工程学院全体教师组成,负责安排串编内容和项目的设计与组织,为团队提供项目研究框架	教学委员会每周召开会议,对项目开展情况进行综合分析与评估
佐治亚理工学院 VIP 项目	项目的重要特色是面向真实工程情境,围绕全球挑战下国际公认的多元复杂的重大难题展开	项目由导师牵头,由学生组成跨学科团队完成任务。项目提供了长学制,延伸了学生参与项目的时间,一般为 3~5 年,学生毕业后也可持续参与项目	从学生文档和笔记、对团队的贡献度、团队协作与整合能力三个方面考核与评估项目成果

(续表)

案例	项目设计	项目实施	项目评价
伦敦大学学院 IEP 项目	项目主张以设计为核心，面向现实世界，且能够适应产业需求的变化	项目的实施由学生主导，教师扮演协调者与引导者的角色，担任技术顾问，监管项目进展并及时给予学生反馈	形成教师、同伴、客户、学生的多元评价主体，对项目中期进展情况、最终设计与展示情况等进行评估
欧林工学院 SCOPE 项目	项目面向真实职业情境中的需求，如人机界面设计、软件开发等	项目通常为期一年，由4～6名学生组成跨学科团队完成项目任务。项目采取"双导师制"，即安排一名学校指导教师和一名企业导师，为团队提供指导和帮助	SCOPE团队定期审查学生项目任务完成情况，并从学校指导教师和企业导师处得到反馈

基于对国际一流大学 PjBL 教学案例的分析，可得出以下三点结论：①项目设计需面向新时代，关注全球化情境中的真实问题，并以需求端（企业等）为导向。②为保证达到良好的学习效果，选定的项目应具有一定的挑战性，在项目实施过程中，需搭建能够服务学生学习的"脚手架"，提供相关的方法论和实践工具，引导和帮助学生更好地安排时间和规划项目。③项目成果的考核与评估方式需要从以教师为中心的单维评价向以学生、教师、企业等为主体的多维评价体系转变，以提高评估结果的准确性。

三、基于项目管理的 PjBL 教学模式设计

在新工科建设中，推行 PjBL 教学模式面临的挑战之一在于确定项目的结构化程度。为了确保课程项目的顺利开展，促使 PjBL 教学模式能够发挥实质性作用，选择合适的"脚手架"至关重要。一方面，PjBL 教学模式的关键特征是以学生为中心，强调由学生主导整个项目过程，项目的结构应具有一定的灵活性。另一方面，在项目的设计、实施、评估等环节，教师需要提供适时适当的"脚手架"，以降低项目任务的复杂性，提高学生的积极性。Bull、Shuler 和 Overton 等指出，在 PjBL 教学模式中，"脚手架"的具体功能包括：①帮助学习者在已知与未知之间架起桥梁。②帮助学习者发展元认知能力。③帮助学习者重塑知识结构并将其内化。④帮助学习者更好地安排时间和规划项目。⑤帮助学习者评估学习成果。

相关研究表明，将项目管理知识体系（Project Management Body of Knowledge，PMBOK）应用于 PjBL 教学模式，既能为跨学科项目搭建框架，同时也能保持学习者驱动的特征。PMBOK 是美国项目管理协会（Project Management Institute，PMI）开发的项目管理标准与指南，被定义为描述项目管理专业范围内知识的术语，包括已被验证并被广泛应用的传统做法及新近涌现的创新做法，旨在推广被普遍认可的项目管理"良好实践"。目前关于 PMBOK 在 PjBL 教学模式中应用的研究大多借鉴第六版或更早版本的《项目管理知识体系指南（PMBOK® 指南）》(*A Guide to the Project Management Body of Knowledge*)，即将 PMBOK 的整合、范围、进度、成本、质量等专业知识与启动、规划、执行、监控、收尾五大项目管理过程知识组融入 PjBL 教学，以完成项目任务为目标，关注项目可交付成果，为

课程项目的开展提供理论、方法和工具。

随着行业和社会的加速变革,VUCA(Volatility—易变性、Uncertainty—不确定性、Complexity—复杂性、Ambiguity—模糊性)情境已成为项目环境的新常态。面对当下的挑战,要取得项目的成功不能仅依靠时间、质量和成本这三个传统的关键参数,需要从更广泛的层面作出调整。在此背景下,项目管理大师哈罗德·科兹纳(Harold Kerzner)博士对项目与项目成功进行了开创性的重新定义,并提出了"项目管理2.0"的概念。他认为项目是计划实现的一组可持续的商业价值的载体,项目成功是在竞争性约束条件下实现预期的商业价值。与之相应,项目管理不再是目标控制型的,而是以交付价值为导向,通过多样化的度量指标来衡量价值是否实现。丁士昭教授指出,项目是战略努力,项目存在的意义不局限于项目收尾时的可交付成果,更在于交付后的整个生命周期内,项目可能会创造的价值。项目价值交付的过程可以用一个"价值环"来描述(图1)。在这个过程中,组织战略被分解成具体的目标,通过项目落地完成目标,获得可交付的成果并产生效益,最终实现价值,达成战略目标。此外,过去的简单价值分配已无法对抗项目VUCA特性带来的风险,价值链需要共创和共享,项目逐渐演变为相关方的命运共同体。

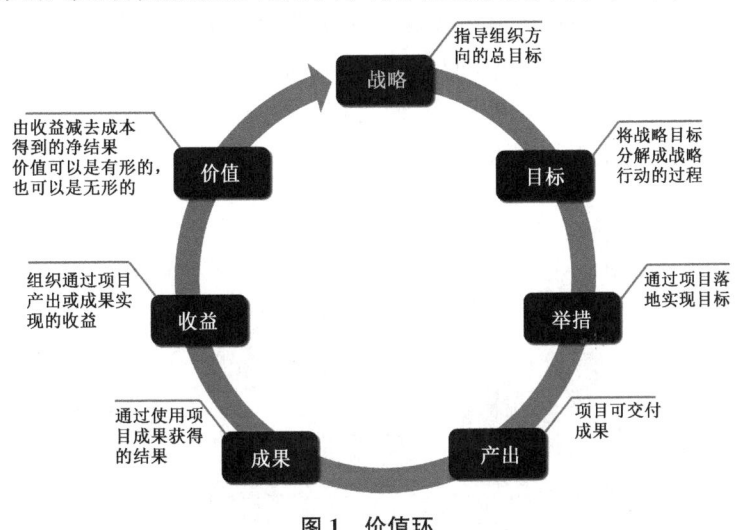

图1 价值环

面对项目管理认知的更新,《项目管理知识体系指南(PMBOK®指南)》(第七版)对传统的专业知识领域与过程组的知识点进行了解构与重构,转向八大绩效域,并形成以交付价值为导向的项目管理理念。八大绩效域描述的是对有效交付项目成果至关重要的活动,包括干系人、团队、生命周期与开发方法、规划、项目工作、测量、交付、不确定性。《项目管理知识体系指南(PMBOK®指南)》(第七版)的革命性转变意味着借鉴PMBOK的项目管理体系在PjBL教学模式中的应用亦应作出相应的调整,以适应VUCA新常态,具体包括以下两个方面。

一是项目管理过程和方法应向敏捷、适应型转变。目前用于辅助PjBL教学的项目管理大多为预测型,项目管理过程具有固定的结构,要求对每个环节进行严格的规划与风险管控。随着项目VUCA特性日益凸显,传统的项目管理已难以适应项目快速开发迭代的需求。项目管理需要由计划驱动转向适应驱动,融入敏捷性思维,才能更加灵活、快速地响应变化。

二是注重项目完成后向相关方交付的整体价值。根据"项目管理2.0"的理念,PjBL教学模式不能仅关注项目的产出和可交付成果,需要以交付价值为导向,将学生、教师、学校、企业等教学活动中的主体作为一个有机整体,以价值导向的项目为载体,聚焦主体间的互动性与有效对接,实现多元主体价值共创。

四、基于项目管理的 PjBL 教学模式实践——以同济大学智能建造专业工程管理课程模块为例

同济大学智能建造专业是 2018 年获教育部正式批准新设的"新工科"专业,传承百年土木工程的历史积淀,由多个学科共同培养,并在专业课阶段分方向培养,工程管理是其方向之一,未来拟采用七年制的本硕一体化培养机制。该方向借助自身的学科优势,融入项目管理体系,开展了许多关于 PjBL 教学模式的探索与实践,取得了一定的教学成果。

(1) 已基本形成大工程实践驱动的"四元耦合"工程管理人才培养体系,为 PjBL 教学打下坚实的培养体系基础。同济大学工程管理学科针对当前"新工科"专业人才培养亟待解决的问题,结合自身专业特点,以培养具备全球视野、创新能力、应用实践能力的"管理+工程"双强人才为目标,以大工程实践项目为综合驱动,从工程服务、科学研究、国际合作、课堂教学四个关键方面寻求多条培养路径,使之相互补充、相互交错、深度耦合,探索出一套行之有效的"四元耦合"工程管理人才培养体系(图2)。

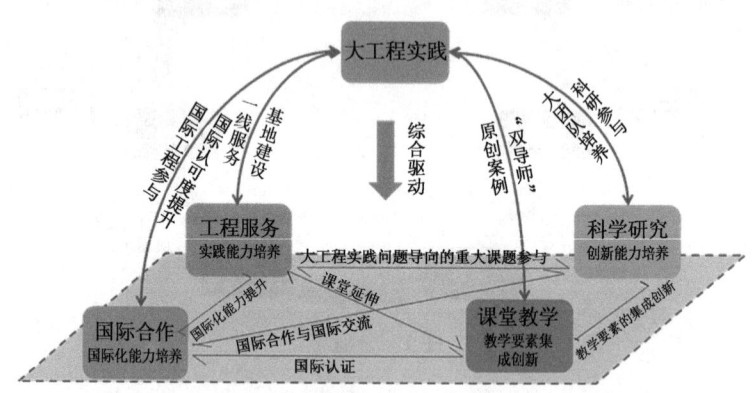

图 2　大工程实践驱动的"四元耦合"工程管理人才培养体系

(2) 加强师资队伍建设,"双导师制"培养模式改革逐步深化,为 PjBL 教学提供有力的环境支撑。同济大学工程管理学科一直将师资队伍建设作为学科发展的一项战略任务,依托复杂工程管理研究院、建筑产业创新发展研究院等机构初步形成了一支队伍结构合理、教学经验丰富的产教融合的学术梯队,包括教授 12 人、副教授 10 人、讲师及助理教授 5 人、助理研究员 2 人。在以"大工程实践项目"为导向的人才培养模式中,学生通过参与大型工程项目管理实现"做中学",专业教师与业内高级工程师共同参与"双导师制"实践,由专业教师提供项目管理理论知识,校外专家分享项目管理实践经验,在参与项目过程中为学生搭建"脚手架",引导和帮助学生更好地完成知识吸收和经验积累。

(3) 建立完善工程实践平台、教学实验平台、国际合作平台,为 PjBL 教学提供可靠的条件保障。工程实践平台方面,2010 年以来,同济大学工程管理学科承担了上海世博会项目、

北京大兴国际机场项目、上海虹桥交通枢纽项目、上海浦东国际机场扩建项目、太原地铁BIM技术应用项目等大型工程实践的咨询服务,科研经费合同总额超过1亿元人民币,与行业企业合作,构建了一系列大型工程实践平台。教学实验平台方面,针对社会实际需求,同济大学工程管理学科在全国率先开设"虚拟设计与施工"等本专业领域新课程,编写系列新教材,新教材中案例原创率达100%,采用情境式仿真案例教学新方法,并建设了"同济大学—Autodesk BLM联合实验室""211工程工程管理信息化实验室"等实验教学平台。国际合作平台方面,同济大学工程管理学科所在的经济与管理学院已获得国际商学院协会(The Association to Advance Collegiate Schools of Business,AACSB)、欧洲质量改进体系(European Quality Improvement System,EQUIS)、英国工商管理硕士协会(The Association of MBAs,AMBA)三大国际认证,本专业已获国际项目管理协会(International Project Management Association,IPMA)、美国项目管理协会、英国皇家特许测量师协会(Royal Institution of Chartered Surveyors,RICS)、英国皇家特许建造师学会(Chartered Institute of Building,CIOB)的专业认证,与斯坦福大学、佐治亚理工学院、佛罗里达大学等国际一流高校建立了稳定的合作关系,形成了多元化的国际合作交流与项目资源共享平台。

五、结语

"新工科"建设更加注重提高学生的应用实践能力、创新能力与国际竞争力,强调培养学生兼备"硬技能"与"软技能"。PjBL这种"以学生为中心,以项目为载体"的情境化、探究式的教学模式能够很好地契合"新工科"专业的培养目标,为"新工科"人才培养提供了有效途径。将项目管理体系作为"脚手架"融入PjBL教学,能够为学生提供系统化的理论和方法指导,并有助于提高学生的积极性,使其更好地掌握理论知识,提高实践能力。为了应对项目VUCA特性日益凸显带来的挑战,PjBL教学模式需要根据项目管理认知的升级做出适应性调整,以交付价值为导向,推动高校、企业、政府、行业协会等的深度合作,实现多元协同的一体化价值共创。本文分析了PjBL教学模式的特征与项目管理知识体系在PjBL教学中的应用,并以同济大学智能建造专业工程管理方向为例,对基于项目管理体系的PjBL教学模式进行了讨论,希望为正在开展"新工科"专业建设的院校提供借鉴和启示。

参考文献

[1] 习近平. 努力成为世界主要科学中心和创新高地[J]. 求是,2021(6):4-11.
[2] BEEMT A, MACLEOD M, VEEN J, et al. Interdisciplinary engineering education: a review of vision, teaching, and support[J]. Journal of Engineering Education,2020:109.
[3] 钟登华. 新工科建设的内涵与行动[J]. 高等工程教育研究,2017(3):1-6.
[4] MUSA F, MUFTI N, LATIFF R A, et al. Project-based Learning (PjBL): inculcating soft skills in 21st century workplace[J]. Procedia — Social and Behavioral Sciences, 2012, 59(1): 565-573.
[5] BURKHARDT G, MONSOUR M, VALDEZ G. 21st Century skills: literacy in the digital age[R]. California: North Central Regional Laboratory and Metitri Group, 2003.
[6] NOR N M, RAJAB N, ISMAIL K M. Educating the engineer of 2020: Malaysian scenario[J]. Engineering Management Review IEEE, 2008(3): 625.

［7］顾佩华.新工科与新范式：实践探索和思考［J］.高等工程教育研究，2020(4)：1-19.

［8］KHAIR M, NABIL A, FARZEEHA D, et al. Problem-Based Learning (PBL) and Project-Based Learning (PjBL) in engineering education：a comparison［R］. Kuala Lumpur：Proceedings of the IETEC11 Conference, 2011.

［9］LOWENTHAL J N. Project-Based Learning and New Venture Creation［R］. Oregon：NCIIA 10th Annual Meeting, 2006.

［10］刘进,王璐瑶.麻省理工学院新工程教育转型：源起、框架与启示［J］.高等工程教育研究，2019(6)：162-171.

［11］MIT. New machines and systems［EB/OL］.［2022-10-26］. https://neet.mit.edu/about.

［12］张惠,雷庆.世界一流大学工程跨学科人才培养路径探析——以佐治亚理工学院VIP项目为例［J］.高教探索，2019(5)：32-38.

［13］Georgia Tech. VIP：the Vertically Integrated Projects Program［EB/OL］.［2022-10-26］. https://www.vip.gatech.edu/vip-vertically-integrated-projects-program.

［14］李肖婧,张炜.伦敦大学学院本科工程教育体验教学及其启示［J］.高等工程教育研究，2019(3)：87-93.

［15］UCL. How we teach［EB/OL］.［2022-10-26］. https://www.ucl.ac.uk/engineering/study/undergraduate/how-we-teach.

［16］白逸仙,郭丹.欧林工学院产教融合模式研究及启示［J］.中国高校科技，2015(10)：66-68.

［17］Olin College of Engineering. Senior Capstone Program in Engineering (SCOPE)［EB/OL］.［2022-10-26］. https://www.olin.edu/collaborate/scope.

［18］赵永生.高阶思维能力培养与项目式教学［EB/OL］.（2019-12-10）［2022-10-26］. http://www.cedumedia.com/i/25683.html.

［19］HONG J, LIN C, HUANG H. The comparison of Problem-based Learning (PmBL) model and Project-based Learning (PtBL) model［R］. Coimbra：International Conference on Engineering Education-ICEE, 2007.

［20］ROOIJ S. Scaffolding project-based learning with the Project Management Body of Knowledge (PMBOK)［J］. Computers & Education, 2009, 52(1)：210-219.

［21］BULL K S, SHULER P, OVERTON R, et al. Processes for developing scaffolding in a computer mediated learning environment［J］. Cognitive Style, 1999：10.

［22］美国项目管理协会.项目管理知识体系指南(PMBOK®指南)［M］.6版.北京：电子工业出版社，2018.

［23］SATO Y, HAZEYAMA A, MIYADERA Y. Development of a project/problem based learning body of knowledge (PBLBOK)［R］. Santos：IEEE International Conference on Engineering Education, 2017.

［24］邓铁军,陈颖,贺志军.基于PMBOK原理的"项目式"教学法研究［J］.高等工程教育研究，2010(1)：159-163.

［25］尉艳娟.项目塑造未来2021年项目管理展望［J］.项目管理评论，2021,4(1)：10-17.

［26］丁士昭.交付价值是衡量工程项目是否成功的标准［EB/OL］.（2021-06-10）［2022-10-26］. https://mp.weixin.qq.com/s/oE2sBUWED2gWbjqXhrmrIg.

［27］Project Management Insititute. Benefits realization management：a practice guide［M］. Philadelphia：PMI, 2019.

［28］傅永康.《项目管理知识体系指南》(第7版)前瞻［J］.项目管理评论，2021,4(1)：46-52.

人工智能技术对当今大学教育的影响
——以 ChatGPT 为例[*]

张福国[1]　王海权[2]　王　伟[3]

(1. 同济大学经济与管理学院；2. 大连理工大学机械工程学院；
3. 华侨大学工商管理学院)

摘　要：ChatGPT 横空出世，给人们生活的方方面面带来了深远的影响。为适应这种新型的生产力，当代大学教育亟须进行积极的改革。本文首先回顾了 ChatGPT 的发展历史，然后从人才培养、课程教学、教学体系和评价体系四个方面分析了 ChatGPT 可能对大学教育产生的影响，最后预测了 ChatGPT 在大学教育中的应用，并对这类人工智能的应用提出了政策建议。从教师教学、学生学习和师生互动三方面入手，ChatGPT 有望将传统课堂转化为更科学、更扁平化的学术交流平台，从而达到提高教育质量的目的。大学教育需要在持续的变革中迎接挑战，充分利用人工智能技术的优势，提升教育质量，为培养未来人才做好充分准备。新兴技术层出不穷，ChatGPT 方兴未艾，本文就 ChatGPT 对大学教育的影响做出了预测，也为高校在教育中应用 ChatGPT 提供了一定的借鉴。

关键词：ChatGPT；人工智能；大学教育；机遇与挑战

一、引言

随着信息时代的到来，数字化的进程飞速加快，各种新兴技术层出不穷，令人目不暇接。ChatGPT 一经问世，便引起了大众的惊叹。ChatGPT 宛如一位全能的智者，能够回答问题、编写代码，甚至能够生成论文和诗歌，似乎没有什么是它做不到的。人们感慨于技术发展之快，同时也不禁开始担心自己的工作会不会被 ChatGPT 取代。

信息管理作为经济与管理学院的一个重要学科方向，要求教师兼具技术知识和管理思维。在人工智能技术日新月异的时代，信息管理专业的教师应系统性地研究人工智能技术对大学教育的影响。教育的本质是向社会输送相关技能的人才以满足社会的需要，以 ChatGPT 为代表的人工智能充分地向人们展示了其强大的生产力，大学教育只有充分地与之结合才能实现输送人才的这一本质要求。本文以 ChatGPT 为例，首先，对其发展历史进

---

[*] 本文为 2022 年华侨大学研究生教育教学改革研究资助项目"研究生数据分析能力课程建设：R 语言分析"(项目编号：22YJG005)的阶段性研究成果。

行回顾，分析其发展现状和趋势；其次，结合大学教育现状预测其对教育体系可能产生的影响；然后，在此基础上探究如何使用 ChatGPT 来提高教学质量，让技术为人所用、服务于人；最后，推而广之，分析 ChatGPT 等人工智能对大学教育影响的趋势，并从专业角度给出宏观的政策建议。

二、ChatGPT 发展史

ChatGPT 全称 Chat Generative Pre-trained Transformer，是美国 OpenAI 于 2022 年 11 月发布的聊天机器人程序，它能够通过理解和学习人类的语言与人类对话，甚至能完成撰写邮件、视频脚本、文案、论文，生成译文、代码等任务。如今，人们发现，无论什么人问什么样的问题，ChatGPT 都可以给出相关答案供人参考。实际上，ChatGPT 站在了前人的肩膀上，是自然语言处理研究长期发展积淀的重大成果，也是近年来人工智能技术积累的结晶。

（一）NLP 及智能问答技术发展史

自然语言处理（Natural Language Processing，NLP）及智能问答技术的发展历程大致可以分为以下四个阶段。

1. 早期阶段（1950—1960 年代）

NLP 的早期研究主要集中于基于规则的方法，这些方法依赖手动编写大量规则来处理自然语言。在这一阶段，学者主要研究的问题是如何理解语言的结构和语法规则。

2. 认知工程阶段（1970—1980 年代）

在这一阶段，研究者尝试使用规则和知识库来处理语言，发展了基于知识工程的 NLP 系统。这些系统主要依赖手工编写的规则和结构化的知识。

3. 机器学习阶段（1990—2000 年代）

随着统计方法的兴起和计算能力的提升，研究者开始使用统计建模和机器学习技术来处理自然语言。在此期间，NLP 的应用领域也在不断扩大，包括文本分类、信息抽取、机器翻译、语音识别等领域。同时，NLP 开始应用于商业领域，如搜索引擎、智能客服、金融服务等。

4. 深度学习阶段（2010 年代至今）

随着 2010 年代深度学习和词嵌入技术的出现，NLP 领域开始广泛采用神经网络、卷积神经网络、循环神经网络等深度学习技术，NLP 在性能方面实现了显著的飞跃，并在语音交互、机器翻译、智能客服、智能语音助手、金融等领域得到了广泛的应用。ChatGPT 具有不断学习、进化的能力，令人震撼。

（二）Transformer 模型与 ChatGPT 的出现

2017 年，Transformer 模型的出现彻底改变了 NLP 领域。Transformer 模型的注意力机制使得输入序列的并行处理成为可能，大大提高了模型的效率和性能。OpenAI 的生成式预训练 Transformer（GPT）系列在 NLP 领域产生了颠覆性影响。

2019年11月，ChatGPT团队成立，最初只有几个成员，致力于开发人工智能技术以支持聊天机器人服务。

2020年，ChatGPT团队着手开发其第一个聊天机器人项目，并与中国大型企业和在线零售商合作开发。

2022年11月，ChatGPT正式发布，向公众提供了更强大、更智能的聊天机器人服务，一时间引起了互联网用户的热议。

目前，ChatGPT背后有一支强大的科技团队为其提供运营支持，为用户提供非常优质、高效的聊天机器人服务。ChatGPT致力于将人工智能技术应用于各行各业，实现智能化服务，为客户提供最佳的交互体验。

（三）基于ChatGPT的人工智能发展现状与趋势

目前，除ChatGPT外，科研人员还研发了Graph2Seq、Graph Transformer、GPT-4等模型，不断推进自然语言处理，同时拓展这些模型的应用的场景和功能。

基于ChatGPT的人工智能发展趋势包括更高效的预训练、更深层次的NLP、多任务学习、多语言处理、多模态处理和可解释人工智能六个方面。以多模态处理为例，OpenAI联合创始人格雷格·布罗克曼（Greg Brockman）用笔和纸绘制了一个网站的草图，并将其展示给GPT-4，不到2秒，GPT-4就生成了网页代码，并制作出了几乎与草图一模一样的网站。

ChatGPT及其衍生模型在自然语言处理领域已经取得了显著的进展，并为各种应用场景提供了更智能的解决方案，其潜力还有待进一步挖掘。

（四）ChatGPT面临的挑战

以ChatGPT为代表的超大预训练模型都是由高算力来支撑高性能的，且其置信度和创新能力都还有很大的上升空间。此外，ChatGPT目前还面临着诸多其他的问题和挑战，主要包括：适应不同文化背景下的道德伦理和法律法规、保护数据隐私、处理文化和语言差异、评估信息源可信程度，以及提升情感处理能力等。

以信息源可信度问题为例，由于ChatGPT的模型是基于训练数据中的信息构建的，如果输入的信息源未过验证，那么其生成的回答就可能缺乏可信度。ChatGPT的广泛使用可能导致大量未经思考或验证的内容生成。据Intelligent网站的调查，被调查的大学生中，至少有三分之一曾采用ChatGPT辅助完成作业。

以ChatGPT为代表的人工智能正处于快速发展阶段，应用前景广阔。然而，突破现有局限性并应对未来挑战对于确保AI的可持续发展及其实现更广泛的社会影响至关重要。

三、ChatGPT给大学教育带来的机遇

在全球范围内，大学教育从传统的课堂教学模式逐步向线上线下相结合的混合模式转变。人工智能是推动高等教育变革的重要战略支撑，ChatGPT作为这场变革的催化剂拥有巨大的应用潜力。ChatGPT等人工智能技术为大学教育带来了无数的挑战和机遇，对人才

培养、教学、课程及评价体系等产生了深远的影响。

（一）大学教育的现状

中国大学教育在过去几十年内得到了快速发展,高等教育普及率不断提高,毕业生数量不断增加。目前,中国境内有 3 000 多所高等院校,2022 年我国高等教育在学总规模达 4 655 万人。但是,中国大学教育一直处于高强度的应试教育状态,对学术创新、人才培养的关注度有待提升。

中国大学的学科设置非常丰富,涵盖理、工、农、医、文、法、教育、经济、管理、艺术等多个领域,每个大类还包含多个具体的专业,如教育大类涵盖学前教育学、高等教育学、成人教育学、职业技术教育学、特殊教育学和教育史等细分专业。但多数中国大学依然以文科、理科和工科为主,对跨学科专业和交叉学科领域的关注和重视程度还不够。随着社会的发展和需求的变化,中国大学不断开设新的学科专业或调整和优化现有的学科设置。然而,大学教育与社会需求、经济发展方向的匹配度仍须提高,一些新兴行业或职业的相关知识和技能在大学课程中尚未实现充分覆盖。此外,大学教育资源分配不均衡,一些名校资源相对充裕,而一些偏远地区的院校或基础薄弱的院校则面临着师资力量、教育设施、科研条件等方面的诸多挑战。

（二）ChatGPT 协助教师教学

1. 辅助备课

在备课过程中,教师需要通过各种途径获取最新的材料以确保教学内容与时俱进,因此备课对于很多教师而言是一项非常繁重的任务。利用 ChatGPT,教师可以更有效地进行课程设计。ChatGPT 可以帮助教师搜集、整理和分析相关文献资料,从而制定出完善的课程材料,包括教学大纲、课程计划和阅读材料,有助于实现更高效的备课。

2. 辅助教学

ChatGPT 可以辅助教学,为学生提供更便利的学习方式和途径。ChatGPT 能够为学生提供在线学习课程,更好地解答学生的疑问,并提供个性化的教育服务。ChatGPT 可以充当教师的智能助手,协助教师讲课和辅导学生,建立更紧密的教师—学生互动,针对学生的不同需求开展有针对性的教学,从而提高教学效果。此外,ChatGPT 还能帮助教师制定合理的课堂计划,并提供人群分析和反馈,帮助教师及时修正自己的教学方法,改善教学质量。例如,在医学教育领域,ChatGPT 可以深度融入丰富的医学场景,帮助教师设计个性化教学场景、提升学生解决临床实际问题的能力,提高教学研究效率,培养更适应时代发展的合格医生。

（三）ChatGPT 辅助学生学习

1. 提高学习效率

ChatGPT 能够帮助学生更快地掌握知识。通过引导性学习和交互式学习,ChatGPT 能够帮助学生更有效地学习和掌握知识点,从而提高学习效率。ChatGPT 能够为学生提供及时的讲解、详细的步骤指引、丰富的案例和其他资料,帮助他们更好地理解并完成学习任务。

2. 提高学习质量

ChatGPT 能够提升大学教育的质量。通过提供更多、更全面的知识点和意见，ChatGPT 能够帮助学生深入探索和理解学科知识，同时帮助学生更充分地利用学习资源和技术，使学生能够在丰富的在线教学资源中寻找问题的答案，进一步提高学习质量。

3. 提高学习趣味性

ChatGPT 提供的个性化智能学习体验能够显著提升学生的效果。ChatGPT 能够根据学生的兴趣和水平为学生推荐合适的学习资源，并就他们的疑惑提供有针对性的解答方案，增强他们的学习兴趣和动力，促进他们主动学习和自主学习，改善学习状态。ChatGPT 还能理解和组织绘画元素，把握绘画风格和情感等抽象艺术表达，并通过文本描述将这些抽象概念与笔触和颜色等特定绘画技术联系起来。与 ChatGPT 的交互可以大大降低学习的枯燥性，减少学生对学习的抵触心理，使学习过程变得更加愉快和高效。

（四）ChatGPT 增强师生交互

ChatGPT 具有良好的互动性，能够创造形式多样的学习交互环境，可以随时随地与学生交互，满足学生的个性化需求，同时还能增进学生与教师之间的沟通与互动，营造良好的学术氛围。此外，ChatGPT 还可以通过数据分析，帮助教师了解学生的兴趣、学习方式和学习意愿等信息，为教师提供可靠的信息支撑，提高师生间的沟通交流质量。

此外，高校信息化服务一直面临着繁琐复杂的困境，如服务时效性弱、行业专业性强、重复性解答率高、数据孤岛等。ChatGPT 的出现使高校信息化服务可以通过智能应答系统转型，让学生可以忽略旁枝末节，专注于学习。

ChatGPT 从教师教学、学生学习和师生互动三个方面入手，将传统课堂转化为更科学、扁平化的学术交流平台。通过营造更轻松和开放的氛围，推动学生的个性化学习和自主探究，从而达到提高教育质量的目的。

四、ChatGPT 给大学教育带来的挑战

ChatGPT 功能强大，能对学习者进行"武装"，缩小知识水平较低者与其他学习者的差距，有望引领新一轮知识革命。但通用大模型也存在潜在的风险，可能会给教育带来紧迫的异化危机。ChatGPT 可能会在人才培养、课程教学、课程设置、评价体系等诸多方面给大学教育带来新的挑战，正确应对这些挑战非常重要。

（一）人才培养的挑战

随着人工智能的快速发展，大学教育在人才培养方面临着新的挑战。ChatGPT 等人工智能技术的应用，使得许多原本由人类完成的工作可以被自动化，这意味着大学生需要具备更高的技能水平以适应未来的职场。大学教育需要不断更新课程设置，培养学生形成批判性思维、创新能力和团队协作能力，以适应未来人工智能时代的竞争环境。资深互联网技术从业者唐勇曾预测，随着人工智能发展，翻译行业将受到很大的冲击："将来有可能

我们真的就不需要去学外语了""以后自动生成总结、新闻、文本、邮件,甚至自动打字都有可能"。

(二)课程教学的挑战

在教学方面,ChatGPT等人工智能技术为教师角色带来新挑战。教师需要重新审视自己的角色定位,从传统的知识传授者转变为学生学习的引导者、激励者和支持者。同时,教师还需要不断提升自己的技能,掌握人工智能技术,以适应教育信息化趋势。为培养学生的实践能力、创新精神及其他方面的素质,教育者需要深入思考:学生应掌握哪些课程内容以适应人工智能的发展;应如何安排课程,以满足日益增长的教学需求。

(三)课程设置的挑战

在课程方面,大学教育需要应对人工智能技术发展带来的课程设置和教学内容方面的挑战。传统的课程可能难以满足未来职场的需求,因此,课程设置应更多地关注跨学科能力、实践性能力和创新能力的培养。此外,随着人工智能技术的应用日益广泛,大学教育需要关注如何将人工智能技术融入各类课程,为学生提供更具前瞻性的教育体验。

(四)评价体系的挑战

在评价体系方面,传统的评价方法往往注重知识掌握和应试能力,难以全面、客观地评价学生的能力。随着人工智能技术的普及,大学教育应改革评价体系,更加注重评价学生的批判性思维、创新能力和实践能力等综合素质。教师和学生都应明确地认识到,识记在教育考核体系中的地位将会逐步降低,否则就会阻碍生产力发展。未来的教育应采用更先进的评估方法来衡量学生的潜质,包括创造力、批判性思考能力、团队协作能力、处理复杂情况的能力以及对社会的看法和价值观。

ChatGPT等人工智能技术为大学教育的人才培养、教学、课程及评价体系等方面带来了挑战与机遇。大学教育需要在持续的变革中迎接这些挑战,充分利用人工智能技术的优势,提升教育质量,为培养未来人才做好充分准备。

五、对于ChatGPT的政策建议

尽管ChatGPT在商业部署上面临诸多挑战,但熟悉大型模型的专家都认为它有望彻底改变即将到来的智能工业时代或"工业5.0"时代。大学教育必须跟上时代潮流,积极应对这一挑战。本文就大学教育如何应对ChatGPT等人工智能技术发展提出以下四方面政策建议。

(一)加强人力资源建设

加强人力资源建设的首要任务是加强人才培养。大学应培养大量具有人工智能相关技能的高素质教育从业人员和研究人员,以更好地推进大学教育的数字化和现代化。有关部门应加大对大学教学方面的投入力度,促进学校提高数字化水平和掌握关键技术,从而提高教学质量。同时,深化对人工智能技术影响的理解,构建较为完善的智慧大学教育系统,确保学生在线教育的合规性和有效性。此外,重点培养学生的批判性思维和人际交往能力,以培养出能够适应未来挑战,不易被 ChatGPT 替代的人才。

(二)推动教育数字化和信息化发展

各高校应大力推动大学教育数字化和信息化建设,加大新兴信息技术在大学教育中的应用和推广,建设面向大学教育应用场景的信息化平台。对此,大学可以从设置学习技能课程、开设 MOOC、提供虚拟实验室、关闭非关键业务窗口、构建廉洁高效的教育公共服务体系等方面入手。

(三)促进产学研结合

ChatGPT 能够自动化处理一些繁琐的、重复性的任务,在提高生产力方面具有巨大潜力。它能够解放人们的时间和精力,让人们专注于更有价值、更具创造性的工作,从而推动社会创新和发展。地方政府应推动大学教育与人工智能企业的合作,促进学校培养适应市场需求的人才,提升大学教育的适应性和竞争力。同时,推动大学加强对 ChatGPT 的应用和研究,增强专业学者在职业发展中学习相关技能的能力。

(四)保护数据安全

先进的科学技术是一把"双刃剑",特别是当相关法律法规尚未健全时,政府更应积极探索技术的边界,真正做到让技术服务于人。在大数据和人工智能等新技术高度发展的背景下,立法者应加强对大学教育隐私的保护,制定相关保护措施,保障学生的信息安全和个人隐私权。高校应在保障 ChatGPT 高效、智能应用的同时,充分考虑其安全风险和保护用户隐私,以确保其稳定、可靠和安全地运行。

六、结语

随着技术的不断发展,ChatGPT 等智能对话系统将越来越多地应用于大学教学,并会对大学教学方式和教学质量产生各种影响。ChatGPT 将会成为学生在线学习的主要工具,这主要是因为智能对话系统能够提供个性化的学习体验,并根据学生的反应不断调整教学方式。ChatGPT 不仅仅是一个帮助学生解决问题的工具,还可以为学生提供更多的实时反馈和指导,帮助学生提高作业质量、相关技能及思考能力。教师可以在教学中运用 ChatGPT 进行远程沟通、解答问题等,通过数据分析发现学生的学习瓶颈,从而制定更合适的教学计划。学校、政府和立法部门应协同促进 ChatGPT 等人工智能技术与大学教育相适配,培养出更多符合时代发展趋势的人才,同时给技术以法律约束,让科技更好地服务于人。

总而言之,ChatGPT 的发展对大学教育的发展有利有弊,严谨的管理和科学的应用能助力学生学习与教师教学,从而提升人类社会发展的速度和质量。通过加强人才培养,推进数字化和信息化建设,促进产学研结合,提高教学质量和保护学生隐私等措施来适应人工智能发展是大学教育行业应追求的主要方向。未来关于以 ChatGPT 为代表的人工智能的研究方向包括但不限于：①探索把握科技与伦理的边界——如何制定人们普遍接受的法律法规。②人，还是 AI？——人工智能能够在哪些领域以何种程度取代人力。③向往或是恐惧——对科技进步的向往与对被技术替代的恐慌情绪在人群中如何分布，如何开展相关的舆情研究。

参考文献

［1］李志民.ChatGPT 本质分析及其对教育的影响［J］.中国教育信息化,2023,29(3):12-18.

［2］芝亭.ChatGPT,一场新的工业革命［J］.华东科技,2023(2):12-13.

［3］方彬楠,赵天舒,李想.撕掉"Chat"GPT-4 千呼万唤始出来［N］.北京商报,2023-03-16(8).

［4］卢经纬,郭超,戴星原,等.问答 ChatGPT 之后:超大预训练模型的机遇和挑战［J］.自动化学报,2023,49(4):705-717.

［5］王树义,张庆薇.ChatGPT 给科研工作者带来的机遇与挑战［J］.图书馆论坛,2023,43(3):109-118.

［6］Intelligent. Nearly 1 in 3 college students have used ChatGPT on written assignments［EB/OL］.(2023-01-23)［2023-02-02］.https://www.intelligent.com/nearly-1-in-3-college-students-have-used-chatgpt-on-written-assignments/.

［7］崔宇红,白帆,张蕊芯.ChatGPT 在高等教育领域的应用、风险及应对［J］.重庆理工大学学报(社会科学),2023,37(5):16-25.

［8］瞿星,杨金铭,陈滔,等.ChatGPT 对医学教育模式改变的思考［J］.四川大学学报(医学版),2023,54(5):937-940.

［9］GUO C, LU Y, DOU Y, et al. Can ChatGPT boost artistic creation: the need of imaginative intelligence for parallel art［J］. IEEE/CAA Journal of Automatica Sinica,2023,10(4):835-838.

［10］刘宸,毛琦,李彦,等.智能应答系统在高校信息化服务中的应用研究［J］.中国教育信息化,2019(3):43-45.

［11］高奇琦,严文锋.知识革命还是教育异化？ChatGPT 与教育的未来［J］.新疆师范大学学报(哲学社会科学版),2023,44(5):102-112,2.

［12］孙媛媛.ChatGPT 国产化大战打响［J］.小康,2023(9):42-44.

［13］于浩,张文兰.ChatGPT 技术下教育面临的挑战和机遇［J］.中国医学教育技术,2023,37(3):260-267.

［14］WANG F, MIAO Q, LI X, et al. What does ChatGPT say: the DAO from algorithmic intelligence to linguistic intelligence［J］. IEEE/CAA Journal of Automatica Sinica,2023,10(3):575-579.

［15］吴世友.ChatGPT 会取代社会工作者吗［J］.中国社会工作,2023(6):25-26.

［16］桑基韬,于剑.从 ChatGPT 看 AI 未来趋势和挑战［J］.计算机研究与发展,2023,60(6):1191-1201.

［17］赵精武,王鑫,李大伟,等.ChatGPT:挑战、发展与治理［J］.北京航空航天大学学报(社会科学版),2023,36(2):188-192.

基于在线评论文本分析的高校竞争力比较关系挖掘

李彦凯[1]　王洪伟[1]　汤若琦[2]

（1. 同济大学经济与管理学院　2. 同济大学电子与信息工程学院）

摘　要：科教兴国的时代背景下，了解高校间竞争力比较关系对于推动高校教育改革具有关键作用。本文采用在线评论文本大数据分析的方法，对高校竞争力比较关系进行了深入挖掘。首先，利用网络爬虫技术获取元数据，并进行数据清洗、数据预处理和本地化存储等准备工作。其次，选取合适的分类方法，划定了中文比较句的比较关系范畴，并采用关键词词典的方法识别比较关系，从多个角度确保了结果的准确性。再次，采用构造专有实体名词词典、判断实体对于比较关键词的相对排序、词向量聚类、深度学习和情感词典等多种方法，以使比较关系的提取结果更加准确全面。最后，基于结果分析提出了三点建议，为高校教育改革提供了具有应用价值的参考依据。

关键词：文本分析；比较关系；情感分析；教育改革

一、引言

高校作为人才培养和科学研究的核心阵地，对于我国各领域的发展有着举足轻重的作用。了解高校的竞争力比较关系对于推动高校的教育改革和高质量发展具有重要意义。在科教兴国的时代背景下，高校间竞争加剧，甚至出现了"唯排名"的倾向。国内外各类高校排名不断涌现，如QS世界大学排名、泰晤士高等教育世界大学排名、软科中国大学排名等，但这些排名尚未形成统一全面的评估体系。此外，大多数评价指标侧重于师资力量、科研经费、生源情况和校园环境等容易量化的客观因素，而社会服务和学科声誉等主观因素由于评价难度大而权重较低。

传统的高校排名方法主要基于学校的硬件条件和学术成果，难以全面反映高校的教学质量和学生满意度。互联网上丰富的在线评论反映了公众的口碑，通过对这些评论进行文本分析，可以从公众的视角出发，较为全面地评价高校的教学质量和服务水平。在线评论作为公众观点的载体，越来越重视细节信息的呈现。其中，比较是一种深层次的语言传递方式，通过将多个事物进行对比，可以发现它们之间的差异性。在线评论中包含的比较信息向外界传达了各高校的优势和劣势，为高校竞争力分析提供了直接依据。对于高校而言，通过分析比较关系，可以发现自身的优势和不足，从而为提升科研教育水平、改善学术文化氛围、优化人才培养机制等方面提供有力参考。因此，本文通过挖掘和分析有关高校的在线评论文本，提取比较信息，进一步构建高校之间的竞争力比较关系，这对高校的量化评估具有重要的研究意义和应用价值，同时也在一定程度上丰富了比较关系挖掘的研究。比较关系挖掘是观点挖掘领域的重要分支，涉及语义分析、情感分析、关系挖掘、词性抽取等技术。本文尝试在现有比较关系识别与提取方法的基础上，结合中文比较句的语言学知识、自然语言处理、机器学习等技术，以社交媒体上的高校评论为对象，识别出中文在线评论中高校竞争力比较关系的不同类别及其关键词，为推进高校教育教学改革贡献专业智慧。

二、研究综述

（一）文本情感分析

随着互联网的发展，大量的文本数据被产出和传播，如何从这些数据中提取有用信息成了一个重要的研究方向。文本情感分析（Sentiment Analysis）作为文本分析的一种重要应用，可以帮助人们了解文本中表达的情感倾向，如正面、负面或中性。文本情感分析又称意见挖掘，是指对带有情感色彩的主观性文本进行分析，挖掘其中蕴含的情感倾向，并对情感态度进行划分。根据不同的算法原理，可以将情感分析方法分为以下三类：基于情感词典的情感分析方法、基于传统机器学习的情感分析方法和基于深度学习的情感分析方法。

基于情感词典的情感分析方法，是将文本中的词汇与提前构建的情感词典作对照，得到每个词的情感值，再通过加权等方式获取文本整体情感倾向的一种方法。这种方法的关键在于情感词典的构建，目前主要使用人工构建的方法。常用的英文情感词典如 SentiWordNet，中文情感词典如 OpenHowNet ① 和大连理工大学情感词汇本体库等。由于情感词典的创建与修改大都基于人工完成，虽然具有较高的准确性，但更新周期相对较长。尤其在现今互联网语境下，网络词汇创造量大、迭代速度快，人工构建情感词典的形式显然无法适应日新月异的网络语境，因此使用自动化方法构建情感词典的研究应运而生。如杨阳、刘龙飞和魏现辉等将大连理工大学情感词汇本体中的所有情感词作为种子词，使用 word2vec 训练词向量，并计算语料中每个词和种子词的余弦相似度，从而判断单词的情感倾向。Weichselbraun、Gindl 和 Scharl 利用初始情感词典计算文档的情感得分，并使用得分阈值筛选出部分文档作为语料库。通过贝叶斯公式计算得到词汇情感倾向属于正向与负向的概率，最后将概率排名高的单词添加到情感词典中，以此完成对情感词典的更新。

基于传统机器学习的情感分析方法即使用如支持向量机、随机森林等模型对语料库进行特征提取并完成模型训练，再通过训练好的模型实现对词句的情感分类或预测。根据语料库是否标注标签，还可以将传统机器学习方法进一步细分为有监督学习和半监督学习。

---

① 参见 hrrps://openhownet.thunlp.org。

Hasan、Moin 和 Karim 等使用 Twitter 的数据,结合支持向量机(Support Vector Machine,SVM)和朴素贝叶斯(Naive Bayes,NB)共同构建出一个情感分析器,并将其与单纯的 SVM 或者 NB 的情感分析器作了比较。Wawre 和 Deshmukh 对比了支持向量机和朴素贝叶斯这两种机器学习方法,并发现在训练数据集规模较大的情况下使用朴素贝叶斯方法分类的准确率一般会更高。Huq、Ali 和 Rahman 使用 K 最近邻与支持向量机对 Twitter 文本进行了情感极性识别,在 KNN 中根据测量得到的文本欧氏距离对文本进行分类,在 SVM 中用主成分分析法分类情感标签,得到了在特定情况下 KNN 算法的分类表现比 SVM 更好的实验结果。杨爽和陈芬提出了一种基于 SVM 多特征融合的情感五级分类方法,从词性特征、情感特征、句式特征、语义特征四个方面对微博文本进行了五级情感分类,得到了较好的分类结果。彭敏、席俊杰和代心媛等利用 LDA 主题模型分析了商品的潜在属性,并计算了用户对商品属性的情感倾向和用户相似度,以此构建新的推荐模型来提高推荐精度。相较于使用情感词典,使用机器学习的方法能够更快捷、更准确地获取情感分类结果,同时,机器学习也具有更优秀的扩展性与可重复性。但机器学习模型的分类精确度受到训练集质量的影响,为庞大的训练数据集提供高质量标签仍需要付出较高的人工成本。

基于深度学习的情感分析方法,是指使用深度学习模型来实现对文本情感倾向的识别。深度学习在文本情感分析中的应用领域包括单一神经网络、混合神经网络、注意力机制及预训练模型等。潘红丽基于循环神经网络并结合长短期记忆网络(Long Short-Term Memory,LSTM),构建了针对英文文本的情感信息分析模型,取得了较高的准确率。Wang、Huang 和 Zhu 等提出了一个基于注意力的 LSTM 面向方面层次情感的记忆网络分类,在 LSTM 的基础上进行感情分类。冯兴杰、张志伟和史金钏将卷积神经网络与注意力机制相结合,CNN 考虑了不同的 N-gram 信息,注意力机制则考虑了文本句子与结果的相关性,在酒店评论语料分析实验上取得了较好的结果。Baziotis、Pelekis 和 Doulkeridis 等使用从 Twitter 上获取的数据,基于长短期记忆网络引入了注意力机制,通过提高重要词语的权重来取得更好的情感分析效果。杜永萍、越晓铮和裴兵兵提出了一种基于 CNN-LSTM 混合模型的短文本情感分析方法,把长短期记忆网络和卷积神经网络相结合,并将该方法与以三维卷积代替二维卷积的 E-LSTM(Embedding LSTM)方法作了比较。与情感词典和传统机器学习相比,深度学习方法具有识别准确率更高、面对语境变化时适应性更强的优势,但也存在模型复杂度更高、模型参数设置更难、模型训练所需的时间更长且数据量更大等不足。

(二) 比较关系挖掘研究

比较关系挖掘作为情感分析的一个子领域,近年来受到学术界和工业界的密切关注。比较关系挖掘能够为个体提供重要的参考依据,协助其更好地对事物进行认知与评估。如前文所述,情感分析方法的主要研究集中于单一对象,这种评价缺乏评判的基准,因为评价观点基于评价者以往经验,不一定能准确适用于他人。相较而言,在线文本资源含有更丰富的比较信息,挖掘在线文本中的比较信息具有重要价值。下文将从比较关系的识别与比较要素的抽取两个方面展开论述。

比较信息主要以比较句的形式呈现,因此识别比较句是第一个关键步骤。Liu、Huang 和 Zhang 等使用 SVM 结合类别序列规则(Class Sequential Rule,CSR)和关键词、特征词,对中关村在线商品和评论数据中的显性比较句和隐性比较句进行识别,整体准确率达85.4%。Li、Lin 和 Song 等使用序列模式与弱监督方法,基于雅虎问答(Yahoo Answers)的问题标题,对其中的可比问题(comparable question)与非可比问题(non-comparable question)进行判断,准确率达 81.7%,远高于 CSR 方法。Wang、Gao 和 Yin 等提出了一种基于 CSR、关键词及命名体识别的方法,能够对"同比关系""差比关系""极比关系""自比关系"进行判别,并基于大众点评餐饮评论数据进行试验,对比较关系识别的准确率达85.9%、召回率达 97.61%,明显优于同类方法。总体而言,机器学习和规则识别等技术在比较关系识别方面的应用都取得了一定的成果。然而,与机器学习相比,基于规则的识别方法的表现更为优异。这是由于比较句作为一种较为复杂的句子类型,往往包含多种变化形式。目前的自然语言处理和机器学习技术有一定的局限性,难以真正学习各种类型比较句的特征及其含义。不过,绝大多数比较句都遵从一定的句法规则和模式,因此可以通过句法语义规则和中文比较模式来实现更高匹配度的识别。将句法规则与其他方法结合,是比较关系识别的一个重要方向,特别是通过无监督技术识别比较句,具有重要的实践价值。同时,针对不同的比较句类型采用不同的识别策略,能够进一步提高识别准确率。

比较关系识别仅仅是过滤出含有比较关系的信息,为了开展后续研究,需要提取其中的具体关系、挖掘关键信息。一个完整的比较关系由四个主要部分组成,即比较主体、比较客体、比较特征和比较结果。比较关系要素抽取就是抽取这四个部分。其中,比较主体和比较客体抽取可以被视为实体抽取,比较特征抽取与情感分析中的特征识别类似,而比较结果抽取即抽取比较观点的情感分析结果。Feldman、Fresco 和 Goldenberg 等采用一种融合了命名实体识别算法、共现关系及命名实体词典的方法,来实现对比较实体的识别,并基于《跑者世界》(Runner's World)杂志评论和 Edmunds 网站汽车评论的数据取得了 96.7% 的准确率。Sun、Long 和 Zhu 等基于产品特征数据库的方法,尝试抽取比较特征,发现消费者更愿意得到关于特征的信息,并以此为基础建立了基于特征比较的推荐系统,基于亚马逊数码相机评论数据进行实验,18 个特征的平均识别准确率约为 70%,部分特征识别准确率良好。He、Zha 和 Li 通过使用比较关系词典,以及 6 个比较模式库,对从 360buy 网站、ZOL 中关村在线网站、IT168 网站和亚马逊网站上获得的手机评论数据进行了比较结果抽取,抽取的正面和负面情感准确率分别达 78.34% 和 73.58%,并且发现从简单的比较句式中能够有效地抽取情感。

三、数据挖掘与分析

比较关系挖掘包括三个子任务:比较关系识别、比较关系提取和比较关系倾向性分析,这三者相互关联、层层递进。在比较关系识别方面,首先利用评论中的比较句式和指示词,在研究成果基础上分析比较句结构,并按不同类别建立相应规则,同时采用机器学习技术,识别出在线评论中的比较句并标记类别。在比较关系提取方面,根据不同类型的比较句特点,提取比较关系要素,确定评论对象为比较主体、其他产品名为比较客体,并分析否定词、形容词、副词、动词以建立特征比较观点对。在比较观点挖掘方面,结合情感分析技术进行比较观点倾向性分析,获取情感倾向性及情感强度。

（一）数据收集

数据收集是高校竞争力比较关系挖掘的关键基础，本文使用爬虫技术获取与高校相关的在线评论文本以及学术论文、专利和项目等科研成果数据，并进行数据清洗和预处理。这些数据源自学术论坛、高校百度贴吧及社交媒体等渠道，涉及学术氛围、校园生活、科研成果、人才培养、社会服务等多个方面。

首先，本文针对不同类型的数据源，建立相应的爬虫程序并进行抓取。例如，在抓取评论文本时，本文使用了基于Python语言的Requests框架，通过链接分析和网页解析等技术获取用户在社交媒体上对高校的评价信息。其次，对采集到的数据进行清洗和预处理。清洗过程包括对原始数据进行去重、去除噪声、纠错等操作，以确保数据的准确性和完整性；预处理过程包括对数据进行分词、去除停用词和标点符号等操作，以便后续的文本情感分析和特征提取。最后，将所有处理好的数据进行整合并存储，以便后续的数据挖掘和分析。在整合过程中，需要根据数据类型进行分类存储，并使用适当的格式进行存储。例如，在存储评论文本时，可以将其存储为csv文件或数据库的表格形式，便于后续进行情感分析和可视化展示。数据收集环节关乎高校竞争力比较关系挖掘的准确度，其数据源的选择、爬虫程序的建立和数据清洗的过程会直接影响后续的数据挖掘和分析结果。因此，本文根据研究目的和数据特点设计了合理的收集方案和操作流程，确保了数据的可信度和有效性。

（二）比较关系识别

比较关系范畴研究是比较关系研究的重要基础，比较关系范畴研究主要依托比较句的语法分析。与英文不同的是，中文的比较句中没有明显的比较级和最高级标志词，因此中文比较句的识别更加复杂。中文比较句的语法结构灵活，研究者可以通过成分的顺序和语境来判断比较句所涉及的对象和关系。本文参考现有研究，采用平比和差比两种方式对中文比较句进行范畴划分。

平比指的是被比较对象在某方面相似或相同，没有明显的优劣之分。平比通常从自身出发，指定单个或多个对象进行比较。例如，"我觉得北京大学和清华大学一样优秀"就是平比。差比则是指被比较对象之间存在明显差异或高低优劣之分，例如"同济大学的四平路校区还好，但是嘉定校区太偏僻了"就是差比。

本文主要采用关键词词典的方法对比较关系进行判别，收集常见的比较词语，如"和/跟/与""比/比起/相比/比较""不如/不比/没有"及"媲美/赶超/超越"等，并将其划分为不同比较关系的关键词，例如，将"差不多"划分为平比关键词，将"不如"划分为差比关键词。

针对高校之间的比较关系结构，本文尝试使用网络图的形式进行构建与描述。网络图主要分为同类高校的社会结构网络和目标高校的竞争网络两类。为观察同类高校在市场中的分布情况，以及突显经常被用于比较的标杆型高校，我们将同类高校的社会结构网络设为单向图网络（图1）。在这个网络中，节点代表高校，连线代表

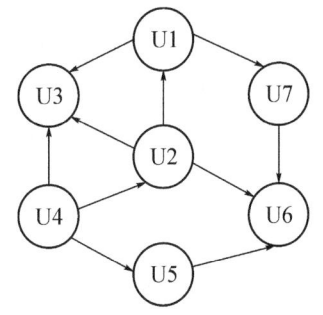

图1 同类高校的社会结构网络

高校间存在直接的比较观点,箭头方向展示了观点的倾向性,连线的粗细则代表观点的情感强度。根据高校间的比较观点,该网络可以对同类高校进行层次划分。为围绕目标高校建立一个高校间的竞争网络,我们设定该网络为双向图(图2)。在这个网络中,节点代表与目标高校存在直接或间接比较关系的高校,双向连线则表明这两个高校之间存在不一致的比较观点。此外,连线的粗细代表持这些观点的评论者数量的多少。

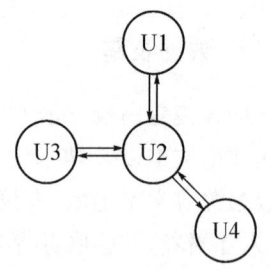

图 2　目标高校的竞争网络

(三) 比较关系提取

识别出比较关系后,下一步需要提取出比较关系中的比较成分。标准的比较关系包括被比较的物体(比较主体)、用作比较基准的物体(比较客体)、两个物体具体的比较细节(比较特征),以及细节比较的结果(比较结果)。其中,比较的实体要素包括比较主体、比较客体和比较特征。例如,在"同济校园里的樱花真好看,比复旦的景色强多了"这句话中,"同济"是比较主体,"复旦"是比较客体,"景色"是比较特征,"强多了"是比较结果。

对于比较主体和比较客体的抽取,主要通过构造专有实体名词词典,以及判断比较实体对于比较关键词的相对排序开展。构造专有实体名词词典识别有关高校的文本评价及句中的评价实体,例如"同济/我济/你济/黄渡理工"等关键词均指代同济大学。通过判断比较实体对于比较关键词的相对排序能够区分主客体,因为比较关键词后跟随的通常都是比较客体,而比较主体则位于比较关键词前方,如"我比你强""他没有你高"等。对于少数出现主语后置、宾语前置等特殊结构的文本数据进行丢弃处理,只提取标准结构的比较句以确保识别准确性。

比较特征的识别主要有两种方法:第一种是通过特征词识别,特征词通常以名词或名词短语的形式出现,如"环境""教学""科研水平"等;第二种是将特征和观点词组合形成特征观点对,通过隐含的特征来识别,例如,在"其他都不错,就是校园里面有点脏"这句话中,"有点脏"指示了环境特征。由于本文收集的是有关高校的评价文本数据,根据其特殊性,将比较特征分为"环境""教育""科研""生活"四个类别,并使用词嵌入技术将单词转化为词向量,对所得词向量进行聚类,辅以人工筛选,以此建立特征词典。例如,"脏/偏僻/人多/美丽/漂亮"等词被归为"环境"类别的关键词,而"严格/作弊/师资/课堂/拖堂/照本宣科"等词则被归为教育类别的关键词。

最后,分析比较关系的倾向性,本文采用深度学习与情感词典相结合的方法来判断比较关系的倾向性。使用 Bert 预训练模型与 BiLSTM 完成深度学习网络主体的搭建,通过开源情感分析数据集完成模型训练。在对输入文本进行情感倾向判断时,将深度学习模型与情感词典二者输出的情感倾向值采取加权平均处理,由此完成对比较文本句情感的综合评估。

(四) 结果分析

基于上文对高校竞争力比较关系的挖掘,本文提出以下三方面改进建议供参考。

1. 持续推进大学生思想政治教育改革，注重提升教育质量和实效

高校思想政治教育是学校各项工作的重要生命线，它关乎大学生树立正确价值观和全面发展成才等方面。立足新时代，高校应基于以往的规律认识和经验总结，持续完善立德树人常态化机制，加快构建系统化、全方位的思政教育体系。具体而言，高校应拓展思想政治教育的形式和内容，基于学生的思想特点和学习需求，创新育人载体，构建课程思政改革范式，采用多样化的育人形式和方法，包括开展讲座、研讨、辩论、文艺演出、社会实践等；同时丰富内涵输出，加强对先进文化、科技成果和中华优秀传统文化等内容的传授，让学生全面了解政治、经济、文化、教育等方面的最新动态，开阔学生的视野和思维，增强其学习兴趣和自主学习意识，提高其自我教育和自我管理能力。

2. 推动教师职称制度和岗位评聘机制改革

教师队伍是高校教育的中坚力量，而教师职称制度和岗位评聘机制则是衡量教师科研成果和综合素质的重要指标。近年来，各地高校普遍推进了教师职称制度的改革，旨在鼓励教师在教学、科研和社会服务等方面取得突出成果，并通过公平公正的岗位评聘机制激励和保障教师队伍的稳定性和发展性。推进教师职称制度和岗位评聘机制改革是强化高校教育质量和育人水平的保障。教师的职称评定和岗位评聘是对其工作绩效的一种考量，也是其职称晋升和待遇提升的必要条件。通过推动职称制度改革，可以解决目前教师职称评定不规范、评价标准不统一的问题，建立规范化、科学化的职称评定机制，激励教师积极进取、锐意创新，主动提高教学和科研水平，扎实推进科研育人，从而进一步提升高校教育质量。

3. 支持高校自主设置专业和课程，鼓励高校开展教育教学模式创新

高校自主设置专业和课程、创新教育教学模式是当前中国高等教育改革的重要措施之一。这种改革能够促进高校从被动应对社会需求转向主动服务国家和地区的经济社会发展需要，更好地满足人民群众接受高质量的高等教育的需求。具体而言，高校应根据自身优势和育人特色，结合行业需求和人才培养需求，自主设置专业和课程。这不仅有利于高校提升办学水平，也能够更好地满足社会和行业对各类人才的需求。

四、结语

本文基于在线评论文本分析的方法，对高校竞争力比较关系进行了挖掘。首先，使用网络爬虫技术获取元数据，并完成数据清洗、数据预处理及本地化存储等准备工作。其次，采用平比和差比两种方法划定了中文比较句的比较关系范畴，同时采用关键词词典的方法判别了比较关系。再次，使用构造专有实体名词词典、判断实体对于比较关键词的相对排序、词向量聚类、深度学习与情感词典等方法完成了比较关系的提取。最后，文章分析了高校竞争力比较关系的挖掘结果，并针对高校教育改革提出了三点参考建议。

同时，本文仍存在一些不足。例如，在收集数据时，选取的数据源较为狭窄，缺少高校官方平台的评论数据；在抽取比较实体与比较客体时，为增强判断准确率人为筛除了一些非常规比较句文本数据，一定程度上缩小了数据的涵盖范围等。未来，笔者将从这些不足之处着手加以改进，或采用不同的方法完成比较关系识别、比较关系提取等工作，进而为高校教育改革提供更具应用价值的参考建议。

参考文献

[1] 王婷,杨文忠.文本情感分析方法研究综述[J].计算机工程与应用,2021,57(12):11-24.

[2] CHEN L, LEE C, CHEN M. Exploration of social media for sentiment analysis using deep learning [J]. Soft Computing, 2020, 24(11): 8187-8197.

[3] ESULI A, SEBASTIANI F. SentiWordNet: a publicly available lexical resource for opinion mining [C]. Genoa: Proceedings of the Conference on Language Resources and Evaluation, 2006.

[4] 徐琳宏,林鸿飞,潘宇,等.情感词汇本体的构造[J].情报学报,2008,27(2):180-185.

[5] 杨阳,刘龙飞,魏现辉,等.基于词向量的情感新词发现方法[J].山东大学学报(理学版),2014,49(11):51-58.

[6] WEICHSELBRAUN A, GINDL S, SCHARL A. Using games with a purpose and bootstrapping to create domain-specific sentiment lexicons[C]. New York: Proceedings of the 20th ACM International Conference on Information and Knowledge Management, 2011.

[7] HASAN A, MOIN S, KARIM A, et al. Machine learning-based sentiment analysis for twitter accounts[J]. Mathematical and Computational Applications, 2018, 23(1): 11.

[8] WAWRE S, DESHMUKH S. Sentiment classification using machine learning techniques [J]. International Journal of Science and Research, 2016, 5(4): 819-821.

[9] HUQ M, ALI A, RAHMAN A. Sentiment analysis on twitter data using KNN and SVM [J]. International Journal of Advanced Computer Science and Applications, 2017, 8(6): 19-25.

[10] 杨爽,陈芬.基于SVM多特征融合的微博情感多级分类研究[J].数据分析与知识发现,2017,1(2):73-79.

[11] 彭敏,席俊杰,代心媛,等.基于情感分析和LDA主题模型的协同过滤推荐算法[J].中文信息学报,2017,31(2):194-203.

[12] 潘红丽.基于RNN弱监督网络的英语语义分析技术研究[J].电子设计工程,2021,29(15):97-101.

[13] WANG Y, HUANG M, ZHU X, et al. Attention-based LSTM for aspect-level sentiment classification [C]. Stroudsburg: Proceedings of the 2016 Conference on Empirical Methods in Natural Language Processing, 2016.

[14] 冯兴杰,张志伟,史金钏.基于卷积神经网络和注意力模型的文本情感分析[J].计算机应用研究,2018,35(5):1434-1436.

[15] BAZIOTIS C, PELEKIS N, DOULKERIDIS C, et al. DataStories at SemEval-2017 task 4: deep LSTM with attention for message-level and topic-based sentiment analysis [C]. Stroudburg: Proceedings of the 11th International Workshop on Semantic Evaluation, 2017.

[16] 杜永萍,赵晓铮,裴兵兵.基于CNN-LSTM模型的短文本情感分类[J].北京工业大学学报,2019,45(7):662-670.

[17] LIU Q, HUANG H, ZHANG C, et al. Chinese comparative sentence identification based on the combination of rules and statistics [C]. Hangzhou: Proceedings of the International Conference on Advanced Data Mining and Applications, 2013.

[18] LI S, LIN C-Y, SONG Y-L, et al. Comparable entity mining from comparative questions [J]. IEEE Transactions on Knowledge and Data Engineering, 2013, 25 (7): 1498-1509.

[19] WANG H, GAO S, YIN P, et al. Competitiveness analysis through comparative relation mining: evidence from restaurants' online reviews[J]. Industrial Management & Data Systems, 2017, 117 (4): 672-687.

[20] VARATHAN K D, GIACHANOU A, CRESTANI F. Comparative opinion mining: a review[J]. Journal of the Association for Information Science and Technology,2017,68(4): 811-829.

[21] FELDMAN R, FRESCO M, GOLDENBERG J, et al. Extracting product comparisons from discussion boards [C]. Omaha: Proceedings of the Seventh IEEE International Conference on Data Mining,2007.

[22] SUN J, LONG C, ZHU X, et al. Mining reviews for product comparison and recommendation [J]. Polibits ,2009(39): 33-40.

[23] HE W, ZHA S, LI L. Social media competitive analysis and text mining: a case study in the pizza industry [J]. International Journal of Information Management,2013 ,33(3): 464-472.

基于混合式教学的编程类课程教学模式改革
——以 Python 语言课程为例

徐德华　胡佳玲

（同济大学经济与管理学院）

摘　要：大数据时代，企业面临着数字化转型。数据的分析与处理能力是当代经管类学生应具备的重要技能之一。本文分析了以往 Python 语言课程教学过程中存在的学生学习态度不积极、编程能力不佳，以及缺乏及时有效的检验反馈环节等问题，提出采用线上线下混合式教学法和创新实例教学法，并阐述了该方法的具体实施过程。

关键词：Python 课程设计；混合式教学；实例教学

一、引言

随着大数据时代来临，许多传统行业致力于实现数字化转型，社会对于复合型信息人才的需求日益增加。随着信息化深度和广度的不断推进，企业积累了越来越多的数据，这些数据中蕴含着丰富的价值。作为经管类专业的学生，应具备从数据中挖掘出商业价值，以实现商务智能的能力。

Python 语言是一门非常适合进行数据分析，且容易学习和使用的编程语言。它的优势主要表现为：简单，编写代码效率高，具有庞大的第三方库的支持。因此，越来越多的高校开设了 Python 语言课程，要求学生能够掌握 Python 语言的基础知识和具备良好的编程能力。语法基础讲解和编程实践操作是 Python 语言课程的两个核心环节。在实际教学过程中，学生在计算机编程类课程的实践教学环节普遍有畏难情绪和惰性，虽然上课能听懂，但在实际动手编程时往往会遇到困难，容易放弃，并逐步对编程失去兴趣，产生厌学情绪和惰性。以教师为中心的传统线下教学模式已经不能够满足现代 Python 语言课程的教学要求。

二、编程类课程教学存在的问题

许多学者对编程类课程教学过程中存在的问题进行了研究，并提出了不同的解决方案。姜永玲、王璐、王燚等采用问卷调查方式获得学生对编程课程的难点反馈，得出学生普遍认为教学内容过于晦涩、抽象及编程学习不能获得及时反馈与响应的结论,提出改造编程类课程的学习空间及实施课前推送预习任务、课上迭代实施"微讲座—编程—评价—反馈"活动的翻转课堂教学方案。黄俊莲、吕博学和段雪丽针对 Python 语言课程目前存在的教学质量不高的问题,引入了成果导向的教育理念(Outcome Based Education,OBE),设置课程目标,将课程设置成不同的模块,采用"线上+线下"的混合式教学方法,探索如何提高课程教学质量。韦大欢和朱新琰认为,Python 语言教学过程中,学生学习态度消极,编程思路不清晰,编程习惯不规范,畏难情绪较大,教师教法过于传统,可以采用混合式教学法、案例教学法和项目驱动教学法三种教学方法进行教育教学模式改革。刘爱华和陈钧针对计算机编程课程的实践教学环节中存在的重结果、轻过程、评价标准单一且模糊等问题,提出基于网络教学平台进行实验、课程设计的过程管理和分级评价的方案。郑文军、王成军和鲍莉莉等认为在 Python 语言的实际教学过程中,学生存在基础参差不齐、动手实践能力不足、编程积极性和主动性不高等问题,提出了一种多元化教学为主、循环教学为辅的教学改革方案。为培养学生学习 Python 语言的学习兴趣,嵩天和黄天羽提出了一种培养程序设计思维能力的教学方式,即交替开展"有趣"和"有用"的案例教学,设计出"海龟绘图作品"和"人物出场统计"两个阶段案例及教学实践方案,能够显著提高学生学习程序设计的兴趣,激发学生的创新意识和创造性,从而取得良好的教学效果。

笔者根据前人的研究,以及自己在教与学过程中的体会,总结了编程类课程教学过程中存在的三个方面问题。①情绪方面,学生对动手编程有畏难情绪,继而产生抵触心理。②能力方面,学生动手编程能力差。③反馈环节,教师对学生编程作业的反馈不够及时,评价不够准确。

三、基于混合式教学的课程教学改革设计

传统线下教学模式虽然能够让教师和学生面对面,有助于师生互动和学生之间的互动。但是这种以教师为主导的教学模式,学生成为知识的被动接收者,不利于激发学生的学习兴趣。而线上线下混合式教学能够为学生创造出一种参与性强的、个性化的学习体验,强调"以学生为中心"。

(一) 利用混合式教学激发学生的学习热情

Python 语言基础知识内容枯燥,教师采用照本宣科式的授课方式很难激发学生的学习兴趣,会导致学生的基础知识不扎实。学生从 Python 语言基础知识的学习到上机实践操作是一个较大的跨越,学生往往一时难以适应,容易对使用 Python 语言编程产生畏惧心理,从而不愿意继续学习,甚至未来求职时也不愿意尝试与编程相关的工作。

在混合式教学模式下,教师可以将学习 Python 语言所需要的基础知识的教学视频发布在在线教学网站上,供学生学习回顾;在线下课程中重点讲解 Python 语言的关键要点,并将 Python 语言与 Java 语言等其他编程语言进行对比,以突出 Python 语言的特色。同时多与学生互动,提升课堂的活跃度。

在实践方面,教师可以在在线教学网站上发布程序设计理论学习视频和以程序功能实

现为导向的教学实例,要求学生在线学习理论知识,并通过在线练习检验学习效果。为培养学生对 Python 语言学习的兴趣,教师可以设计一些小而有趣的教学实例,在形式上可以采取图形绘制、数据可视化等,在内容上可以采用当下年轻人感兴趣的元素。

(二)利用混合式教学提升学生的编程能力

许多学生 Python 语言基础知识掌握得较好,但一旦开始编程时往往无从下手,存在编程思路不清晰、代码编写不规范和排错能力差等问题。

在线下理论教学中,教师应着重训练学生的计算思维能力,使学生能够从计算机处理问题的角度,结合数据结构和算法设计理论方法,采用自顶向下、模块化设计、逐步细化的方法,建立解决问题的思路和算法。在实践环节,教师应引导学生选择合适的 Python 语句来实现这些算法。为了提高学生的排错能力,教师还可以在能正常运行的代码中故意添加几个语法或逻辑错误,让学生进行程序排错,并指出一些学生常犯的错误类型。此外,教师还可以引导学生调试和观察程序逐步运行的过程及结果,甚至可以将这些过程以动画的形式展示出来,以加深学生学习印象。课后,教师可以利用在线教学平台布置课后作业,以强化学生程序查错和调试的能力。编程能力的培养离不开动手实践,根据笔者的亲身体会,动手能力的培养可以从修改别人的代码开始。教师可以先提供一些经典问题的算法代码,这些代码编写规范,能够作为范本,学生易于理解、读懂。通常,同一个问题会有多种解决方法。教师可以鼓励和引导学生用不同的方法、从不同角度去修改代码,或增加代码的功能,或适应不同的数据类型和环境等。通过反复修改和扩充,学生对算法和代码的理解将越来越深入,以后遇到类似问题时能够较好地解决。

如果想进一步提升编程能力,互联网上有许多编程类网站可以使用,如 Leetcode。这类网站收集了大量的编程类题目,有些是经典的问题,有些是著名 IT 类企业的招聘面试题,这些题目难易程度不同,学生可以根据自己的能力和兴趣选择合适的题目来做。Leetcode 网站还具有在线运行代码的能力,一方面能够免去用户搭建本地编程环境的麻烦,同时也能检验代码的对错。善用线上资源是提升编程能力的有效途径。

(三)利用混合式教学方式完善作业的反馈与评价

教师通常采取布置课后作业这一方式检验学生的编程能力。然而学生在做课后作业时经常出现抄袭现象,这使得教师难以评估学生的实际编程能力。教师采用创新实例教学方式可以有效解决该问题。教师可以根据先前演练的创新实例设计开放性题目,题目应相对较灵活,要求学生结合自身专业或自身兴趣,或采用不同的数据集来分析,使学生难以直接抄袭。

教师还可以在线下课程中布置现场编程作业,教师给出题目后,让学生现场编写代码,其间观测每个学生的编写情况,通过抽查的方式检验学生的作业,及时向学生反馈作业中存在的问题,并总结大部分学生编程过程中存在的主要问题。

在线上,教师可以充分利用即时通信与协作工具,如腾讯会议、微信等,以定期和不定期答疑的方式给学生指导与反馈,同时还可以观察和记录学生的表现,并将其作为评价学生学习情况的依据。

四、结语

针对 Python 语言课程实际教学过程中存在的三类问题,本文采用线上线下混合式教学法和创新实例教学法,进行教学模式的设计改进。混合式教学法结合了线下教学与在线教学的优势,不仅能够有效提升学生学习的积极性,还能激发学生的创新意识和开放性思维。创新实例教学法以程序功能实现为导向,将实践操作与语法讲解相结合,能够锻炼学生运用 Python 语言基础语法的能力,切实提高学生的编程能力。

参考文献
[1] 付立宏,张锦萍. 信息管理与信息系统专业认可度调查分析[J]. 图书馆学研究,2016(22):36-42.
[2] 郑文军,王成军,鲍莉莉,等. Python 程序设计的多元化循环教学模式探索[J]. 计算机教育,2021(9):148-151,155.
[3] 刘爱华,陈钧. 基于网络教学平台的编程类课程实践环节的过程管理与分级评价[J]. 电脑知识与技术,2021,17(2):142-143.
[4] 姜永玲,王璐,王燚,等. 研讨型学习空间下编程类课程的翻转课堂实践及效果分析[J]. 计算机教育,2021(7):112-116.
[5] 黄俊莲,吕博学,段雪丽. 基于 OBE 理念的教学改革与实践——以"Python 编程与实践"课程为例[J]. 教育教学论坛,2021(13):71-74.
[6] 韦大欢,朱新琰. 计算机编程语言课程教学改革初探[J]. 福建电脑,2021,37(3):134-136.
[7] 刘爱华,陈钧. 基于网络教学平台的编程类课程实践环节的过程管理与分级评价[J]. 电脑知识与技术,2021,17(2):142-143.
[8] 郑文军,王成军,鲍莉莉,等. Python 程序设计的多元化循环教学模式探索[J]. 计算机教育,2021(9):148-151,155.
[9] 嵩天,黄天羽. Python 语言程序设计教学案例新思维[J]. 计算机教育,2017(12):11-14,19.
[10] 黄荣怀,马丁,郑兰琴,等. 基于混合式教学的课程设计理论[J]. 电化教育研究,2009(1):9-14.

习近平总书记"清华谈话"语境下的同济大学经济学学科建设问题与初步建议*

张文辉

（同济大学经济与管理学院）

摘　要：本文基于习近平总书记"清华谈话"的语境，结合"十四五"规划工作，主要探讨同济大学经济学学科的学科建设问题及其改进思路。在简要回顾办学历史的基础上，本文梳理出同济大学经济学学科建设的基本脉络，从办学理念、师资力量、学科布局、制度保障、基础研究和发展战略等方面归纳出主要问题，提出了相应的建议。例如：明确发展理念、优化学科布局和专业设置、研究明确学科建设目标和高质量发展战略，等等。

关键词：清华谈话；同济大学；经济学；学科建设

习近平总书记在清华大学考察时的重要讲话（以下简称"清华谈话"）是指导新时代高等教育改革发展的纲领性文献。"清华谈话"深刻揭示了新时代高等教育的历史使命，科学概括了建设世界一流大学的任务要求，对广大青年学生和教师提出了殷切期望和谆谆教导。期望与教导的主要内容包括以下三个方面：①坚持中国特色社会主义教育发展道路，建设中国特色社会主义一流大学。②建设世界一流大学，要明确方向、突出重点。③建设世界一流大学，要让青春在为祖国、为民族、为人民、为人类的不懈奋斗中绽放绚丽之花。在"清华谈话"中，习近平总书记高度强调高等教育的中国特色社会主义性质和方向，并且从学科设计设置的针对性、创新主体的独立性、研究层次的基础性、理论观点的实践性、建设目标的系统性和中国性等几个方面的属性特征揭示了中国特色在学科建设层面上的内在涵义及其在清华大学教书育人和培养特色中的"生动缩影"，具有深刻的指导意义和启示作用。基于"清华谈话"的语境，结合"十四五"规划工作，本文主要探讨同济大学经济学学科的学科建设问题及其改进思路。

本文仅仅反映作者学习习近平总书记"清华谈话"后有关学科建设的一点初步思考和建议，希望能够起到抛砖引玉的作用。如有错误或不当之处，敬请批评指正。

---

* 本文为教育部人文社会科学研究专项任务项目"习近平总书记关于区域发展的重要论述研究"（项目编号：19JD710075）的阶段性研究成果。

一、同济大学经济学学科建设历史简况

(一) 工学基础上的经济管理领域学科建设

同济大学经济与管理学院经济管理领域学科建设始于1956年同济大学土木工程系开设的"建筑工业经济与组织"本科生专业及经济与管理类课程;1962年,"建筑工业经济与组织"专业开始招收研究生,导师是翟立林。

1980年,同济大学管理工程系成立(系主任翟立林),下设建筑经济与管理教研室、工业管理与系统工程教研室和经济理论与管理信息教研室。经建设部支持、国家教委(教育部前身)批准,1984年同济大学经济管理学院成立(名誉院长翟立林,副院长沈荣芳),与原先的命名方案相比,特别增加了"经济"两字。学院下设管理工程系、经济信息系、城市系统工程研究室、建设管理干部培训中心,并成立图书馆,管理工程系下设建筑经济与管理教研室、工业管理与系统工程教研室,经济信息系下设数量经济教研室、管理信息教研室和管理工程实验室。《德国社会市场经济》《运筹学》和《费用效益分析》是当时的代表性学术成果和课程教材。

1989年3月,同济大学建立了上海防灾救灾研究所(挂靠原上海市建委、受上海市科委指导),从事可持续发展研究和灾害经济与治理研究,经济管理学院院长沈荣芳兼任该所副所长。1994年,同济大学经济管理学院创办投资经济专业(仅招了一届)和工业外贸专业(只招了两届)。1996年,"房地产经营与管理系"由同济大学测量系分出后成立,同时并入经济管理学院,下设房地产经营教研室和房地产管理教研室。

(二) 社会科学视域下的经济学学科建设

1995年,以同济大学文法学院吴东明、唐培吉、陈秀眉等师资力量及政治经济学研究、犹太学研究和亚洲"四小龙"经济研究成果为基础,同济大学经济贸易系成立。1996年同济大学成立商学院(院长吴东明),借助经济管理学院的硕士点方向开始招收研究生,不久设立产业经济学硕士点。

1996年,上海建材学院和上海城建学院并入同济大学,部分系科和师资分别并入同济大学经济管理学院和同济大学商学院。由此,商学院下设经济贸易系(含广告学、市场营销两个本科专业和企业管理硕士点)、会计系(含会计学、审计学、统计学三个本科专业和会计学、涉外会计两个专科专业)、国际经济系(含国际贸易本科专业、国际金融和国际商务两个专科专业)。广告学系列教材是当时的代表性成果,具有一定社会影响力,例如在中国式企业形象策划体系的理论和实践方面。

另外,同济大学文法学院的前身是1986年成立的社会科学系,1993年恢复建制,在1996年设立了劳动经济学硕士点。

(三) 经济学与管理学分门别类背景下的经济学学科建设

1998年7月,教育部颁布《普通高等学校本科专业目录》(1999年起执行),增设了管理学学科,分为管理科学与工程类(1101)、工商管理类(1102)、公共管理类(1103)、农业经济

管理类(1104)、图书档案学类(1105)。该目录的学科门类与国务院学位委员会、原国家教育委员会 1997 年颁布的《授予博士、硕士学位和培养研究生的学科、专业目录》中的学科门类一致。换言之，在普通高等学校范围内，1997 年或 1998 年以后，管理学从经济学中分离出来。

1998 年 7 月，同济大学经济管理学院和同济大学商学院合并为"同济大学经济与管理学院"（以下简称"两院合并"），下设管理科学与工程系、建设管理与房地产系、工商管理系、经济与金融系、会计系。其中，经济与金融系下设国际经济与贸易、金融学两个本科专业和产业经济学、国际贸易学两个硕士点。2000 年以后，同济大学经济与管理学院设立金融学、区域经济学和财政学等硕士点，以及经济研究所、财政研究所、区域经济研究所、金融科技协同创新研究中心等研究机构。2006 年，经同济大学研究生院批准，经济与管理学院设立应用经济学一级学科硕士点；2011 年，经同济大学研究生院批准，经济与管理学院设立应用经济学一级学科博士点。2019 年，经全国博士后管理委员会专家组评审，人力资源和社会保障部、全国博士后管理委员会研究决定，批准同济大学应用经济学（以及政治学、外国语言文学、风景园林学、设计学等）一级学科设立博士后科研流动站。此外，2009 年同济—凯斯西储 MBA/金融硕士双学位项目启动，由中国同济大学经济与管理学院授予毕业生 MBA 学位，由美国俄亥俄州凯斯西储大学管理学院授予毕业生金融硕士学位；2010 年国家学位委员会增设金融硕士专业学位（Master of Finance, MF），同济大学是全国首批获得授权的 85 所 MF 培养院校之一，于 2011 年开始招生。

1998 年，同济大学中德学院成立，下设电子信息工程、机械与车辆工程、经济与管理专业，以培养硕士研究生为主，经济与管理学院参与办学，例如，主持保险学学科点，与安联集团共建安联保险项目。2019 年，中德学院办学体制转型，新成立了 4 个中德合作研究中心，2020 年，中德学院部分师资并入经济与管理学院经济与金融系（和学院其他的系）。

2003 年 4 月，同济大学文法学院建立理论经济学系，2006 年，同济大学撤销文法学院建制，将其改建重组为人文学院和法政学院。理论经济学系经济学专业及其部分师资并入经济与管理学院经济与金融系（和学院其他的系）；不久，经济学本科专业因生源不足停办。

2004 年，同济大学中德工程学院成立，下设汽车服务工程专业、建筑电气与智能化专业、机械电子工程专业，2008 年，中德工程学院开设经济工程专业，经济与管理学院以提供生源形式参与办学。

（四）经济学学科建设的基本脉络

同济大学经济管理类领域及经济学学科的学科建设活动始于 20 世纪 50 年代，发展于八九十年代，深入发展于 21 世纪初，在国内外具有较高的学术声誉、知名度和社会影响力。简要回顾同济大学经济管理类领域及经济学学科的办学历史，将其基本脉络初步归纳如下。

第一，适应"两个转变"，以理工学科为基石，存在三大学术源头。1978 年以后，同济大学实行"两个转变"——恢复对德交流由封闭办学向对外开放办学转变，拓展学科范畴由土建为主的工科大学向理工为主的综合性大学转变。适应"两个转变"，是同济大学经济管理类领域及经济学学科的学科建设活动的基本逻辑。同济大学因此走出了一条理工类高校开展经济学学科建设的多学科综合发展之路,工学和理学学科是其建设基础。经济学科与工学和理学学科并不冲突,历史上经济学与工程实践之间存在一定联系,不少经济学家最初是从事理工科专业相关工作的,后来转行进入经济学领域,经济工程等专业建立在经济学、法学和工学等学科的模块化复合交叉的基础上。

与此同时,同济大学的经济学学科建设因为"两个转变",形成了注重对德交流的"德国元素";也因为相关创建人的学术背景,引入了"中国科学院元素"和"中央党校及复旦大学元素"。例如,早在1957年沈荣芳先生参加中国科学院运筹学研讨班学习,随后在同济大学开设"运筹学"课程并编写出版教材;唐培吉先生1953年(后来人们称其为同济大学"文科之父")在中央政法干校学习马克思主义理论及政策法令,1956年又在中央党校师资训练部学习马克思主义哲学、马克思主义政治经济学和中共党史,后在同济大学开设了"资本论""马列经典选读"等课程。

第二,由分散办学演进为相对统一,在"双一流"建设中初步形成持续发展态势。同济大学的经济学学科在历史上曾经分散于经济管理学院、文法学院、商学院、中德学院等诸多学院或者系,并经历了校内的学科及院系调整与高校合并;目前,已经相对统一于经济与管理学院经济与金融系及其应用经济学学科。历经60多年的建设,同济大学经济与管理学院及其应用经济学学科从无到有、从弱到强,在国内外具有较高的学术声誉、知名度和社会影响力。2017年管理科学与工程学科在教育部评估中获评A+学科、应用经济学学科获评B学科;同年,同济大学被列为国家世界一流大学建设高校。

目前,同济大学应用经济学学科在"双一流"建设中初步形成持续发展态势,例如,拥有国家自然科学基金杰出青年1人、国家社科基金决策咨询点专家1人、上海高校重点智库首席专家1人,以及中国高被引学者1人。

第三,构成了同济大学发展人文社会学科的生动缩影,培养了一大批经济管理人才,出现了"伍戈现象"。同济大学文科发展的主要成绩和经验有:"顶层设计"在先,注重发挥大学传统和文化传承,注重优势理工学科链条的延长,注重跨学科研究,培育新的研究生长点,入主流、有特色、树品牌。例如,管理科学与工程学科在"建设管理、工程管理、服务科学"方面处于全国领先地位,为国家建设输送了大量的经济建设与工程管理人才。其中,建设管理与工程专业1994级本科生伍戈经过本科和硕士研究生阶段的学习,又于复旦大学金融学院获得经济学博士学位,已经成长为孙冶方经济科学奖获得者、浦山政策研究奖获得者、刘诗白经济学奖获得者。又如,2014年起,在学校大力支持和推动下,同济MF项目由同济大学经济与管理学院和数学科学学院联合开办,共同招生、培养及管理,打造同济MF品牌、彰显同济特色。经过多年的探索,同济MF逐步形成了"秉承同济理工特色,以数理金融、金融科技见长"的优势,为社会输送了一批具有坚实数学应用基础、丰富金融实践经验和卓越经济分析决策能力的金融领域专门型高端人才。

二、同济大学经济学学科建设存在的主要问题

受同济大学经济与金融系系主任邀请,笔者参加了该系"十四五"学科发展规划工作。在充分肯定同济大学经济学学科建设的一系列重要成果的同时,我们也注意到建设工作存

在的问题。

（一）办学理念尚未清晰明确

据同济大学经济管理学院首任院长沈荣芳先生回忆，办院之初，翟立林先生就明确主张"培养既懂技术又懂经济的人才"，即培养既懂工程技术又懂经济管理的复合型人才。1998年经济管理学院和商学院合并之后，由于种种原因，经济与金融系难以形成与"培养既懂技术又懂经济的人才"类似的办学指导思想，因此也没有与管理类系科专业形成一致的办学理念。相应地，当时经济与金融系办学行为和形象、声誉和品牌也需要不断完善。"十二五"规划与"十三五"规划时期经济与金融系已有所改进，在金融学与数学、金融学与区块链技术的交叉融合方面取得一定成果。但是，本科生专业在第四轮本科专业评估中，未能获得评估专家的积极评价，仍然需要凸显其办学特色。

（二）师资力量尚未充足稳定

师资规模有所不足，师资结构有所失衡，师资储备乏力，学科带头人紧缺，流动性较大，极大地制约了高水平人才队伍建设和学术团队建设，也制约了学科建设的发展空间和核心竞争力提升。

（三）学科布局有待平衡配置和赓续创新

除了金融学，应用经济学一级学科下的二级学科的发展力量比较薄弱，缺乏整体性协同性发展态势，缺乏布局优化空间；也未能充分注意对"同济特色""德国元素"和"中国科学院元素"的学科优势的承续和发扬；对于"十三五"规划以来教育部增设的学科新方向，有待凝聚创新力量，积极研究和布局。

（四）学科建设制度保障缺乏创新和突破

面向高质量发展要求，目前迫切需要创设学院内（及学校内）的学科共建制度、提升兼职兼课教师比例的师资社会化制度、熨平人口人才峰谷的自愿终身制（不退制）、主动型的定向招聘制度，等等。

（五）学科建设基础比较薄弱

同济大学经济学学科建设尽管在"十二五"规划时期因文法学院经济学专业部分师资并入而有所加强，在"十三五"规划时期尤其是党的十九大召开以来有所改进，又经2017年教育部督导组检查整改，服务于社会主义市场经济的办学方向和要求日益明确，得到进一步落实改进；但是，在理论经济学的基础建设和积累方面仍有所不足。同时，经济学学科建设未能关注学院办学传统中的"中国科学院元素"，未能积极跟踪近50年来经济学理论动向中第三领域（包括系统经济学、演化经济学与创新经济学、代谢经济学）的发展动态，未能积极回应可持续发展经济学、生态经济学和生物经济学的发展动态，未能充分注意与学院其他系科的合作研究（如建筑经济学、项目经济学、工程经济学、技术经济学、灾害经济学、房地产经济学、城市经济学、信息经济学、服务经济学），以及与本校其他理工科类学院的合作研究(如环境经济学、海洋经济学、运输经济学、高铁经济学)。

(六)学科建设工作有待确立"冲A"发展战略

在2017年的教育部评估中,同济大学应用经济学学科获评B学科,这是难能可贵的工作成绩。是否应冲击B+学科,应该说势在必行。有没有冲击A－学科的愿景?能否进入全校A类学科发展布局范围?如何全面提升应用经济学学科核心竞争力,在有限的科学研究领域内达到"全球视野、国家水准、同济理念、学科特色"的要求?这有待在整体规划的基础上加以决策,有待在群策群力的基础上积极争取。

三、"十四五"时期的经济学学科发展建议

(一)明确经济学学科建设的发展理念

习近平总书记在"清华谈话"中指出,一流大学建设要坚持党的领导,坚持马克思主义指导地位,全面贯彻党的教育方针,坚持社会主义办学方向,抓住历史机遇,紧扣时代脉搏,立足新发展阶段、贯彻新发展理念、服务构建新发展格局,把发展科技第一生产力、培养人才第一资源、增强创新第一动力更好结合起来,更好为改革开放和社会主义现代化建设服务。这一谈话对于各学科树立正确的发展理念和教书育人目标具有重要的指导意义。

"十四五"时期经济学学科发展理念是"创新、融合、可持续、稳中求进、以改革谋求高质量发展"。

第一,创新发展。2020年11月3日,时任教育部高教司司长吴岩在新文科建设工作会议上指出,"新文科"就是文科教育的创新发展,包括:培养知中国、爱中国、堪当民族复兴大任的新时代文科人才;培育新时代社会科学家;构建哲学社会科学中国学派;创造光耀时代、光耀世界的中华文化。为此,同济大学经济学学科建设要贯彻新发展理念中创新发展和开放发展的发展观,关注和凸显"同济特色""德国元素""中国科学院元素"及"中央党校元素",打同济牌、系统牌、德国牌、创新牌;在坚持马克思主义、合理借鉴主流思想的同时,着力于应用经济学的全面发展,积极拓展经济学学科发展的第三领域。创新才有出路,有特色才有出路;没有创新、没有特色难以冲击A类学科,就没有出路。

第二,融合发展。要贯彻新发展理念中的协调发展、开放发展和共享发展的发展观,响应教育部新文科建设和学科大类培养的要求,坚持培养既懂工程技术又懂经济管理的复合型人才,努力与本院其他系科专业乃至本校其他院系学科专业之间形成融合、复合、交叉的合作发展关系,打合作牌、融合牌、复合牌、交叉牌。要用好学科交叉融合的"催化剂",加强基础学科培养能力,打破学科专业壁垒,对现有学科专业体系进行调整升级,瞄准科技前沿和关键领域,推进新学科建设,加快培养紧缺人才。

第三,可持续发展。贯彻新发展理念中绿色发展的发展观,积极开展院系的内部资源挖潜和制度创新,争取院外力量和社会资源的支持,为学科可持续发展寻求制度保障、资源保障和组织保障,努力确保学科建设的效率效能效益,努力体现学科发展的质量和水平。

第四,稳中求进,集中突破。贯彻新发展理念中有关高质量发展的阶段要求,积极满足日益增长的新时代教育需求,坚持集中力量办大事,坚持有所为有所不为,稳中求进,努力

适应经济学发展的前瞻与前沿要求、满足人才培养的国家和社会需要。

第五,以改革谋发展,重视制度创新,夯实高质量学科发展的体制机制。学科建设不能再停留于看得见的部分,例如项目和成果,更要重视看不见的部分,主要是制度改革和创新。改革才有出路,不改革没有出路,不在制度创新和体制机制上谋篇布局,就无法实现高质量的学科发展。

(二) 强化师资队伍建设,增强经济学学科核心竞争力

经济学学科要以高水平人才队伍建设为抓手,提升核心竞争力。要在明确"冲 A"发展战略的基础上,争取学校对国内外经济学师资引进和职称评审的专项倾斜政策,优先扩大师资规模力量,优先增强团队建设能力。

经济学学科要制定人才引进和师资储备专项规划,通过引进与培养相结合的方式,造就一支国内领先、在全球有影响力的学术队伍,采用灵活多样的人力资源管理方式,聚集高水平的国际化人才培养。根据初步测算,现职教师每年至少净增 5 名,五年至少净增 25 名。

经济学学科要积极聘请国内外知名学者或专家担任兼职教授和兼职任课教师,指导开设"经济史""经济思想史""《资本论》导读"和"演化经济学"(或"创新经济学")等本科课程或研究生课程。要积极招聘港澳台地区师资和国外师资,专向招聘中国人民大学、北京大学、清华大学、复旦大学、武汉大学、中国社会科学院大学、上海财经大学等知名高校的博士毕业生。

经济学学科要借鉴国际经验,调整改进现职教师和兼职教师的比例,逐步提升兼职教师占比,并由学校配套和改革相关政策。根据初步测算,相比于现职任课教师,兼职任课教师暂按 10∶1 配置,分母逐年递减 1,"十四五"规划末提升到 5∶1 配置。

经济学学科要积极发挥学校、学院校友会的作用,增强与同济大学联邦德国研究所的联系与合作,增强学院师资的交流与合作,并挖掘好本系内部师资。研究制定东北片师资交流合作方案,与复旦大学经济学院订立合作协议。

(三) 发现和创造条件,优化经济学学科布局和专业设计设置

在专业师资相对充足或者通过共建方式可以调配到相对充足的师资的前提下,尤其是在创设学院内学科共建制度以提供制度改革保障的前提下,优先采用院内合作共建方式,兼顾跨院合作共建方式;优先满足应用经济学学科布局的整体性协同性发展的内涵式需求,兼顾适应新文科建设的外延式需求。

1. 学科拓展或专业发展拟选方向

拟研究以下拓展方向,筛选新增 1 个学科拓展方向和 1 个本科专业发展方向。

(1) 研究加快建设区域经济学学科

区域经济学学科与同济大学在城市科学、城市研究方面的优势学科与强势学科密切关联,可以直接融合于同济大学文科发展战略格局。加快建设区域经济学学科,要大力扩充区域经济学领域的师资队伍,完善研究生课程体系和培养方案,加强研究生教材建设。

区域经济学是现有的研究生专业方向之一,但是在本科专业设置中缺乏同名对应的专业支撑和课程支持;拟通过在本科层面引入和创建经济工程专业用以支撑区域经济学学科建设和师资队伍建设。

(2) 研究建设经济工程专业的必要性和可行性(主要和建设管理与房地产系共建)

经济工程专业(020108T)是 2017 年新增的本科专业方向。发挥学院学科建设的历史传统、特色和优势,调查、研究设立经济工程本科专业和研究生专业方向,建立相应的本科生和研究生课程体系及培养方案。

(3) 研究建设信用管理专业的必要性和可行性(主要和管理科学与工程系共建)

信用管理专业(020306T)是 2012 年新增的本科专业方向。发挥现有金融学学科的优势,调查、研究设立信用管理本科专业和研究生专业方向,建立相应的本科生和研究生课程体系及培养方案。

(4) 研究建设金融科技专业的必要性和可行性(与相关系科和其他学院共建)

金融科技专业(020109T)是 2018 年新增的本科专业方向。调查、研究设立金融科技本科专业和研究生专业方向,建立相应的本科生和研究生课程体系和培养方案。

(5) 研究建设数字经济专业的必要性和可行性(与相关系科和其他学院共建)

数字经济专业(020109T)是 2018 年新增的本科专业方向。调查、研究设立数字经济本科专业和研究生专业方向,建立相应的本科生和研究生课程体系和培养方案。

2. 专业硕士建设

(1) 加强金融硕士点建设和拓展工作,研究创建包括金融科技方向、经济工程方向和信用管理方向的金融硕士点

(2) 研究创建信用管理专业硕士点

(3) 预研究创建经济工程专业硕士点

(4) 研究与学院 MBA 中心及欧美高校合作办学的新项目

(四) 加强课程建设和教材建设,夯实学科发展基础工作

在"清华谈话"中,习近平总书记指出,要坚持中国特色社会主义教育发展道路,充分发挥科研优势,增强学科设置的针对性,加强基础研究,加大自主创新力度,并从我国改革发展实践中提出新观点、构建新理论,努力构建中国特色、中国风格、中国气派的学科体系、学术体系、话语体系。结合同济大学应用经济学学科建设工作,尤其需要加强相应课程建设和教材建设,推进体系化、模块化、一体化设计和改革,加强新时代中国特色社会主义政治经济学研究,跟踪和参与中国经济学创新研究,跟踪和参与包括系统经济学、演化经济学、创新经济学、灾害经济学在内的经济学"第三领域"的研究,跟踪和参与经济思想史和经济史的教学与研究,夯实学科发展基础工作。

1. 课程建设方面

(1) 加强经济学支柱课程建设

研究恢复开设"经济史"(含财政史、金融史)本科生课程,研究增设"经济思想史"(含财政思想史、金融思想史)和"经济哲学"(含财政金融哲学)本科生课程;研究考虑是否在应用经济学学科增设《资本论》导读"、"演化经济学"(或"创新经济学")、"系统经济学"本科生及研究生课程。

(2) 加强经济学"马工程"课程建设

在现有"马工程"课程("马克思主义政治经济学概论""西方经济学""公共财政概论"

"人口、资源与环境经济学""经济法学")的基础上,研究筛选增设"中国经济史""世界经济史""马克思主义经济学说史""西方经济学流派评析""《资本论》导读""区域经济学""世界经济概论""发展经济学""国际经济法学""国际金融法"等使用"马工程"教材的课程,着力提升使用"马工程"教材的课程门数和比重。

鉴于最新的本科生培养方案中课时受到很大压缩,考虑在拟恢复开设的"经济史"课程中同时使用《中国经济史》《世界经济史》两种"马工程"教材;在研究增设的"经济思想史"课程中同时使用《马克思主义经济学说史》《西方经济学流派评析》两种"马工程"教材;在《资本论》导读""区域经济学"课程中分别使用《〈资本论〉导读》和《区域经济学》两种"马工程"教材。

《世界经济概论》是否用于"国际经济学"或"国际经济合作"课程、《国际经济法学》是否用于"国际贸易法"课程,是否开设使用《国际金融法》的课程有待研究。

(3) 加强经济学特色课程建设

除了房地产方向,经济与管理学院曾开设一些经济学方面的特色课程,有的持续至今。如"国民经济学"(VWL,德文版)、"企业经济学"(BWL,德文版)、"运筹学"、"数理统计"、"费用效益分析"、"数量经济"、"计量经济学"、"工程经济学"、"项目经济学"、"建筑经济学"、"建设概预算"等。另外,还有"项目融资""公共项目投融资分析""工程经济学""土地经济与利用""城市土地经济与利用""房地产开发与管理""新视角下的创业投资与创业管理"等特色课程。

经了解,原商学院有"马恩经典著作选读""犹太研究""广告学"系列、"企业形象策划""西方经济学流派""经济思想史"等特色课程、支柱课程。

根据党的十九大报告关于建设现代化经济体系的精神,在现有基础上,研究恢复开设"区域经济学"本科课程,研究增设"城市经济学""乡村经济学"和反映"一带一路"共建国家经济、金融、经济法律,以及反映上海与长三角的经济金融特色和创新的相关本科课程或讲座,如"创新经济学""开发性金融""德国社会市场经济"等。

(4) 加强经济学交叉课程建设

在现有课程(如"金融科技")的基础上,研究合作开设"项目经济学""基础设施建设投融资""房地产投融资""数字与网络经济学""服务经济学"等交叉型课程。

(5) 加强经济学新文科课程建设

面向新文科建设要求,增强学生复合型课程知识素质。适当强化学生的理工技术和文化艺术知识培养。出台政策专向鼓励本科生、研究生选修本学院其他系或者本校其他学院的相关课程,本学院其他系的相关课程如"运筹学""数理统计""管理信息系统""C语言""技术经济学""工程经济学""建设经济学""项目管理";本校其他学院的相关课程如"城市规划学""区域规划学""生态经济学""环境经济学""高铁经济学""运输经济学""海洋经济学""人工智能与大数据",等等。

2. 教材建设方面

(1) 加强新时代经济学系列教材建设

在《新时代中国特色社会主义政治经济学》《新时代中国特色社会主义公共经济学》基础上,研究建设《新时代中国特色社会主义经济法律制度》教材,积极推进新时代教材系列化建设。

预研究建设《新时代中国特色社会主义创新经济学》《新时代中国特色社会主义区域经济学》《新时代中国特色社会主义乡村经济理论与实践》《新时代中国特色社会主义发展经济学》《新时代中国特色社会主义国际经济理论与实践》《新时代中国特色社会主义金融理论与实践》《新时代中国特色社会主义产业经济理论与实践》《新时代中国特色社会主义金融法律制度》《新时代中国特色社会主义的国际经济法律制度》等本科生、研究生教材。

（2）加强经济学特色、交叉教材建设

例如，加强《德国社会市场经济》《金融科技》《项目经济学》《基础设施建设投融资》《房地产投融资》《数字与网络经济学》等教材建设。

（3）积极推进教材报奖工作

教材报奖事宜是教材建设工作中必不可少的环节。过去很多年学院对此认识有所不足。近些年学校和学院层面越来越重视这项工作，把教材报奖工作视为教材建设的重要抓手，有组织有计划地推进这一工作。

（五）创新学科建设制度，加强组织和资源保障

习近平总书记在"清华谈话"中指出，面向未来，要坚持把立德树人作为根本任务，把服务国家作为最高追求，把学科建设作为发展根基，把深化改革作为强大动力，把加强党的建设作为坚强保证。习近平总书记还指出，"要完善以健康学术生态为基础、以有效学术治理为保障、以产生一流学术成果和培养一流人才为目标的大学创新体系"。结合习近平总书记"清华谈话"精神，同济大学应用经济学学科建设工作需要相应做好以下几个方面的改革创新工作。

（1）要在现代大学制度建设背景下大力创新学科建设制度，创设学院内（及学校内）的学科共建制度、提升兼职兼课教师比例的师资社会化制度、熨平人口人才峰谷的自愿终身制（不退制）、主动型的定向招聘制度，等等。

（2）加强人才引进和师资储备工作，研究并综合借鉴21世纪初上海交通大学管理学院下设安泰经济学院（三级学院）模式和20世纪90年代同济大学环境学院（一学院一系）模式，对外挂牌同济大学经济与金融学院（经济与管理学院下属的三级学院），下设一个系（经济与金融系）并且长期不变。

（3）要大力改善办公空间规模，根据人才引进和师资储备专项规划配套办公室。针对特别高端人才或者特高级师资，由学校在引进时提供不低于三房的住房安家保障。

（4）要发挥党的领导作用，党支部和党小组活动将学科建设及课程建设纳入工作、学习和讨论内容，组织开展调查研究和党内建议活动。要广泛听取专家学者意见，建立咨询决策机制，继续发挥经济学学术委员会的作用。

（六）研究明确学科建设目标和高质量发展战略

习近平总书记指出："一个国家的高等教育体系需要有一流大学群体的有力支撑，一流大学群体的水平和质量决定了高等教育体系的水平和质量。"同济大学经济学学科要强化问题意识、质量意识和可持续发展意识，强化目标管理，明确高质量发展战略，形成学科建

设与发展的长效机制和高质量发展基础。要明确以"十四五"规划时期开始冲向 A-学科为愿景和决心,争取进入全校 A 类学科发展布局范围。要强化以质量为核心的学科体系建设和交叉融合改革,建设以高质量发展为导向的学科建设范式,在有限的科学研究领域里达到"全球视野、国家水准、同济理念、学科特色"的要求。

参考文献

[1] 新华社.习近平在清华大学考察时强调 坚持中国特色世界一流大学建设目标方向 为服务国家富强民族复兴人民幸福贡献力量[EB/OL].(2021-04-19)[2021-08-28].http://www.xinhuanet.com/politics/2021-04/19/c_1127348921.htm.

[2] 人民网.赴清华考察"学长"习近平这样诠释心中的"大学之道"[EB/OL].(2021-04-22)[2021-08-28].http://news.cri.cn/2021-04-22/c2ae75af-48c4-9280-85d5-f5c771403bf5.html.

[3] 新华社.习近平出席全国教育大会并发表重要讲话[EB/OL].(2018-09-10)[2021-08-28].http://www.gov.cn/xinwen/2018/09/10/content_5320835.htm.

[4] 习近平.决胜全面建成小康社会 夺取新时代中国特色社会主义伟大胜利——在中国共产党第十九次全国代表大会上的报告[N].光明日报,2017-10-28(1-5).

基于建构主义理论的信息管理专业教学改革探究

李 曼 朱茂然

(同济大学经济与管理学院)

摘 要：数字化时代的背景下，作为培养信息管理与技术应用领域复合型人才的信息管理与信息系统专业的发展既面对着社会对于信管专业人才需求量大的机遇，又面临着数字化转型冲击导致传统课程体系和课程方法等相对落后的挑战。为此，本文首先回顾了数字化转型背景下信息管理与信息系统专业的发展现状及问题，而后结合建构主义理论从课程体系和课程教学方法两方面对信息管理专业进行探讨，总结出对信管学科未来发展的建议。

关键词：数据化时代；建构主义理论；信息管理；教学改革

一、引言

《中国互联网发展报告2021》指出，2020年中国数字经济规模达到39.2万亿元，并保持9.7%的高位增长速度，成为稳定经济增长的关键动力。数字经济的蓬勃发展推动了大量的就业岗位产生，掌握人工智能、数据分析等信息技术的人才将成为最受企业欢迎的优质人才。根据教育部2018年版《普通高等学校本科专业类教学质量国家标准》，信息管理与信息系统专业（以下简称信管专业）属于管理科学与工程类，"专业采用系统思想、数量方法和信息技术解决各类管理问题"。作为以培养信息管理与技术应用领域复合型人才为目标的学科，信管专业在数字化时代下发挥着为国家培养一流信息化人才的重要作用，但同时也面临着改名、取消、与其他专业合并等不确定性挑战。

信管专业所面临的发展困境归根结底是因为相关教学没有顺应时代的发展，新兴信息技术的发展使得原有的学科建设和人才培养模式变得相对落后。在人才培养模式中，信管专业存在着课程体系不符合时代发展要求、课程教学方法过于陈旧等问题，因此，创新教学方式、优化教学体系，满足数字化时代背景下社会对信管专业人才的需求，是推动信管专业发展的关键。

建构主义理论强调建立以学生为中心，发挥学生首创精神、将知识外化的教学模式，是近20年我国教育研究领域兴起的一种教学理念和方法，其所秉承的教育理念和方法能为信管专业的教学改革带来一定的启示。目前不同学者从理论、实践两个角度对建构主义理论进行了大量的研究和探索,但如何在信管专业的教学中应用建构主义理论,培养出勇于创新、敢于实践的复合型人才,学界尚无较为系统的研究。因此,本文将基于建构主义理论,尝试对信管专业的教学改革进行探究。

二、当前信管专业的问题

在数字化转型背景下,信管专业的发展迎来了机遇,但信管专业仍存在着各种问题,可总结为以下三类。

(一)课程体系不符合时代发展需求

梁亚玲和黄晓瑞通过分析招聘信息指出,我国信管专业现有的课程与教学模式培养出的毕业生普遍缺乏实践技能,很难满足市场对复合型人才的需求,同时,在当前的时代背景下,信管专业存在课程设置更新慢、实践环节过少等问题。大多数高校的信管专业课程设置仍然以管理类和计算机类的基础知识为主,内容较为浅显,且未能与前沿知识融合,这导致毕业生往往在毕业时发现自己所学知识和技能已过时。此外,学生难以将理论知识与实际情境相结合,所学的管理类与计算机类知识也缺乏必要的整合,无法满足企业对信息管理专业人才的需求。

(二)课程教学方法过于陈旧

信管专业的课程内容主要可以分为管理类知识和计算机类知识。对于管理类知识,教学过程只是搬运书本上的知识,教师只是知识的灌输者,学生只是知识的被动接受者,最终的课程考核也以理论考试为主,学生的成绩只取决于其记忆教师讲授内容的能力,因此难以激发学生深度探究和主动学习信管知识的兴趣。对于计算机类知识,刘启刚通过对毕业生进行访谈了解到,传统的实践教学方法存在着重理论轻实践、实践内容缺少综合性和阶梯性、实践过程中缺少专业教师指导等弊端。

(三)人才培养方向不够清晰

由于信管专业的复合型特征,不同学校将其设立在不同学院,有的授予毕业生管理学学位,强调将学生培养为懂技术的管理人才,有的授予毕业生工学学位,则强调将学生培养为具备大数据分析等能力的技术型人才。但随着数据化时代的到来,侧重培养管理人才的部分院校,未能理解信管专业侧重实践与应用的本质,导致信管专业培养体系较为混乱,人才培养方向不够清晰,缺乏鲜明的专业特色,与社会需求贴合度低。

三、建构主义理论概述

建构主义是在行为主义心理学和认知心理学理论的基础上发展起来的,最早由瑞士哲学家、心理学家让·皮亚杰(J. Piaget)提出,建构主义理论的基本观点可以分为知识观、学习观和教学观(图1)。

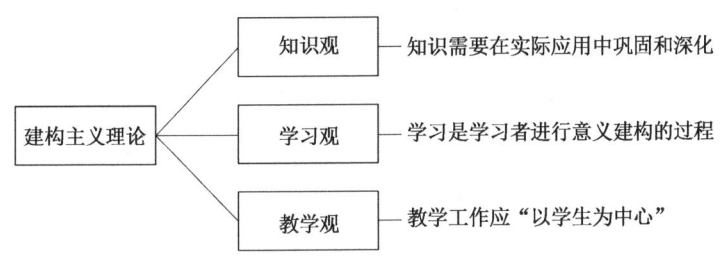

图 1　建构主义理论的内涵

建构主义理论知识观认为知识是对客观世界的一种解释和假设。知识不再是通过教师的简单传授就能获得的,而是具有情境性,是需要学习者在一定的情境下通过建构得到的,并且知识需要在实际的应用中才能巩固和深化,因此教学情境是教学设计的重要内容,学习者对知识的理解程度取决于特定情境下的学习活动过程和自身的经验背景。

建构主义理论学习观强调学习是一个意义建构的过程,学习不再是传统的学生被动接受教师传授的知识,而是学生自己在学习过程中构建知识,教师只是帮助者和促进者。学习的过程应该是学习者和学习环境之间的交互,是学习者的新旧知识进行相互作用的过程。建构主义学习理论认为"情境""合作""会话""意义建构"是学习环境的四大因素。其中,学习环境中的情境必须要有利于学生对所学内容进行意义建构。合作和会话则贯穿学习过程的始终,建立学习小组,并推动小组之间及小组与教师之间展开平等对话,能够使每个学习者的成果为整个团队所共享,更快地完成意义建构。最后的意义建构也是整个学习过程的最终目标,即学习者对学习内容所反映的客观知识进行深刻的理解。

建构主义理论教学观主张教学工作应秉持"以学生为中心"的核心思想,教师在教学活动中要尊重学生主体地位,让学生成为具有主动性和创造性的主体,同时,教师在教学中应发挥组织、引导、控制的作用,引导学生发现问题、分析问题和解决问题,通过主动构建知识来获取新知识,完成新知识的内化,而后再引导学生进行知识的拓展,完成知识的外化。

通过回顾和分析建构主义理论的研究,我们发现建构主义理论在教学实践中的应用较为广泛。例如,李宗卉的研究表明,建构主义理论能够指导管理学教学,改善校内难以开展管理实践活动的情况。徐国艳、姬芬竹和王岩将建构主义理论引入汽车构造课程的教学过程,促进了学生对新知识的主动探究和互动交流,增强了学生自主学习的主动性。石晶、崔淑娟和冯建民将建构主义理论应用于英语修辞学教学,发现这一教学方式不仅能激发学生的学习兴趣,还有助于建立良好的师生关系。

综上所述,建构主义理论能够让学生成为教学过程中的主角,增强学生实践能力和创新能力,对于培养应用复合型人才的信管专业具有重要的借鉴和指导意义。

四、建构主义理论在信管专业教学中的应用

本文从建构主义理论出发,将知识观、学习观、教学观作为信管专业教学改革的理念基础,结合数字化时代对于复合型信管专业人才的需要,从以下两个方面入手优化信管专业

教学模式,革新信管专业人才培养模式,进而促进信管类学科的发展。

(一)依据情境教学原则,实现课程体系再创新

建构主义理论中的知识观强调知识需要在实际的应用中得以巩固和深化,因此,针对信管专业,应构建以解决实际信息化问题为导向的课程体系,设计紧跟时代潮流并极具灵活性的课程内容。

一方面,对于管理学类偏理论的知识,要强调为学生提供学习管理学知识的真实背景,要把知识学习背景和知识应用背景加以整合,根据最新的应用案例,为学生提供一个真实的学习场景,使学生的学习环境与现实情境相似,引导学生理解知识是为解决什么问题而产生的,使学生围绕真实问题进行自主探究,而不是让学生带着应试的目的去记住现有的结论,从而让学生从情境中得到真实有意义的知识,而不是脱离实际的理想化知识。案例是对一个实际问题的客观表述,基于案例构建的情境,使学生深入不同的行业和企业,利用自己所学的知识进行思考和分析,作出贴合实际的决策,从而培养学生的创新思维和实践能力。

另一方面,在实践性偏强的信管专业课程(包括管理信息系统、大数据分析、数据库原理等)的教学中,由于信息技术的发展和应用过于迅速,学者来不及掌握新技术从而编写新的教材,导致教材难以做到与时俱进,因此,信管专业的教师应以信管专业学科前沿、产业和技术的最新发展为引导,例如深度学习、知识图谱等,从而积极推动课程内容更新。教师的教学内容应该以时代需求为导向,确保学生从实践中学到的知识不与时代脱节。例如,教师可以根据学生的基本情况,结合前沿技术引导学生进行实操训练,让学生在实践中既学习了前沿知识,又锻炼了分析和解决问题的能力。

最后,课程体系的建设要充分考虑交叉学科的融合。建构主义理论学习观认为,学习过程是学习者的新旧知识相互作用的过程,因此在培养信管专业人才的过程中,应引导学生将在管理学领域内学到的理念与在计算机领域的实践相融合,在课程体系的建设上确保教学内容呈现阶梯形,在每一阶段都基于学生已有的知识进行情境创设,在学生的已有知识和未知知识之间搭起桥梁,最终实现复合型的信管专业人才的培养。

(二)确立学生主体地位,进行课程教学方法改革

建构主义理论教学观强调教学工作要秉持"以学生为中心"的核心思想,在教学活动中尊重学生主体地位,将学习环境中的合作和对话贯穿学习过程的始终。基于此,信管专业的课程教学应在重新认识师生关系的基础上确立学生的主体地位。

以管理信息系统课程为例,在合作阶段,教师可以设计学生合作学习的流程,让学生自行组队设计管理信息系统来解决现实中存在的各类问题,引导学生合作交流,通过分析和解决问题来学习知识,从而培养学生自主创新能力和沟通能力。在对话阶段,教师设置不同小组之间和师生之间的对话环节,通过轻松且平等的对话来解决上一环节中学生遇到的有所疑问的问题和有所忽略的问题,最后通过小组课堂展示的方式让教师了解各个小组的共性问题,从而进行课堂的总结和升华。

五、结语

在数据化时代的背景下,信管专业的发展既面对着机遇,又面临着挑战。机遇在于社会对于应用型信管专业人才的需求量大,而挑战在于新兴技术的发展使得传统的信管专业在课程体系、教学方法等方面变得相对落后,人才培养模式与企业需求不匹配,信息管理与信息系统专业教学改革迫在眉睫。

本文结合建构主义理论探讨了信管专业未来发展方向,对信管专业的教学改革提供了一定的建议:信管专业应在不忘学科发展初心的同时,突破困境,走出一条适应社会和技术发展的信管学科发展道路,从而培养出时代需要的优秀复合型人才。

参考文献

[1] 教育部高等学校教学指导委员会.普通高等学校本科专业类教学质量国家标准[M].北京:高等教育出版社,2018.
[2] 程絮森,颜志军,左美云.数字化转型背景下的信息管理与信息系统类学科建设[J].信息系统学报,2020(2):108-111.
[3] 崔春生,郭玉洁,王美琦,等.新工科背景下信息管理与信息系统专业建设[J].信息系统工程,2021(2):174-176.
[4] 王沛,康延虎.建构主义学习理论述评[J].教师教育研究,2004,16(5):17-21.
[5] 梁亚玲,黄晓瑞.大数据背景下信息管理与信息系统专业发展研究[J].中国管理信息化,2021,24(1):215-220.
[6] 刘启刚.信息管理与信息系统专业链式实践教学模式探究[J].实验技术与管理,2021,38(1):159-162.
[7] 陈威.建构主义学习理论综述[J].学术交流,2007(3):175-177.
[8] JONASSEN M R, JONASSEN D. Whither constructivism[M]. Englewood:Libraries Unlimited Inc,1992.
[9] 徐国艳,姬芬竹,王岩.基于建构主义理论的汽车构造课程教学改革[J].高教学刊,2020(10):113-116.
[10] 李宗卉.建构主义理论在管理学教学中的应用[J].南京审计学院学报,2007(4):93-95.
[11] 石晶,崔淑娟,冯建民.建构主义理论在英语修辞学教学中的应用[J].佳木斯大学社会科学学报,2021,39(3):232-234.

同济大学本科会计学专业教育的变革研究
——基于国内顶级专业的对比分析

佟爱琴　吴行健

（同济大学经济与管理学院）

摘　要：随着信息化技术的不断发展，许多基础性工作逐渐被计算机取代，社会对会计人员的要求越来越高，这也要求高校积极调整会计学专业教学方案。本文围绕同济大学会计学专业教育变革研究，以清华大学会计方向为会计高等教育的典范，研究清华大学会计本科教育的人才培养理念与培养方案，比较分析同济大学会计学专业教育与清华大学会计本科教育在核心课程、教学模式、国际化程度等方面的差异，并从课程设置、教学方式、国际化措施等方面对同济大学会计学专业教育的变革提出建议。

关键词：同济大学；清华大学；会计；本科教育

一、引言

随着数字经济成为新常态，机械重复的工作逐渐被计算机取代，国家和社会对会计从业人员也提出了更高的要求，未来国家和社会对管理型人才的需求将远远大于对传统核算人才的需求。同时，会计人员还需要能及时把握市场发展趋势，做到业财融合。社会发展带来的新要求既是机遇也是挑战，为培养具有"国际视野、中国精神、创新务实、业精德高"的会计人才，同济大学会计学专业需要及时对教学方案做出变革，发现薄弱环节，提出可行的变革方案，重塑人才培养方式，为社会培养出符合新时代需求的会计专业人才。

二、顶级专业的选择

顶级专业指的是在师资队伍、支撑平台、人才培养质量、科研水平与成果、社会实践与学科声誉等各方面都表现突出的专业。一个专业要想被评价为顶级专业，需要满足以下条件：该专业领域的全球顶尖专家学者对该专业的评价与认可度较高，全球顶尖公司对该专业培养的毕业生的认可度较高，以及该专业的论文篇均引用次数也较高。由于QS世界大学排名在全球学术声誉与全球雇主声誉方面的调查最为全面深入，且综合考虑篇均引用次数与教员人均论文数,本文选取 QS 世界大学学科排名作为依据。在 2021 年 QS 世界大学学科排名中,清华大学会计与金融专业排名世界第 23 位,中国第 1 位,同时,在 2017—2020 年,清华大学会计与金融专业分别排名世界第 39 位(2017 年)、第 34 位(2018 年)、第 27 位(2019 年)、第 25 位(2020 年),均排名世界前 50 位且排名呈现上升趋势,具有较强的参考意义与价值,因此,本文将清华大学作为对标顶级专业进行分析。

三、顶级专业的人才培养思路与方案调研

为更好地分析、比较同济大学会计学专业与顶级专业的差距,首先应全面、系统地了解顶级专业。本文对顶级专业的人才培养思路与方案进行了调研,主要得到以下几方面的结果。

(一)清华大学会计学专业本科人才培养理念与培养方案

清华大学会计学专业纳入经济与金融专业招生,融合经济与管理两大专业,以"培养每一位学生成为有良好素质的现代文明人,同时创造出一种环境使得杰出人才能够脱颖而出"为培养目标,以"通识教育与个性发展相结合"为教育理念,力图培养出对国际前沿的会计理论研究方法有一定掌握、对全球会计准则和会计制度发展趋势有一定了解、对国际国内经济发展与资本市场运作规律有一定认识的复合型高端会计研究和实践人才。

与大多数院校不同的是,清华大学会计学专业不仅会为每名本科生配备一名指导教师,还会为每名大一、大二的学生配备一名校友导师,多角度帮助学生学习和发展。同时,清华大学会计学专业还为大一新生开设了多门"新生研讨课",为大二及以上年级学生开设了本科特色项目(X-Project),学生可以根据自身兴趣选择课程。专业兼顾学生多元化个性发展与学生领导力、创新能力和团队协作能力的培养,通过理论与实践相结合的个性化教学模式,加强学生利用所学专业知识解决实际问题的能力。

(二)清华大学会计学专业本科课程设置

清华大学会计学专业本科培养计划总学分为 157 学分,其中校级通识教育课程为 46 学分,院系设置课程为 111 学分。本科培养坚持通识教育与个性发展相结合,贯彻"三位一体"(即价值塑造、能力培养、知识获取)的教育理念,本科课程包括通识教育课程、专业课程和自主发展课程三部分。通识教育课程包括思想政治理论课和军事课、体育课、通识教育基础技能课(含外语、数学和计算智能与数据科学)、通识教育核心能力课。专业课程包括经济与金融专业(含会计、保险方向)、信息管理与信息系统专业共同的专业基础课,以及各专业的专业必修课和专业选修课。经济与金融专业(含会计、保险方向)尤其注重全面的知识学习与定量分析问题的能力,在开设会计、审计、财务、税务、会计信息系统等专业基础课程的同时,也开设了经济学、金融学、市场营销、战略管理、法律及数学、计算机等课程,力求使学生在掌握系统理论知识的同时,具备较好的分析实际问题的能力。笔者整理了清华大学经济与金融专业(含会计、保险方向)本科课程模块及学分分布情况,如表 1 所示。

表1　清华大学经济与金融专业(含会计、保险方向)本科课程模块及学分分布情况

课程模块	子模块	各子模块学分及占比	各课程模块学分及占比
通识教育	思想政治理论	17(10.82%)	72(45.86%)
	体育	4(2.55%)	
	外语	8(5.10%)	
	数学	13(8.28%)	
	计算机智能与数据科学	3(1.91%)	
	通识教育核心能力课程	23(14.65%)	
	军事理论与技能训练	4(2.55%)	
专业教育	共同专业基础课程	13(8.28%)	52(33.12%)
	专业主修课程	39(24.84%)	
夏季学习实习实践训练	—	10(6.37%)	10(6.37%)
自主发展课程	—	8(5.10%)	8(5.10%)
综合论文训练	—	15(9.55%)	15(9.55%)
总学分	—	—	157(100%)

清华大学经济与金融专业(含会计、保险方向)本科教育专业课程设置如表2所示。

表2　清华大学经济与金融专业(含会计、保险方向)本科教育专业课程设置

课程名称	学分
经济学原理	6
会计学原理	3
信息管理导论	2
管理学(商学导论)	2
公司金融	3
中级微观经济学	3
中级财务会计(1)	3
中级财务会计(2)	3
高级财务会计	3
中级宏观经济学	3
计量经济学	3
投资学	3
公共财政学	3
政治经济学	3
财务报表分析	3
税制与税务	3
会计信息系统	3

四、同济大学会计学专业对标顶级专业的差异性分析

根据调研收集到的资料,本文从课程设置、教学模式、国际化程度等方面对同济大学会计学专业与清华大学经济与金融专业(含会计、保险方向)的差异进行了初步分析,发现同济大学本科会计学专业存在以下三方面不足。

(一)课程设置存在滞后性

在本科教育课程设置上,同济大学会计学专业与顶级专业存在一定差异。笔者根据收集到的资料整理出的同济大学会计学专业本科教育课程模块学分及比例如表3所示。

表3 同济大学会计学专业本科课程模块及学分分布情况

课程模块	子模块	各子模块学分及比例	各课程模块学分及比例
通识教育课程	思想政治理论	16(10.00%)	43(26.875%)
	体育	4(2.50%)	
	外语	6(3.75%)	
	计算机	6(3.75%)	
	军事理论与训练	3(1.875%)	
	通识选修课	8(5.00%)	
大类基础课程	数学	16(10.00%)	20(12.50%)
	管理学概论	2(1.25%)	
	写作能力培养	2(1.25%)	
专业课程	专业基础课	27(16.875%)	90(56.25%)
	专业课必修	19(11.875%)	
	专业课选修	12(7.50%)	
	实践环节	32(20.00%)	
个性课程	—	7(4.375%)	7(4.375%)
合计	—		160(100%)

对比表1和表3可以看出,在各课程模块学分在总学分中的占比上,同济大学会计学专业本科专业课程学分占总学分的56.25%,排除实践环节后占总学分的36.25%,略高于顶级专业的33.12%。同时,在专业课程的设置中,同济大学会计学专业本科的专业基础课学分在总学分中的占比更多,达到了16.875%,远高于顶级专业的8.28%。

在授课内容方面,顶级专业开设了更多与计算机相结合的课程。在计算机相关课程设置中,同济大学会计学专业本科计算机课程学分在总学分中的占比为3.75%,低于顶级专业的5.09%。由于顶级专业将会计学学科设置为经济与金融专业下设方向之一,其跨学科特性更为明显,开设了很多与经济、金融相关的课程,其中,经济学原理、计量经济学、投资

学等课程对于会计学的学习具有较强的促进作用。同济大学会计学专业在这类课程的开设方面有所欠缺,专业基础课的培养方案中,存在较多需要开展大量实践才能将知识融会贯通的课程,如市场营销、组织行为学等,这类课程是管理学概论课程的深入,其知识点与管理学概论课程存在一定程度的重复,更适用于互联网技术蓬勃发展之前社会对会计人员的需求。在业财融合的时代背景下,社会要求会计人员对市场发展趋势具备较好的预判能力,而同济大学会计学专业开设的部分课程存在一定的滞后性:使用的教材与授课理念陈旧,没有及时根据社会发展情况调整授课内容,难以满足当下社会需求,而经济学、金融学相关课程能帮助学生获得更加宏观的视野,有助于培养学生对市场的把控能力,更符合当今社会对会计专业人才的要求。

(二)教学模式不够多元化

相较于本专业,顶级专业的课程选择空间更广、灵活度更强。在数学、计算机智能、数据科学等通识教育课程与大类基础课程的设置上,顶级专业提供了多种课程以供学生按需修读,同济大学会计学专业则是要求所有学生修读同样的课程,可能会导致教师教授的知识与学生希望学习的知识存在偏差的情况。同时,在专业选修课的设置上,顶级专业可供选择的课程较多,同济大学会计学专业开设的专业选修课数量较少。在特色课程的开设上,顶级专业面向大二及以上的学生开设了本科特色项目(X-Project),打造了通专融合、多元化个性发展课程,可以使学生依据自身发展规划选择想修读的课程,因材施教,培养学生的领导力、创新能力和团队协作能力,引入理论和实践结合的体验式、开放式、个性化教学模式,有助于学生多元化发展。而同济大学会计学专业虽然设置了一定数量的实践课程,但学生缺乏自主选择修读课程的机会,可能出现课程设置与学生职业规划相偏离的情况,课程内容也往往是分析、处理教师提供的简化案例,没有让学生真正参与到工作实践之中,学生所学内容与真实案例存在一定差距。

(三)国际化程度不足

同济大学会计学专业的本科生培养目标中包含"面向国际",然而相较于顶级专业,同济大学会计学专业的国际化程度较低,在国际化授课方式与国际交流项目上均存在不足。清华大学经济管理学院自 2007 年起提高英文授课比例,半数以上的本科课程采用全英文教学,为学生赴海外院校交换学习奠定了基础,有助于学生更好地了解国际前沿知识。清华大学经济管理学院还与全球百余所院校建立了合作关系,交换院校遍及全球,学院的所有学生都有机会前往合作院校参加海外学期或者交流访问,为学生前往海外学习创造了良好条件。相较之下,同济大学会计学专业英文教学课程较少,本科阶段仅有成本管理会计与会计信息系统两门课程采用英文授课模式。同时,同济大学会计学专业虽然为学生提供了广泛的国际交流机会,但由于学分认定手续困难烦琐,学院对国际交流机会的介绍较少,学生对各个项目缺乏了解,交流名额往往有较多空余,不能得到充分利用。

五、同济大学会计学专业的人才培养思路与方案变革

在大数据、人工智能等技术飞速发展的情况下,社会对会计专业人才的要求也随之发

生变化,对传统核算人才的需求降低,对具有良好数据分析能力、财务管理能力的会计人才的需求增加。为更好地培养符合新时代发展要求的复合型会计人才,同济大学会计学专业应参照顶级专业,在课程设置、教学模式、国际化措施几个方面做出变革。

(一) 课程设置变革

随着社会对复合型会计人才的需求日益增加,同济大学会计学专业可以在课程设置方面更加贴合社会需求,培养能及时把握市场发展趋势的管理型人才,设置具有时代性、挑战性、灵活性的课程体系。

首先,开设与大数据、人工智能相结合的课程,如商务计算与智能分析、大数据与经济分析等,同时可以将数据科学设置为必修课,顺应时代发展潮流,培养学生的计算机应用能力与数据分析能力。

其次,业财融合是社会对当今会计人员提出的要求,同济大学会计学专业可以增加与经济学、金融学相关的课程,如计量经济学、投资学等,拓宽学生的知识面,让学生对经济与金融领域有更为系统的了解,能够将对会计学的分析技巧和操作方法的掌握建立在更加系统的经济学基础之上,能够更加深入灵活地解决实际问题。

最后,同济大学会计学专业可以减少部分专业必修课中与管理学相关的课程,如市场营销、组织行为学等,这类课程与管理学概论教授的内容存在较多重合部分,且授课教材与授课理念未随着时代发展及时更新调整,存在一定的滞后性。

(二) 教学模式变革

同济大学会计学专业采用的是传统的教学模式,学生自由选择的空间较小,可以参照顶级专业,采用更为多元化的教学模式,在数学、计算机等课程上给学生提供二选一、三选一的机会,让学生依据自身发展规划选择修读更符合自身需求的课程,这不仅能够促进学生发展,也能激发学生的学习兴趣。

在暑期课程的设置上,一方面,同济大学会计学专业可以调整暑期课程内容,增设商务案例分析、大型财务数据分析等与案例紧密相关的课程,取消暑期课程选课年级限制,规定学生只需修读完规定课程即可选择自身感兴趣的暑期课程进行学习;另一方面,同济大学会计学专业应在开设模拟实习课程的同时为学生提供实地实习的机会,增设与实践相结合的课程如企业考察等,可以利用学院与企事业单位建立的合作关系为学生提供实地考察的平台,便于学生更好地了解市场对会计人员的需求。

(三) 国际化措施变革

为更好地与国际接轨,同济大学会计学专业可以增加英文授课课程比重,采用英文原版教材教学,提高国际化教育水平,培养学生国际化视野,为学生及时了解学科国际前沿动态、出国交换学习奠定基础。

同时,同济大学经济与管理学院应简化国际交流项目学分认定手续,放宽学分认定标准,加强会计学专业课程与交换项目修读课程的互通程度,减少学生对于因参与国际交流而无法按时完成规定学分修读的担忧。经济与管理学院还应加大对学院开设国际交流项目的宣传力度,通过线上会议、线下讲座等方式使学生更好地了解国际交流项目并作出选择,减少国际交流项目名额的浪费。学院还应丰富国际交流项目种类,例如:与海外合作高校共同建立俱乐部;为学生提供通过网络与不同国家和地区的学生沟通交流的机会,了解不同国家和地区的学科发展动态;聘请海外知名学者教授来学院交流讲学等。

六、结语

为更好地符合时代要求,同济大学会计学专业应当参照国内顶级专业,积极对教学方案进行调整与变革,构建具有时代性、灵活性、挑战性的课程体系,培养既具有丰富专业基础知识,又具备良好动手能力的新时代会计人才,以灵活地应对当今社会发展带来的挑战。

参考文献

[1] 杨华,陈昱尚.中印两国顶尖级工科大学本科课程设置情况及其特点比较——以印度理工学院德里分校和清华大学电机工程类专业为例[J].扬州大学学报(高教研究版),2012(12):38-43.

[2] 燕新梅,何佳玲.业财融合背景下对高校会计专业人才培养的思考[J].科教文汇(中旬刊),2021(3):135-136,192.

[3] 赵莉,任立媛.信息化背景下我国本科会计人才培养模式研究[J].营销界,2020(52):110-111.

[4] 赵龙,吴丽超.人工智能时代应用型本科会计专业教学新模式研究[J].大众文艺,2020(5):201-203.

教学研究

JIAOXUE YANJIU

习近平经济思想"三进"教改创新思考与实践探索*

石建勋[1]　李海英[2]

(1. 同济大学经济与管理学院　2. 同济大学财经研究所)

摘　要：习近平新时代中国特色社会主义经济思想丰富和发展了马克思主义政治经济学的理论体系,是习近平新时代中国特色社会主义思想的重要组成部分。深入学习领会和贯彻习近平经济思想,不仅是各级领导干部做好经济工作的必然要求,也是高校经济学专业教师做好教学科研工作的必然要求。在经济学研究中,要以习近平经济思想为指引,在经济学专业课和形势政策通识课中,要努力将习近平经济思想有机融入课程体系。这是落实立德树人的根本任务,也是加快推进新思想进教材、进课堂、进学生头脑(简称"三进"),改革创新高校课程思政的迫切需要。

关键词：习近平经济思想；"三进"；经济学

一、习近平经济思想的核心内涵和基本要义

党的十八大以来,面对复杂变化的国内外形势和我国经济发展进入新时代的新机遇、新挑战和新要求,以习近平同志为核心的党中央把马克思主义政治经济学基本原理与中国实践相结合,深刻总结国内外发展的经验教训,根据时代和实践发展的客观要求,围绕发展中国特色社会主义经济提出了一系列新的重大战略思想和重要理论观点,包括：坚持以人民为中心的发展思想；牢固树立创新、协调、绿色、开放、共享的新发展理念；使市场在资源配置中起决定性作用和更好地发挥政府作用；公有制为主体、多种所有制经济共同发展的基本经济制度是中国特色社会主义制度的重要支柱,也是社会主义市场经济体制的根基；国有企业是推进现代化、保障人民共同利益的重要力量,把国有企业做大做强做优；健全城乡发展一体化体制机制,推进城乡要素平等交换、合理配置和基本公共服务均等化；加快构

---

* 本文为国家社会科学基金研究阐释党的十九大精神重大专项课题"新时代中国社会主要矛盾发生变化的新特点研究"(项目编号:18VSJ007)、上海市教育委员会科研创新计划人文社科重大项目"人民币国际化进程中的货币替代效应与政策选择研究"(项目编号:2017-01-07-00-E00045)、同济大学上海高校课程思政教育教学改革试点项目《新时代中国特色社会主义政治经济学》课程思政建设"、同济大学研究生课程思政建设项目"宏观经济分析——解读中国经济发展的密码"(项目编号:4040321)、同济大学精品类通识课程建设项目《解读中国经济发展的密码》课程思政建设"的阶段性研究成果。

建开放型经济新体制,推进更高水平的对外开放,发展更高层次的开放型经济;构建广泛的利益共同体;认识新常态、适应新常态、引领新常态,是我国经济发展的大逻辑;加强供给侧结构性改革,提高供给体系质量和效率;加快转变发展方式,实现高质量发展;等等。

这些新思想新战略和新的理论观点,从理论和实践的结合上深入回答了在新的历史条件下如何完善社会主义生产关系、如何解放和发展社会主义生产力、如何让人民共享改革发展成果并逐步实现共同富裕等重大课题,不仅书写了当代中国马克思主义政治经济学的新篇章,而且丰富完善了中国特色社会主义政治经济学,构成了一个逻辑严密、系统完备的新时代中国特色社会主义政治经济学的理论体系,开辟了马克思主义政治经济学的新境界。

习近平经济思想充分吸收和继承了以往中国特色社会主义经济理论成果,"一脉相承"是其精髓。习近平经济思想不仅充分吸收了毛泽东关于社会主义经济建设思想的营养,而且极大地继承了邓小平理论、"三个代表"重要思想和科学发展观等中国特色社会主义理论体系中的思想精华。中华人民共和国成立以来尤其是改革开放以来形成的中国特色社会主义经济理论和实践成果,为习近平经济思想的形成夯实了理论基础。

习近平经济思想既坚持了马克思主义政治经济学传统,很好地坚持并运用了辩证唯物主义和历史唯物主义的立场、观点和方法,同时也注意吸收了当代资本主义经济发展的经验教训和西方经济学理论中的科学成分。习近平经济思想从政治保障、发展目的、发展理念、主要矛盾,到工作主线、发展战略和策略方法,形成了一套完整的"闭环"理论体系。2017年12月召开的中央经济工作会议用"七个坚持"对这一思想理论体系进行了总结概括。

一是坚持加强党对经济工作的集中统一领导,保证我国经济始终沿着正确方向发展。这是"中国共产党的领导是中国特色社会主义最本质特征和最大优势"在经济工作中的具体要求和体现。

二是坚持以人民为中心的发展思想,贯穿到统筹推进"五位一体"总体布局和协调推进"四个全面"战略布局之中。它回答了发展"为了谁",即发展目的和价值观导向问题。

三是坚持适应把握引领经济发展新常态,立足大局,把握规律。这是正确判断和把握经济形势的新思想、新理念。牢固树立"创新、协调、绿色、开放、共享"的新发展理念集中反映了我们党对我国经济社会发展规律认识的深化,是习近平新时代中国特色社会主义经济思想的主要内容。

四是坚持使市场在资源配置中起决定性作用,更好发挥政府作用,坚决扫除经济发展的体制机制障碍。这回答了经济发展需要什么样的体制机制问题。

五是坚持适应我国经济发展主要矛盾变化,完善宏观调控,相机抉择、开准药方,把供给侧结构性改革作为经济工作的主线。这回答的是新时代我国进入新发展阶段后经济工作的基本思路问题和工作方法。

六是坚持问题导向部署经济发展新战略,对我国经济社会发展变革产生深远影响。这是解决事关我国发展全局和长远发展的重大战略问题的新思想。

七是坚持正确工作策略和方法,稳中求进,保持战略定力,坚持底线思维,一步一个脚印向前迈进。这回答了经济工作的方法论和策略问题,强调问题导向和底线思维。稳中求进工作总基调是治国理政的重要原则,也是做好经济工作的方法论。

"七个坚持"构成了一个逻辑紧密、环环相扣的完整思想体系。时代在发展,理论也要不断地创新。近年来,随着国内外形势的发展变化,习近平经济思想与时俱进,不断丰富和发展,主要体现在以下两个方面。

一是关于高质量发展的重要思想。面对国内外风险挑战明显上升的复杂局面,近年来,习近平总书记在不同场合多次强调高质量发展,阐明了许多关键问题,提出一系列具体要求。例如:"我国经济已由高速增长阶段转向高质量发展阶段,这是党中央对新时代我国经济发展特征的重大判断。""要坚定不移推动高质量发展,扭住深化供给侧结构性改革这条主线,把制造业高质量发展放到更加突出的位置,加快构建市场竞争力强、可持续的现代产业体系。""我们要大力推进结构性改革,通过发展数字经济、促进互联互通、完善社会保障措施等,努力实现高质量发展。""要推动经济高质量发展,抓住促进中部地区崛起战略机遇,立足省情实际、扬长避短,把制造业高质量发展作为主攻方向,把创新摆在发展全局的突出位置,加强重大基础设施建设,坚持以人为核心推进新型城镇化,善于用改革的办法解决经济社会发展中的突出问题。""劳动者素质对一个国家、一个民族发展至关重要。技术工人队伍是支撑中国制造、中国创造的重要基础,对推动经济高质量发展具有重要作用。""推动经济高质量发展,要把重点放在推动产业结构转型升级上,把实体经济做实做强做优。"

二是加快构建"双循环"新发展格局的重要思想。新常态下,国内外环境发生了新变化,以习近平同志为核心的党中央高瞻远瞩,审时度势,作出加快构建新发展格局的重大战略部署。习近平强调,加快形成以国内大循环为主体、国内国际双循环相互促进的新发展格局,是根据我国发展阶段、环境、条件变化作出的战略决策,是事关全局的系统性深层次变革。要继续用足用好改革这个关键一招,保持勇往直前、风雨无阻的战略定力,围绕坚持和完善中国特色社会主义制度、推进国家治理体系和治理能力现代化,推动更深层次改革,实行更高水平开放,为构建新发展格局提供强大动力。

习近平总书记强调,当前形势下,构建新发展格局面临不少新情况新问题,要善于运用改革思维和改革办法,统筹考虑短期应对和中长期发展,既要在战略上布好局,也要在关键处落好子。要加快推进有利于提高资源配置效率的改革,有利于提高发展质量和效益的改革,有利于调动各方面积极性的改革,聚焦重点问题,加强改革举措的系统集成、协同高效,打通淤点堵点,激发整体效应。要把构建新发展格局同实施国家区域协调发展战略、建设自由贸易试验区等衔接起来,在有条件的区域率先探索形成新发展格局,打造改革开放新高地。

二、习近平经济思想是高校经济学教学科研的思想指南

经济理论是为实践服务的,必须是要解决现实问题。从这个角度讲,经济理论本身要有人文情怀和社会服务理念,能够与社会环境的演化保持历史逻辑的一致性。实际上,从西方经济学诞生的第一天起,就是有人文情怀的社会科学,研究的是经世济民的道理、方法和规律。不幸的是,近几十年来的经济学已经被西方学者异化成了远离普罗大众的玄学或

少数学者自娱自乐的"游戏",从社会科学变成了自然科学。西方主流经济学割断了理论与历史之间共同演化的逻辑关系,抛弃了经济学的人文情怀和社会制度环境因素研究,将经济学打造成一种具有普遍主义的抽象理论,从而导致其理论体系越来越形式化、抽象化。线性、抽象性、片面性,是西方经济学范式的基本特征,在"实证化"的名义下把经济学的实证性与规范性对立起来,这是西方经济学的基本模式、基本结构与基本功能。

很大程度上,正是由于现代主流经济学对数学符号和工具的滥用,经济学研究无法深入社会经济的内在结构和因果机理,这不仅严重阻碍了经济学理论和思想的发展,也与不断变化的社会经济现实日益脱离,从而被嘲讽为"黑板经济学",不少西方著名经济学者对此给予了严肃的批评。弗里德曼说:"经济学正日益变成数学的神秘分支而不是处理现实经济问题的学科。"[1]克鲁格曼说:"经济学科的迷途在于,经济学家作为一个整体误将优美——套上外表华丽的数学外衣——当作了真理。"[2]霍奇逊写道:"经济系已经成了应用数学家的天堂,而非研究现实世界经济的学生的乐园。令人遗憾的是,经济系滋养了符号而非实质,成就了公式而非事实。"[3]西方经济学的异化不仅遭到有识之士的批判和政治家的唾弃,而且也遭到学生和家长的反对。一个典型事件是,2011年11月哈佛学生罢了鼎鼎大名的经济学家曼昆的课,并发布了致曼昆的公开信。哈佛学生罢课事件具有学术和现实两方面的深刻根源,它是30多年来经济学界反思运动的延续,也是对现代主流经济学缺陷和异化的严重抗议。

然而,与西方经济学反思和革新运动的国际思潮形成鲜明反差的是,一些中国经济学界的主流人士一直以来将西方经济学奉为圣明,不断地向学生灌输远离中国实际的西方经济学,孜孜不倦地追求发表经济数学论文,各类评奖和人才评选也对经济数学论文趋之若鹜。过去很长一段时间,在我国高等学校的经济学专业的教学科研中,以及一些经济学通识课程中,一些学者不加分析地用西方主流经济学概念来随意批判和解读中国经济发展的伟大实践。例如,如何解释中国改革开放以来取得的巨大经济发展成就?有观点认为,经济发展成就源于对西方的经济学理论的遵循,其中,也走了一段弯路,恰是由于没有很好地贯彻西方经济学理论。也有观点认为,经济发展成就的取得源于市场化推进,而发展中存在的问题主要是市场化改革不彻底。还有观点认为,经济发展成就的取得是因为中国充分利用了比较优势,即丰富的、低成本的劳动力。事实上,迄今为止,世界上没有任何一个国家能够依靠比较优势实现长期快速发展目标。而中国经济发展的伟大成功,不仅体现在对西方的追赶,还体现在对西方的超越。中国经济发展创造的奇迹不是西方经济学理论在中国的实践结果,而是中国共产党人不断推进马克思主义政治经济学理论和实践创新的结果。西方经济学理论不仅无法指导中国发展的伟大实践,也无法完整地解释中国经济社会迅速发展和伟大复兴。

在实践中,我们逐渐意识到,中国的改革开放,走的是前人从来没有走过的路,不能简单地用西方的经济学理论任性地评判当前的中国问题或者理解中国发展战略和经济政策。

---

[1] 参见 http://www.paecon.net.
[2] 参见 http://www.paecon.net.
[3] 参见 http://www.paecon.net.

进入新时代,研究分析中国经济、培养教育中国学生、指导中国经济发展,必须迅速改变中国经济学的西方化、食洋不化甚至是奴化的现状,让中国特色社会主义政治经济学占领经济学教学科研阵地,让习近平经济思想成为指导经济学教学科研的指南,成为对学生进行形势政策和国情教育的理论依据。这不仅是中国经济学研究要把论文写在祖国大地上,为中国特色社会主义现代化建设更好地服务的迫切需要,也是回答培养什么人、怎样培养人、为谁培养人这一教育的根本问题的迫切需要。

三、在教学科研中需要深入研究阐释习近平经济思想的主要内容

习近平总书记在十八届中央政治局第二十八次集体学习时的讲话中指出:"面对极其复杂的国内外经济形势,面对纷繁多样的经济现象,学习马克思主义政治经济学基本原理和方法论,有利于我们掌握科学的经济分析方法,认识经济运动过程,把握社会经济发展规律,提高驾驭社会主义市场经济能力,更好回答我国经济发展的理论和实践问题。""学习马克思主义政治经济学,是为了更好指导我国经济发展实践,既要坚持其基本原理和方法论,更要同我国经济发展实际相结合,不断形成新的理论成果。"高校经济学教学科研工作者要深入学习贯彻习近平总书记重要讲话精神,学好用好习近平经济思想,在教学科研中深入研究阐释以下主要内容。

(1) 研究阐释中国特色社会主义的根本立场和发展的价值取向。以人民为中心是发展中国特色社会主义经济的根本立场,坚持把增进人民福祉、促进人的全面发展、朝着共同富裕方向稳步前进作为经济发展的出发点和落脚点,体现了中国特色社会主义的价值追求。

(2) 研究阐释中国特色社会主义的根本任务。传统的社会主义政治经济学以生产关系为主要研究对象,而社会主义的根本任务是解放和发展生产力。坚持把发展作为第一要务,坚持科学技术是第一生产力,人才是创新的第一资源。在对生产力和生产关系及其相互作用的研究中,要更加突出对促进生产力发展的研究。

(3) 研究阐释新时代我国社会主要矛盾运动规律和特点。新时代,我国社会主要矛盾已经转化为人民日益增长的美好生活需要和不平衡不充分的发展之间的矛盾。这是关于中国发展全局和战略的历史性重大判断。经济学者们要深刻理解这一判断,正确认识和把握新时代我国社会主要矛盾发生变化的新特点,紧扣时代主题,不断深化对解决我国社会主要矛盾的政策和策略的研究分析。

(4) 研究阐释中国特色社会主义初级阶段的基本经济制度。我国正处于并将长期处于社会主义初级阶段。我国实行以公有制为主体、多种所有制经济共同发展,按劳分配为主体,多种分配方式并存,社会主义市场经济体制的基本经济制度。如何坚持和完善基本经济制度,不断提升国家经济治理效能,是我国经济学界需要深入研究的理论和实践问题。

(5) 研究阐释中国特色社会主义的改革任务。改革是社会主义制度的自我完善,是推动发展的强大动力。按照坚持和完善中国特色社会主义制度、加快推进国家治理体系和治理能力现代化的总目标,全面深化经济体制改革,推动生产关系同生产力、上层建筑同经济基础相适应,努力形成比较成熟、比较定型的经济制度。

(6) 研究阐释中国特色社会主义的市场经济。社会主义基本制度与市场经济的有机结

合,是中国特色社会主义的鲜明特色和制度优势之一。在新的历史条件下,如何处理好公有与私有、政府与市场、自由与集中、效率与公平、开放与自主、稳定与变革、传统与现代、中国与世界等之间的相互关系,都是需要深入研究探索的重要课题。

(7) 研究阐释中国特色社会主义对外开放的基本国策。研究阐释如何统筹国内国际两个大局,利用好国际国内两个市场、两种资源,发展更高层次的开放型经济,积极参与全球经济治理,促进国际经济秩序朝着平等公正、合作共赢的方向发展;如何推进共建"一带一路"高质量发展;如何坚持独立自主,坚决维护我国发展利益,积极防范各种风险,确保国家经济安全。

(8) 研究阐释如何贯彻落实创新、协调、绿色、开放、共享的新发展理念,用新发展理念引领发展行动。创新是引领发展的第一动力。协调是持续健康发展的内在要求。绿色是永续发展的必要条件和人民对美好生活追求的重要体现。开放是国家繁荣发展的必由之路。共享是中国特色社会主义的本质要求。

(9) 研究阐释中国特色社会主义的新型工业化、信息化、城镇化、农业现代化道路。推动信息化和工业化深度融合、工业化和城镇化良性互动、城镇化和农业现代化相互协调,促进新型工业化、信息化、城镇化、农业现代化同步发展,健全城乡一体化发展体制机制,形成以工促农、以城带乡、工农互惠、城乡一体的新型工农城乡关系,让广大农民平等参与现代化进程、共同分享现代化成果。

(10) 研究阐释经济发展新常态和高质量发展新阶段。中国经济发展进入新常态,基本特征就是我国经济已由高速增长阶段转向高质量发展阶段。推动高质量发展,是保持经济社会持续健康发展的必然要求,是适应我国社会主要矛盾变化和全面建设社会主义现代化国家的必然要求,是遵循经济规律发展的必然要求。

(11) 研究阐释构建经济"双循环"的新发展格局。构建"以国内大循环为主体、国内国际双循环相互促进的新发展格局"是党中央面对国内外形势变化所作出的新战略部署,是充分激发我国发展潜力的战略选择,也是应对外部发展环境变化的重大战略调整。深刻理解其战略深意,充分发挥我国多层级的发展优势,变被动为主动,在促进国内经济高质量发展的同时,为全球经济复苏注入更多动力。

总之,高校的经济学专业教学科研工作,要紧紧围绕上述 11 个方面的主要内容,深入学习领会习近平经济思想,理论联系中国实际,努力把经济学研究论文写在祖国大地上,在对学生的经济学素养培养、形势政策教育和"三观"教育等课程思政的教学工作中有机融入习近平经济思想,讲好中国发展故事,阐释中国发展远景,使课程思政的教学内容更加生动、更加丰富、更加贴近学生的兴奋点和兴趣点。

四、习近平经济思想"三进"教改创新实践探索总结

习近平总书记在全国高校思想政治工作会议上强调:"坚持把立德树人作为中心环节,把思想政治工作的中心放在贯穿教育教学全过程,要用好课堂教学这个主渠道,各类课程都要与思想政治理论课同向同行,形成协同效应。"目前在各高校领导、教师和学生中,课程思政氛围日渐浓厚。但经济学专业课和形势政策通识课在推进习近平经济思想"三进"工

作进展还很不平衡不充分,在"三全育人""两个所有"等方面与学生的期待、与培养新时代中国特色社会主义事业建设者和接班人的需要还有较大差距。

以往的经济类通识课程,缺乏统一的教材和课程体系,不同教师用不同的理论来解释和分析中国经济,不少教师和学生深切感到用西方经济学理论很难解释中国经济发展,因此,迫切需要将习近平经济思想融入课程中。为此,党的十九大胜利闭幕后不久,在认真研究学习党的十九大精神和习近平系列讲话的基础上,负责同济大学经济形势与政策通识课教学的几位教师主编了《新时代中国特色社会主义政治经济学》教材,由清华大学出版社于2018年6月出版。该教材是国内最早编写的融入习近平新时代中国特色社会主义思想和党的十九大报告精神的政治经济学教材,为扎实推进习近平经济思想"三进"作出了积极贡献。目前该教材已在多所高校使用。

2019年年初,为进一步落实立德树人根本任务,有效推进习近平经济思想"三进"教学覆盖面,负责同济大学经济形势与政策通识课教学的几位教师,在校内外开设了"解读祖国经济发展的密码"线下与线上相结合的通识选修课。课程紧扣时代主题和热点问题、紧扣学生兴趣点和兴奋点,系统讲授中国经济发展的过去、现状和未来趋势,例如:如何适应和引领经济发展新常态,如何贯彻新发展理念,如何建设现代化经济体系,如何实现高质量发展,如何深化供给侧结构性改革,等等。培养学生的经济思维能力和大局观,使学生能够全面了解国家经济发展规划、战略和政策,把握中国经济发展的大势,增强"四个自信",树立正确的世界观、人生观、价值观,把个人发展与国家发展紧密结合起来,做好职业规划,努力使学生成为新思想的坚定信仰者、践行者、继承和发扬者。学生选课踊跃,学习兴趣浓厚。截至2021年年底,已经有30所高校学生选修该课程,累计1万多名在校学生和3万多名社会人士线上或线下参与学习。

在"解读中国经济发展的密码"的教改创新实践中,教学团队不断优化和完善课程体系设计,总结出"四导向、三进、三支撑、二结合"的改革创新教学模式(图1),有效地推进了习近平经济思想"三进"工作在高校的落实。

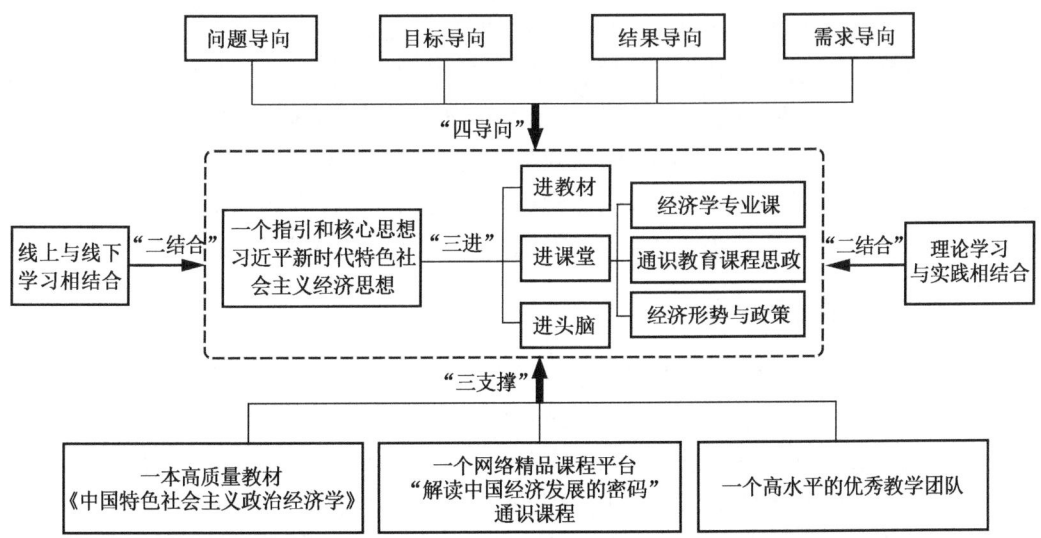

图1 "四导向、三进、三支撑、二结合"的教学内容优化体系

"四导向、三进、三支撑、二结合"的教改创新模式总结如下。

(一)"四导向"的主要内涵

"四导向"是指"问题导向""目标导向""结果导向"和"需求导向"的通识课程和教学改革创新导向,主要内涵包括以下四个方面。

(1)"问题导向"是紧扣时代特点,特别是经济热点、难点和焦点问题,理论联系实际,及时解析最新经济形势和政策,为学生解疑释惑。课程结合中华人民共和国成立70多年来取得的辉煌成就,通过7个章节、58个知识点的讲解,系统帮助学生学习解读中国经济发展的历程和创造的奇迹,分析新时代中国发展面临的机遇、挑战和压力,学习解决不平衡不充分的发展问题,加快实现更高质量更高水平的发展,认识应对中美贸易摩擦的方法,理解解决高科技产品和技术的"卡脖子"问题等理论和现实问题。

(2)"目标导向"是围绕"坚定理想信念、厚植爱国主义情怀、加强品德修养、增长知识见识、培养奋斗精神、增强综合素质"育人目标,努力通过适合青年学生认知的教育内容渗透、拓展、延伸习近平经济思想,引导学生在价值内涵上认知、在思想感情上认同。通过挖掘经济学专业课程知识体系中的思政元素,将知识教育同"三进"工作结合起来,使学生从经济学专业不同学科和课程的角度,加深对习近平经济思想的理解,从而使政治经济学理论与专业学习相结合、知识学习与做人做事创新创业相结合,促使学生在行中学、在学中悟,真正学深悟透。

(3)"结果导向"是指使学生在学习经济学基本知识、基本原理的基础上,培养学生的经济思维能力和大局观,使学生能够全面了解国家经济发展规划、战略和政策,把握中国经济发展的大势,增强"四个自信",树立正确的世界观、人生观、价值观,把个人发展与国家发展紧密结合起来,做好职业规划,提升经济素养和能力,努力使学生成为新思想的坚定信仰者、践行者、继承和发扬者,最终实现经济学各类课程与政治经济学课同向同行的育人结果。

(4)"需求导向"是紧扣学生对经济热点问题、对国家经济发展趋势,以及经济形势对个人就业和创业影响等兴趣点、兴奋点,不断激发学生潜能,提高认识,增强学习的自觉性和主动性,努力把课程讲得"有知有味"。"知"指授课内容丰富,"味"指授课方式富有吸引力。一方面,授课者要深入学习研究习近平经济思想,积累一批高质量理论研究成果,授课中要在理论联系实际的过程中为大学生释疑解惑,解决他们的思想问题和实际问题。另一方面,要不断创新教学组织方式和教学方法,采用课堂讲授、专题研讨、社会实践等多种方式,使理论教育有时代感,将道理讲得"有意思",切实增强课程的吸引力、说服力、感染力。

(二)"三进"的主要内涵

"三进"的主要内涵,就是努力将习近平经济思想融入经济学和形势政策通识课程,不仅将新思想作为教学的思想指引,也将新思想作为教学的重要内容体系,落实立德树人根本任务,加快推进新思想进教材、进课堂、进头脑。课程以习近平经济思想前沿理论研究和中国特色社会主义经济建设的实践经验为线索,突出讲授习近平经济思想与当代中国实践的结合,将新思想与中国发展的实践有机组织起来,形成一个逻辑严密、结构合理的课程体系。总结中国发展辉煌成就,解读中国经济发展规律,阐释中国未来发展新理念、新趋势和新目标,帮助学生运用政治经济学的思维逻辑,掌握解读中国经济运行和经济发展的密码。真正使习近平新时代中国特色社会主义思想的光辉和精神实质内化于心、外化于行,成为学生成长成才的指路明灯。有效增强大学生对习近平新时代中国特色社会主义思想的理论认同、情感认同和行为认同,使科学理论真正入脑入心,从而为培养社会主义事业合格建设者和可靠接班人奠定坚实思想基础。

(三)"三支撑"的主要内涵

"一本高质量教材""一个精品网络课程平台"和"一个高水平的优秀教学团队"是推动课程建设和教学改革创新、加快习近平经济思想"三进"工作的"三支撑"。

(1)"一本高质量教材"支撑是指使用课程负责人主编的《新时代中国特色社会主义政治经济学》。教材以习近平经济思想为指导,以社会主义初级阶段基本国情为逻辑起点,以解决新时代主要矛盾和实现中国梦为逻辑主线,以坚持和完善中国特色社会主义基本经济制度为根本,全面系统阐释新思想、新发展理念,建设现代化经济体系,以深化供给侧结构性改革为主线开展的各项改革为抓手,建设以更高层次开放型经济、实现高质量发展等为内容的新时代中国特色社会主义政治经济学逻辑框架。该教材于2019年入选国家社科基金资助中华学术外译项目,已被翻译成外文出版。

(2)"一个网络精品课程平台"支撑是指"解读祖国经济发展的密码"通识课程,该课程目前已在"智慧树""爱课程"和"超星"等慕课平台推出,并持续更新建设。课程结合中华人民共和国成立70多年来取得的辉煌成就,通过7个章节、58个知识点的讲解,近600分钟的视频课程、4次线下课程,系统讲授习近平经济思想、经济学基本常识;解读中国经济发展的历程和创造的奇迹;客观分析中国发展环境变化和发展战略调整;讲授如何贯彻落实五大发展理念,建设现代化经济体系,推进供给侧结构性改革,实现高质量发展,建设现代化强国等理论和现实问题。线上视频课程和线下讲座课程根据形势政策变化,每学期末实时更新。

(3)"一个高水平的优秀教学团队"支撑是保证教学质量的关键。无论是经济学专业课还是经济形势政策通识教育课程,都与国家发展、社会现实和政策调整变化的相关性强,涉及领域宽广。在许多学生眼中,相比于专业思政课教师,经济学专业课教师满腹经纶,是学术"大咖",说话有"专业含金量"、有分量,更有号召力和影响力,因此,经济专业课教师在专业课教学和经济形势政策通识课教学中有机融入习近平经济思想,效果最佳。

课程负责人按照授课教师要有"信"、有"爱"、有"责"、有"料"的标准打造了一个高水平教学团队。有"信"是指授课教师真正相信习近平经济思想的理论体系是科学,是符合中国国情的马克思主义政治经济学最新理论成果,是指导中国经济发展,建设现代化经济体系,实现强国梦的思想指南。如果教师不信自己讲的东西,就讲不好课。有"爱"是指授课教师对学生要有大爱和真爱,只有爱学生,才会了解学生、接近学生,做学生的知心朋友,才会走进学生的心灵,和学生的情感产生共鸣,才会有教书育人的动力,才会积极主动地在教学实践中自觉推进新思想"三进"。有"责"是指授课教师真正把立德树人作为教育的根本任务,能够在教学中自觉履行培养德智体美全面发展的社会主义建设者和接班人的使命和责任,自觉将习近平经济思想"三进"工作贯穿教育教学全过程，实现知识传授、能力培养与价值引领的有机统一，实现专业教育与通识教育在课程思政中的有机融合、相辅相成，更好地履职尽责。有"料"是指授课教师对习近平经济思想有充分的学习研究积累，有准备、有思考、有内容，有丰富的案例素材、有最新数据信息支撑，才能满足互联网时代信息大爆炸中的学生需求。

课程负责人按照有"信"、有"爱"、有"责"、有"料"四个条件，组织了四位教授、五位副教授等十多位优秀经济学教师组成教学团队，认真进行教材编写、教学大纲设计、集体备课和教案分享、视频课程录制、后期制作。紧扣形势政策变化，持续更新线上视频课和线下讲座课程的内容，努力将教师对习近平经济思想最新学习研究体会，以及最新学术研究和实践案例研究成果转化为课堂教学内容，挖掘课程中蕴含的思想政治教育资源，将思政教育内容融入课程教育内容，起到润物细无声的育人作用。

（四）"二结合"的主要内涵

（1）第一个结合是指课程采取线上与线下相结合的互动式教学方法。例如在教材内容讲授的基础上，组织学生分组讨论当前经济热点问题及国家经济政策调整，一方面能够激发学生的学习热情，另一方面能够加深学生对所学知识的理解。此外，借助互联网、多媒体等手段增强教学互动效果，课程在电脑端和手机端搭建了教师与学生实时交流互动的开放共享平台，及时为学生解疑释惑，及时发布最新话题，让学生开放讨论，能够启发学生独立思考、分析问题的能力。同时，教师根据经济形势的新变化，不断更新网络课程教学和参考资料内容，上传最新的课程视频和参考资料，供学生参考学习，帮助学生更好地适应实践发展的新形势、新需求和新情境。方便学生的课后学习，将教学时间延伸至"45分钟"以外。

（2）第二个结合是指课程采用理论学习与实践相结合的教学方法。课程并不单纯局限于讲授理论，让学生死记硬背概念和名词解释，而是理论联系实际，结合国内外经济发展实践过程中的经验和教训，以及当前经济形势与政策调整，讲述和解读中国经济的过去、现状和未来发展趋势。同时，精心选择和制作富有典型性和启发性的案例资源，在课堂上和课程的云平台上，让学生观摩、分析、讨论，通过学生之间、学生和教师之间的互动交流，培养学生对现实经济问题的认识和分析能力。课程既立足中国特色社会主义现代化经济建设的伟大实践，也关注大学生的人生追求和价值实现，把国家经济形势政策演变发展大势与大学生的个人发展紧密结合起来，既要抓住大学生的眼球，也要真实可信，同时为大学生解疑释惑，帮助其树立正确的世界观、人生观、价值观。

总之，习近平经济思想不仅是马克思主义政治经济学中国化时代化的最新成果，也是经济学发展的最新成果。这些与时俱进的经济思想和理论创新，是中国经济学发展的思想指南，经济学授课教师必须认真学习，深入研究阐释。同时，必须进行教学改革创新，加快推进新思想"三进"，努力使作为祖国的未来的学生成为新思想的坚定信仰者、践行者、继承和发扬者。

参考文献

[1] 习近平. 不断开拓当代中国马克思主义政治经济学新境界[J]. 求是，2020(16)：6.

[2] 张怡恬. 习近平新时代中国特色社会主义经济思想的原创性贡献[N]. 学习时报,2019-02-27(A1).

[3] 朱富强. 现代主流经济学为何一再遭到质疑?[J]. 当代经济研究,2019(2):27-29.

[4] 周文. 习近平新时代中国特色社会主义经济思想的显著特征与理论突破[J]. 紫光阁,2018(3):23-24.

[5] 夏伟东. 准确把握习近平新时代中国特色社会主义经济思想[N]. 新华日报,2018-08-28.

[6] 石建勋,张鑫,李永,等. 新时代中国特色社会主义政治经济学[M]. 北京:清华大学出版社,2018.

[7] 石建勋,刘宇. 新中国70年发展观的三次飞跃[J]. 财经问题研究,2020(2):12-20.

[8] 薛晓萍,刘兴国. 以"三进"推进高校思想政治工作[N]. 河北日报,2018-06-29(7).

"新工科"背景下面向复杂工程问题的 4D 计划管理教改探索[*]

李永奎　欧阳鹭霞　韩一龙

（同济大学经济与管理学院）

摘　要：随着建筑行业的转型发展，传统的计划管理教学内容、教学模式等已不能满足人才培养的需求。应以"新工科"为指导思想，将新知识和新技术融入计划管理课程建设，设立面向复杂工程问题的 4D 计划管理课程。通过构建基础理论、专业技术和案例实操的模块化知识体系，采用多元化的教学模式及与之相适应的考核方式，加强学生知识应用、工程实践和创新能力的培养，以应对社会发展和技术变革引发的社会对人才需求的转变。

关键词："新工科"；复杂工程；4D 计划管理

一、引言

未来几十年，新一轮科技革命和产业变革将促进经济发展加速。工程科技进步和创新推动着传统的建筑行业向新基建、智能建造转型。为适应行业变革，教育部积极推进"新工科"建设，旨在培养具有创新能力和实践能力强、能够解决复杂工程问题的复合型工程人才。这不仅对传统工程教育提出了挑战，也为工程教育的改革创新带来了新机遇。

随着工程技术的变革，一大批人工智能、系统建模与仿真技术等数字化技术兴起，市场对人才的需求发生转变，作为工程技术与管理知识交叉融合的专业的工程管理专业，亟须做出专业人才培养改革。另外，未来的工程项目充满着不确定性，且日益复杂，这对工程人员的专业知识、能力和素养提出更高要求。因此，高校人才教育更应注重"知识传授、能力培养、价值塑造"三位一体。工程管理专业的人才能力培养更加强调对复杂工程问题的解决能力和创新能力。课程教学作为工程教育、人才培养的关键环节，应基于"新工科"建设要求作出相应调整和改革。计划管理课程作为工程管理专业的核心课程，具有理论性强、应用范围广的特点，在"新工科"建设背景下，该课程将面向复杂工程问题，基于 4D 计划管理进行课程改革探索。

---

[*] 本文为 2020 年同济大学研究生教材建设项目"基于 4D 的复杂工程计划管理"（项目编号：2020JC12）的阶段性研究成果。

二、传统计划管理课程教学存在的问题

"新工科"建设更强调工程教育的战略性、创新性、系统性和综合性,相比于传统工科人才,未来新兴产业人才需要更深入的创新实践能力、学科交叉融合背景与能力。计划管理课程的教学目标不应仅聚焦专业知识的灌输,还应注重学生创新思维和解决复杂工程项目能力的培养。但传统的计划管理课程教学在教学内容、教学模式、考核标准三方面都难以满足"新工科"人才培养的现实需求。

(一) 教学内容陈旧

计划管理课堂教学多采用传统、经典的教材,为方便学生对知识的理解,多利用一般或简单案例进行阐述。这对于掌握专业基础知识固然很重要,然而在"新工科"背景下,工程技术与知识更新快,教学内容需结合最新工程实践,特别是面临越来越多的复杂工程,要注重学科前沿知识和专业技术的传授,以及工程教育专业素养中的社会责任、环保意识、伦理知识等综合素质的渗透。如何将解决复杂工程问题的思维和能力培养融入课程教学内容,是计划管理课程教学改革面临的一大挑战。

(二) 教学模式单一

计划管理课程教学往往以讲授式为主,这种模式侧重学生对知识的掌握,而忽略了对学生创新能力、解决问题能力的培养,难以激发学生学习的主观能动性。引入案例教学常受课堂的时空限制和案例质量的影响,不能达到理想的预期效果。未来 VUCA 时代,工程问题将越来越复杂,不仅需要具有强大专业知识储备的人才,更需要能主动思考、应对变化的人才。采取何种教学模式将直接影响教学效果和教学目标的实现,以讲授式为主的教学模式难以提高学生的学习积极性,难以培养学生的创新能力和解决复杂问题的能力。

(三) 考核标准与培养目标不匹配

传统教学对学生学习情况的考核评价方式较为单一,通常是基于期末作业或考试评判。这种考核方式更注重学生的知识记忆能力、应试能力和解答固定问题的能力,难以对学生的沟通协作能力、创新能力和解决复杂问题的能力进行评判。如何有效地、量化地评估学生的学习成效,对于把握学生学习水平、提升课程教学质量、实现课程教学培养目标具有重要意义。

三、面向复杂工程问题的基于 4D 计划管理的课程改革措施

"新工科"建设强调"知识传授、能力培养、价值塑造"三位一体的人才培养理念,这为计划管理课程改革提供了新思路和指导。针对目前传统计划管理课程教学中存在的问题,将该课程的改革着力点放在更新教学内容、改善教学模式、丰富教学考核方式上,具体如下。

（一）教学内容

本课程主要针对高年级本科生和硕士研究生，结合"新工科"建设要求，旨在培养学生的知识应用能力、工程实践能力和创新能力。基于此，课程教学内容聚焦复杂工程，梳理了相关前沿理论，作为基础理论。该课程作为一门应用型课程，需要介绍和讲授复杂工程计划管理采用的专业技术。在传授基础理论和专业技术后，将实际复杂工程项目作为案例让学生进行实际操作，以达到能力培养的目标。在知识传授与能力培养的过程中完成对学生正确价值观的塑造。

课程教学内容分为基础理论、专业技术和案例实操三个模块，具体内容如表1所示，体现了基础理论的前瞻性、专业技术的实用性和案例选取的实时性，有利于学生形成"理论—技术—实践—创新"的学习认知闭环。

表1　　　　　　　　　　　　4D 计划管理的课程内容

模块	教学单元	基本知识点
基础理论	复杂工程与工程管理的复杂性	（1）复杂性、复杂适应系统与复杂工程； （2）复杂工程管理系统特征； （3）工程管理的复杂性
	复杂工程计划管理	（1）时间、进度、工期与计划管理； （2）复杂工程计划管理体系； （3）复杂工程的总控计划管理； （4）复杂工程计划管理的创新方法
	复杂工程管理信息化的发展历程	（1）信息化与"数字鸿沟"； （2）复杂工程管理信息化
专业技术	集成计划管理：Primavera P6 应用	（1）Primavera P6 介绍； （2）计划编制方法及资料准备； （3）计划体系及管理； （4）资源及费用管理； （5）计划的跟踪控制
	虚拟设计与施工：4D 及 Synchro 应用	（1）BIM 技术、虚拟设计施工及 4D 项目管理介绍； （2）4D 相关软件介绍； （3）Synchro 的 4D 操作及模型建立； （4）4D 计划的编辑、跟踪控制及动画输出
案例实操	某医院科教综合实验楼施工计划	基于项目实际情况，结合所学理论知识，运用 Primavera P6 编制进度计划
	某高速公路改扩建项目	基于项目实际情况，分析项目复杂性，并运用 Synchro 编制 4D 计划
	某主题乐园酒店项目	（1）以小组为单位，讨论项目的复杂性、计划管理等； （2）运用 Primavera P6 进行项目集成计划管理； （3）运用 Synchro 进行项目虚拟设计和动画施工模拟

（二）教学模式

目前课程通常采用案例教学的方式，但传统的案例教学方式往往陷入形式主义，案例陈旧、缺乏趣味性，导致学生的积极性不高，不能达到良好的教学效果。"新工科"强调多学科的交叉融合，而课程中教授的知识往往是有限的，因此，教学模式的设计应注重引导学生自主学习，激发学生自主探究的兴趣。随着信息技术迅速发展，教学信息化水平逐步提升，教师可利用 MOOC、SPOC 等教学平台进行线上线下混合式教学。这种教学模式不仅能充分利用互联网上的优质教学资源，还能将基础知识传授转移至线上和课前，为线下课堂开展实际案例研讨、情境模拟、方案竞赛等教学提供了基础条件，是实现学用融合的有效教学模式。信息技术和在线教学平台改变了"教"与"学"的范式，突破了传统课堂的时空限制，为学生的自主学习和探究提供了便利途径。

另外，"以赛促学"的教学模式，即带领学生参加专业学科竞赛，或者组织相关学科竞赛，能够调动学生的主观能动性，培养学生的探索实践精神和创新等能力。如 Synchro 4D 国际高校挑战赛，它旨在借助 Synchro 软件，用 4D 技术解决实际工程中的施工问题。学生选取某个实际工程，深入分析项目的挑战和难点，并提出解决方案。竞赛作为课程学习效果的实战考核，不仅是对学生专业知识掌握情况的检验，更是对学生知识应用能力、工程实践能力和创新能力的锻炼。

（三）课程考核机制

"新工科"建设背景下，为适应教学目标、教学模式的变革，课程考核机制也应随之作出相应调整。面向复杂工程问题的 4D 计划管理课程更注重学生能力的培养，不再采用一次性的考核方式对学生学习效果进行直接评价，而是结合课堂表现、作业、项目报告和答辩等多种方式进行评价，以测试学生对专业知识的接受度，以及学生创新能力、工程实践能力培养目标的达成度。

建立课程在线教学平台，不仅有利于教师组织开展话题讨论、作业等教学活动，将过程记录作为考核评价的依据，还能记录学生在线自主学习课程资源，跟踪学生的学习过程，形成阶段性的成效报告。除了以上考核方式外，学生参与课程相关的专业学科竞赛情况也可纳入课程考核，以更好地鼓励学生积极参与竞赛，这对学生各项能力与专业素养均有良好的培育作用。

四、结语

积极推进"新工科"建设背景下专业课程教学改革，对高校培养创新人才、提升人才创新能力和综合素质具有重要意义。计划管理课程作为工程管理专业的核心课程，为响应"新工科"建设发展需求作出了相应的改革探索。聚焦复杂工程，进行基于 4D 计划管理的教学内容梳理、构建了"基础理论—专业技术—案例应用"的知识体系。课程教学方式和考核机制充分利用在线教学平台，运用多元化的教学方式，强化了对学生能力的培养和考核，以保障课程教学培养目标的实现。

参考文献

[1] 钟登华.新工科建设的内涵与行动[J].高等工程教育研究,2017(3):1-6.

[2] 宫培松,肖天龙,孙峻,等.基于知识嵌入的工程管理信息化人才培养[J].高等工程教育研究,2021(6):55-61.

[3] 李霓,布树辉,汤志荔,等.基于ABET理念的工科课程改革实践与思考[J].高等工程教育研究,2022(1):42-47,109.

融媒体一体化在市场营销教材中的探索应用*

熊国钺　高冰莹

（同济大学经济与管理学院）

摘　要：随着数字技术的快速发展和阅读形式的多元化，"互联网＋教育"的形式愈加成熟。市场营销是一门实践性非常强的学科，伴随着营销新理念的不断推陈出新，课程体系结构的不断更新变化，传统纸质教材已无法适应新时代多元化、立体化、开放化的教学，营销类教材变革已然成为大势所趋。本文以同济大学市场营销教学团队主编的《市场营销学》教材为例，具体介绍了营销类教材融媒体一体化创新的实践路径，探索了市场营销教材建设新模式。同时，归纳总结了融媒体一体化教材的概念、发展必然性、特点，分析了现有营销类教材的问题所在，对市场营销教材融媒体一体化发展提出建议，以期为营销类教材建设的研究与实践提供参考。

关键词：融媒体一体化教材；市场营销；教材建设

一、引言

高校教材是高校课程最基本、最稳定、最权威、最系统知识的生动呈现，是教师上课、学生学习的重要抓手。信息化时代背景下，学生接触知识的途径更加多元化、学习方式也更加多样化，而当下的高校教材却没有跟上现实需求的变化，编写内容滞后、缺乏创新性等问题导致教材无法发挥应有作用，即便是一些比较好的教材也存在创新性、开放性、互动性不足的问题。

市场营销作为一门普遍与企业实践紧密结合的课程，教材内容具有案例多、时效性强等显著特点。这些特点要求市场营销教材在内容和形式上不断创新，以充分激发学生的学习兴趣，调动其学习的主动性。对此，融媒体一体化的教材创新将有效实现上述目标。

运用先进的数字技术，打造超越传统教材的融媒体一体化教材，主要基于"互联网＋"教学思维，以包含但不限于嵌入"二维码""网址链接"等手段，将文字资源与数字媒体承载

---

* 本文为同济大学研究生教材建设项目"市场营销学"（项目编号：2021JC14）的研究成果。

的多种形态的数字资源进行有效整合，从而共同呈现教学内容、服务教学过程、充分实现课程教学目标。通过将纸质教材与各种媒体形式有机结合，融媒体一体化教材具有了很高的移动性、动态性、时效性和多态性，不仅扩大了教材容量，还拓展了教与学的空间，弥补了纸质教材的不足。

本文以同济大学教学团队主编的《市场营销学》教材为例，结合营销类教材特色，具体探索了市场营销教材的融媒体一体化创新之路。

二、高校教材的数字化发展趋势

（一）教育信息化推动高校教材数字化发展

2013年9月，高等教育出版社发布《加强数字化业务，推动出版转型升级工作要点（2013—2015）》，提出"要将利用信息网络技术开展教育教学资源开发作为转型重点"。2014年8月，习近平总书记在《关于推进传统媒体与新兴媒体融合发展的指导意见》中提到："推动传统媒体和新兴媒体融合发展，要强化互联网思维，坚持先进技术为支撑、内容建设为根本。"2019年2月，中共中央、国务院印发《中国教育现代化2035》，提出"加快信息化时代教育变革""统筹建设一体化智能化教学、管理与服务平台"。同月，中共中央办公厅、国务院办公厅印发《加快推进教育现代化实施方案（2018—2022年）》，提出："大力推进教育信息化。着力构建基于信息技术的新型教育教学模式、教育服务供给方式以及教育治理新模式。促进信息技术与教育教学深度融合，支持学校充分利用信息技术开展人才培养模式和教学方法改革，逐步实现信息化教与学应用师生全覆盖。"

2020年12月，教育部召开第七场教育2020收官系列新闻发布会提出，"十三五"期间，高校教材建设需要抢抓新技术带来的历史机遇，做好新形态教材的创新发展。教育现代化是社会主义现代化建设的重要基石，而高质量教育出版则是教育现代化的重要基础。国家一直大力推进教育信息化进程，高校教材的数字化发展也在不断推进，一大批纸质＋数字化资源教材，以及融合互联网、人工智能等信息技术的虚拟现实、增强现实、配套移动软件等表现丰富的多介质教材不断涌现。在新冠疫情期间实施的大规模在线教学实践中，这些新形态的优质教材发挥了重要作用，有效保障了线上教学与线下教学质量的"实质等效"。

在"互联网＋教育"时代，教材的数字化发展一方面顺应了国家教育信息化战略的要求，一方面又是教育转型升级的必然途径。因此，纸质教材与数字化资源一体化研发、设计的融媒体一体化教材终将成为教材改革的必然趋势。

（二）融媒体一体化教材

媒介融合是指传统媒体融合新兴媒体后，在内容上实现文字、图片、音频等的有效对接，在形式上实现报纸、书刊、电视、广播、互联网等介质的多媒体渠道有机融合。相较于以纸质媒体为主、仅具有单一文字资源的传统教材，融媒体教材充分发挥了媒介融合的特点与优势，其基于信息技术和"互联网＋"教学思维，将在线课程或教学资源库中的多种媒体形式的讲解视频、拓展资料、试题库、案例库、动画、考查、互动答疑、实验、实训、实习等数字化资源集成于网络云端,建设成课程网络平台,以包括但不限于文字、音频、微视频、仿真实训软件、手机 App 等形式呈现课程内容。融媒体教材通过将多种媒体形式有机融合,实现与数字资源、网络平台的无缝衔接。

一体化教材的概念首次出现在我国"十三五"教材规划中,规划提出"新形态一体化教材"。"新形态"指利用多媒体手段进行内容形式创新,从"书+光盘"过渡到"书+立体化数字资源库",将纸质教材的内容边界充分拓展,增强学生的学习体验。"一体化"则指针对教与学的过程进行系统开发,是在教师充分参与教学设计的前提下,依托"互联网+"信息技术,提供整体学习解决方案,其内在本质不是媒介形式的多样化,而是通过经科学教学设计的立体化内容编排与呈现方式,达到革新教学观念和教学模式的目的,进而提高教学质量。

综上所述,融媒体一体化教材是指通过将纸质教材与数字资源深度融合,对教材内容及知识点进行深度挖掘和加工,以科学直观的视频、音频、图像、文字等方式实现教材内容的数字化、交互功能的智能化。其主要特征表现为:①以教为主向以学为主的转变;②以课堂教学为主向课内外结合的转变;③以教材为主向教材、课堂、教学资源三者融合的转变。

三、当前营销类教材存在的不足

(一) 内容层面

国外市场营销学经典教材在中国出现"水土不服"的情况。截至 2024 年 8 月,由美国西北大学凯洛格商学院的菲利普·科特勒(Philip Kotler)教授等所著《营销管理》(*Marketing Management*)的中译本已发行了 16 版,然而,自第 13 版起,译者更换导致内容上存在差异,从而使得国内读者无所适从。同时,由于中国成为互联网营销实践的前沿基地,国外教材一定程度上不能适应中国国情,无法完全满足国内师生的教学与学习需求。

国内市场营销学教材种类繁多,但同质化现象严重。据不完全统计,入选国家"十一五"规划教材的市场营销学教材(不包括国际市场营销与房地产营销、汽车营销、旅游营销等专业类营销学教材)有近 50 种之多,可见市场营销学教材领域竞争之激烈。然而,入选国家"十二五"规划教材的市场营销学教材仅有十余种。由此可见,市场营销学教材的精品建设是大势所趋。

(二) 技术层面

由于市场经济环境迅速变化,营销学不断涌现出许多新思想和新观念,优秀的营销类教材需要介绍国际最前沿的营销理论和思想方法,以及本土化的营销现状、发展趋势,拓宽读者视野,因此营销类教材需求"新"。同时,市场营销作为一门应用性很强的学科,在教学过程中需要引用大量案例,所引案例在具备多样性与时效性的同时,要兼顾对中国市场的适用性,这就要求营销类教材做到务"实"。

相较于市场营销课程的"新"与"实",以传统纸质教材为主的营销类教材却存在着较大局限,主要表现为:①以文本形式为主,版面不活跃;②内容受限,不利于扩展学习;③学习互动性、资源利用率受限;④更新速度缓慢,无法跟上学科发展速度等。随着纸质教材作为高校学生获取知识的主要载体的功能弱化,电子教材及数字化课程产品将更广泛地为高等学校师生所接受,纸质教材的创新发展迫在眉睫。

四、《市场营销学》教材融媒体一体化的建设实践

(一)《市场营销学》教材简介

《市场营销学》教材由同济大学市场营销专业教学团队合作编撰,入选国家"十一五"和"十二五"规划教材,于 2015 年获得上海市优秀教材奖。教材自第 1 版(当时名为《现代市场营销学》)面世以来就得到了广大读者和使用单位的一致好评,曾被教育部高等教育司推荐为管理类专业主干课程教材。后陆续推出《市场营销学》第 2、3、4、5、6 版,由清华大学出版社出版,截至 2024 年累计发行量已超过 14 万册,使用学校和单位共 50 余个,包括复旦大学、同济大学、南京大学、华中科技大学、东北大学、湖南大学、贵州大学、山东科技大学、河北大学等,在同类教材中具有较高知名度和美誉度。

21 世纪以来,随着信息技术逐渐渗透到主流市场并发展成为新浪潮科技,营销正朝着以创造力、文化、传统继承和环境为主题的新经济时代不断迈进,新型营销方式层出不穷。对此,2017 年出版的《市场营销学(第 5 版)》也相应地做了较大调整,基于移动互联时代的营销趋势进行修订,保留和继承了前几版的优点和特色,与时俱进增加了新时代营销的创新内容,更好地适应了广大读者和使用单位对于市场营销教材的新需求。

但随着信息技术的持续发展,高校教学形式也发生了巨大变化,翻转课堂、微课、线上学习和考试等新颖的形式逐渐出现,改变着传统的教学形式,进一步对教材提出了新的要求。在教学内容和形式发生巨变的背景下,2017 年出版的《市场营销学(第 5 版)》显然已无法满足新时代的教学要求。在响应国家信息化教育战略、顺应"互联网+教育"的基础上,同济大学市场营销专业教学团队于 2024 年 3 月推出第 6 版教材(图 1),在清华大学出版社的大力支持下,将纸质教材与数字化资源充分结合,真正做到了教材的融媒体一体化。

图 1 《市场营销学》(第 6 版)教材书影

(二)《市场营销学》教材融媒体一体化的建设思路

《市场营销学》教材融媒体一体化的建设思路如图 2 所示。

1. 明确产品定位,凸显产品优势

通过对营销类市场现存教材优缺点的分析,明确《市场营销学》教材的读者对象为高等学校管理类专业师生,兼顾企业从业者。教材优势主要体现在:①内容上:科学性与先进性相结合、知识性与时效性相结合、理论性与实用性相结合,紧跟网络时代消费者的新需求和营销理论的新变化,结合互联网时代营销理念和实务中出现的新理念,在全面系统研究

市场营销的经营理念、战略和策略的基础上结合中国企业营销实践。②形式上：教材形式变革，将传统纸媒与数据资源充分结合，通过二维码、App、网络平台、在线课程等，提供教材配套优质课程、课件、案例、习题库等，做到有效整合多类媒体资源。

2. 编撰人员遴选

教材编撰人员来自同济大学市场营销专业教学团队，团队成员专业知识丰富，在他们的努力下，同济大学的市场营销专业在近几年全国本科专业等级排名中始终居于领先地位，并入选首批国家级一流本科专业。

3. 内容定位及融媒体一体化内容选择

《市场营销学》教材内容主要包括五个模块：认识营销管理、分析营销机会、制定营销战略、设计营销策略和展望营销趋势。基于课程实践性强、内容更新迅速的特点，教材内容在数字化方面应充分结合以下三点：①"以学生为中心"，紧密贴合教学需要，配合实践性、互动性强的数字化资源，以"学以致用"为原则，丰富教材呈现形式。②及时更新内容、跟上教学发展形势，充分关注互联网时代营销理念和实务中出现的新变化。③重视自主学习功能打造，基于融媒体一体化教材适应"纸质教材、在线课程、个性化学习系统"的新形态教学体系，使学习者可以选择自己感兴趣的教学内容并深入探索，从而满足不同发展意愿的需求。

4. 根据反馈意见对教材进行修订与完善

《市场营销学》教材经审校和测试调优后得以出版使用，建设团队根据各方反馈的意见和相关法律法规对教材进行修订与完善。

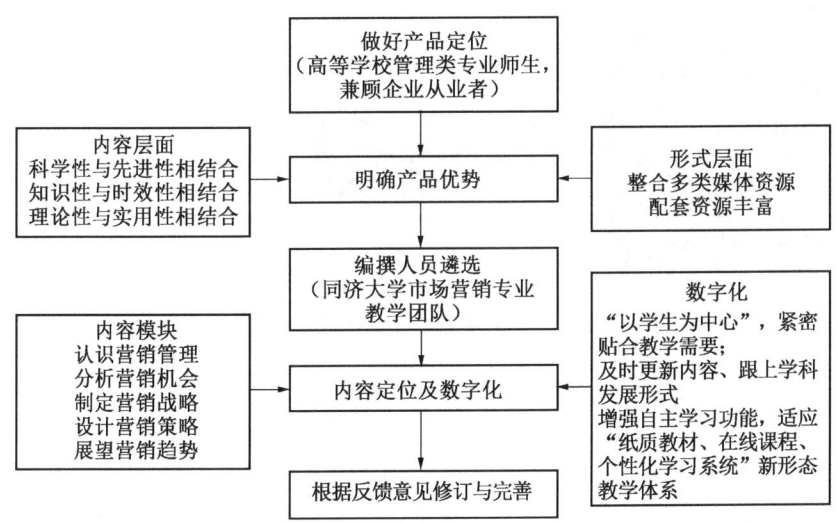

图 2 《市场营销学》教材融媒体一体化的建设思路

五、《市场营销学》教材融媒体一体化的建设效果

（一）形式丰富多变，教材形态升级

传统教材转变升级为融媒体一体化教材有多种方式。例如，可以在文中添加视频二维

码,二维码根据《市场营销学》教材内容穿插印制,从而方便教师和学生随时扫码观看知识讲解视频;将第 6 版教材升级为微课版教材,微课版教材中链入了微课视频,学生可以通过扫码,一边观看微课视频,一边阅读教材,加深对教材内容的理解。

(二)内容张弛有度,教材合理"瘦身"

营销学学科特点决定了学生学习的内容较为全面,实践性强,案例内容较多,使得传统纸质教材的篇幅较大,学生无法直观掌握教材重点。随着教材的融媒体一体化,很多非重点章节与内容可以通过二维码展示,不需要印刷在纸质教材上占用篇幅,教材内容将更加精炼。例如,《市场营销学(第 6 版)》中的第三章和第六章等非重点内容即可通过二维码展示,给教材合理"瘦身",不影响学生课后自学。同时减少纸张用量,降低教材成本,减轻学生负担。

(三)教学平台结合,教材边界延展

纸质教材呈现的只是文字和图表,无法展现一体化的教学资源,且篇幅有限,很多扩展内容无法得到体现。市场营销专业教学团队于 2018 年年底在智慧树平台上线了"营销管理"线上课程(入选智慧树 Top100 课程计划)(图 3),新版教材将寻求线上课程(智慧树平台)和教材推广(清华大学出版社)的联动,有效做好数字资源和纸质教材的结合,使二者互为补充,相得益彰。

图 3　融媒体资源之视频课程示例

(四)附加服务全面,教材价值提升

《市场营销学(第 6 版)》中包含更贴近教学需求的内容。①更加丰富的资料库。教学大纲、教学视频、教学课件、案例集等一应俱全,方便教师备课和上课。②更加多样的功能。教材中链入教学课件、扩展知识、更正内容、学习测验等多种内容,方便学生课前课后自学。③更加海量的习题。融媒体一体化的第 6 版教材中积攒了更多的试题,建立了完备的题库,提高了教材附加值。④更加严密的版权保护。二维码链接的内容,要强调版权保护。面对可能出现资源泄露的问题,教材封底贴上了刮刮卡,只有经由正规渠道购买教材的读者才可享受附加资源。⑤更加及时的售后保障。通过建立微信群的形式为订购者提供保障,方便订购者后期遇到问题时随时交流反馈,增加交流机会,也方便其他学校订购。

六、《市场营销学》教材融媒体一体化的思考

(一) 深刻认识"内容为王,实践为主"

现有教材同质化严重,缺乏自身特色,须知教材内容才是产品的核心竞争力。对此,必须坚持做好教材的内容精品化建设。内容设计时要充分考虑教材内容与教学实际的适应性,做好因材施教、普适化与个性化相结合;遴选作者时需要邀请具有较高学术水平的作者加入队伍,为教材融入最新学科理念;在编辑出版过程中,要严格实行"三审三校"制度,对内容(包括配套的数字化资源内容)和质量进行严格把关。

(二) 充分把握"媒介融合,相互支撑"

多数教材的数字化只是做到了对教材内容的简单数字化呈现,与融媒体一体化教材的要求相差甚远。融媒体一体化教材建设的背后实际是课程建设,要求建设者对包括教学标准设计、课程实施、教学过程与评价体系设计等一系列教学活动进行审慎思考。纸质教材需要提供完整的知识架构,包含几乎所有需要讲解的理论知识;在线课程模块要做到资源丰富,对基本教学内容进行延展和扩充;资源库和数据化模块则需要针对学生的个性化学习定制学习内容。

(三) 及时做好"迭代更新,资源补充"

融媒体一体化教材具备快速迭代的资源更新理念,能够在纸质教材形态基本不变的情况下,做到动态更新和推送数字化资源,从而有效增强教材的时效性和对创新性知识活动的支持能力。其背后包含海量资源库,数据资源需要做到根据学科发展动态,及时、方便、快捷地从后台替换过时的知识,做到教材内容与学科发展同步。

《市场营销学》融媒体一体化教材的建设是一个运用现代信息技术不断补充、更新、改进、完善教学资源的过程。只有突破传统,积极探索新形式,以纸质教材为核心,在此基础上打造立体化、全方位及能满足师生教学需要的融合教材,才能更好地服务广大读者,推进教学的发展,给师生带来全新的体验。

参考文献

[1] 祁小冬.新时代高等教育融媒体教材出版研究[J].传播与版权,2021(9):11-13.

[2] 宁嘉宁.媒体融合背景下教材出版营销策略探究[J].今传媒,2021,29(9):90-92.

[3] 李娴.纸质图书与数字资源融合的实践与思考——以"百校千课"融媒体教材为例[J].新闻研究导刊,2021,12(8):220-222.

[4] 梁文莉.开放式高职教育融合媒体教材建设的实践与探索——以王磊与梁文莉主编的《法学概论》教材为例[J].佳木斯职业学院学报,2021,37(4):157-160.

[5] 祝智敏,李晓雨,吴振宇.新媒体背景下专业教材出版思路研究——基于人工智能专业教材出版实践[J].中国传媒科技,2021(2):87-89.

[6] 李蕾,彭爽.汉语国际教育教材出版的优化策略研究——基于融媒体的视角[J].出版广角,2021(2):

86-88.

[7] 黄少静.融媒体时代大学英语影视欣赏类教材的出版研究[J].出版广角,2021(1):85-87.

[8] 徐劲.教育出版的未来模式——基于超媒体技术的新形态一体化教材出版[J].出版发行研究,2021(1):36-42.

[9] 林辉,王鸿儒,穆静波.全媒体时代纸质教材出版创新发展实践研究[J].传媒论坛,2020,3(20):91-92.

[10] 姜贵君,曹学成,王永刚,等.融媒体一体化教材的建设与研究——以"大学物理实验"为例[J].科教导刊(下旬),2020(12):55-56.

高校会计学专业国际化教学模式研究

于团叶　王雯茜

（同济大学经济与管理学院）

摘　要：在会计行业趋于饱和的今天，国际化、复合型会计人才仍然是稀缺资源。高校会计学专业肩负着培养会计人才的重任，其教学模式的国际化进程前路漫漫。本文在梳理总结国内高校会计学专业国际化教学现状的基础上，对其教学模式提出改良建议和革新意见。

关键词：会计学专业；教育国际化；教学模式

一、引言

2009年10月，财政部发布《关于加快发展我国注册会计师行业的若干意见》，明确提及国家对于会计人员国际化的迫切需求。2018年6月，财政部印发《国际化高端会计人才培养工程实施方案》（财会〔2018〕12号），组织实施国际化高端会计人才培养工程，要求"着力培养一批符合我国会计工作国际交流与合作需要的国际化高端会计人才"。直至今日，市场上国际化的会计人才仍存在巨大缺口，在人才强国战略的指导下，高校应意识到会计学专业教学改革的重要性，加快会计学专业国际化建设步伐，并反思以往教学模式中存在的弊端，以确保向会计行业持续输送高质量人才。

二、会计学专业国际化教学的重要意义

（一）适应市场需求，填补人才空缺

随着经济全球化的深入，我国积极参与国际贸易交流，不断拓宽开放领域，推动形成全面开放新格局。在与世界各国经济合作日益密切的背景下，精通外语、具备国际视野的复合型商务人才供不应求。

国际会计格局正在发生重大调整，为在新的角逐中维护国家利益，增强中国在国际会计领域的话语权和影响力，国际化的专业人才的储备不可或缺。高等院校作为培养人才的主要机构，理应成为探索教育国际化之路的先锋，为中国会计事业的崛起打下坚实的人才根基。

（二）深化原理解读，开拓思维视角

改革开放后，我国会计界开始系统、全面地引进和吸收西方会计理论。我国当代会

学科,受到了西方会计理论的深刻影响,许多专业名词、研究方法和思想流派都是舶来品。例如,以计划决策控制为核心的管理会计中,量本利分析、净现值、标准成本制度、责任中心等基本概念,都源自西方管理会计。引入英文原版教材进行教学,能够帮助学生更好地理解原理背后的历史背景和深层逻辑,从而达到深入掌握、灵活运用知识的效果。

此外,高质量的英美会计教材,往往具有经得住验证的优势,并且能够紧跟学科前沿,较为迅速、全面地反映最新会计学学术成果。例如,乔纳森·伯克(Jonathan Berk)的《公司理财》(Fundamentals of Corporate Finance)结合信息技术,透彻地阐释了财务管理与预测的本质;美国注册会计师协会(American Institute of Certified Public Accountants,AICPA)系列教材,因其对重难点、易错点的总结精辟而广受赞誉;哈佛大学的会计教材,则以案例教学生动饱满为特色。

在国际会计趋同的形势下,自2006年2月《企业会计准则——基本准则》发布起,我国会计准则一直积极向国际靠拢。学习国际会计准则,有利于学生了解行业国际规则和国内外制度差异,站在更高层的视角去理解会计政策调整和行情变化,在未来面对国际商务中的复杂局势时,能够有更强的洞察力和适应力。

(三)引进先进理念,创新教学方案

会计学作为一门传统学科,是中国高校最早开设的专业之一。许多高校的会计专业办学历史悠久,相应形成了一套成熟的授课方案。由此产生的负面效应,是教学模式滞后和培养目标模糊。许多高校依然遵循"重理论、轻实践""重考试、轻技能"等陈旧的教育理念,忽略了外语、职业道德等素质的培育。僵化的课堂模式、单调的教学内容,也限制了学生的独立思考和思维创新能力。

英美等国高校的会计教育起步早、发展较为成熟,其中不乏值得借鉴的先进之处。例如:英国作为会计职业的策源地,其会计学专业教学尤为注重知识面的拓宽,会计学专业课程往往与金融、法律等其他领域相融合;澳大利亚高校的会计学专业非常重视学生通用技能的发展,高校会设置专门的会计实验室,推广实验教学。通过引进国外优秀教学成果和理念,有助于为高校会计学专业教学注入新鲜血液,为唤醒学生专业潜能提供更多可能性。

三、会计学专业国际化教学现状

(一)主要模式

总结国内高校本科会计学专业国际化教学模式,可以大致划分为以下两大类。

1. 内容引进型

20世纪90年代初,上海财经大学国际会计学专业采取引进原版教材、进行双语教学、与国外大学和学术机构开展合作和交流等措施,开创了会计学专业国际化教学的先河。

诞生于会计学专业国际化教育的初始阶段,这种植入式的教学模式久兴不衰,在今天仍被各大高校广泛采用。在保留原有课程框架的基础上,引进国际会计相关课程、教材和授课模式,既能有效提高会计教学的国际接轨度,又便捷实惠、具有较强的可操作性和宽松的调整空间。例如,浙江大学会计学专业鼓励各层次学生参加国际交换项目、暑期交流项目等活动;同

济大学会计系常年开设双语成本管理会计课程,以英文形式进行习题训练和期末考核。

2. 合作办学型

在原有教学中嵌入外语内容,虽能在一定程度上达到国际化效果,但无法搭建完整体系、构造核心竞争力。随着经济的发展与繁荣,会计学专业开始积极与国际方面合作办学,以期进一步加深教学的国际化程度。

第一类是与国际职业组织合作培养学生。国际职业组织包括英国特许公认会计师公会(The Association of Chartered Certified Accountants,ACCA)、美国管理会计师协会(Institute of Management Accountants,IMA)、加拿大注册会计师协会(Certified General Accountants Association of Canada,CGA)、澳洲注册会计师公会(CPA Australia)等。其课程科目设计与会计学专业机构资格考试科目相协调,有机地结合了国际职业从业资格培训和学历教育。例如,清华大学、上海财经大学、厦门大学等都分别开设了 CGA、ACCA 等专业。

第二类是与国外高校合作办学。国际合作办学形式多样、规模各异,目前主要以"2+2""1+2+1""3+1"这类"嫁接式"为主流。中外院校保留各自的教学模式,通过相互课程评估、学分认证等方式,为学生提供国内外双重教育背景,完成修读的学生能够获取双方院校的毕业证书和学位证书。例如,厦门大学与爱尔兰都柏林商学院中外合作办学项目、江苏大学会计学专业与美国加州州立大学圣贝纳迪诺分校联合培养项目等。

(二) 存在问题

近年来,我国高校会计学专业的国际化教学虽取得了长足进步,但仍存在着诸多不容忽视的问题。依据相关实例和调研资料,对上述两种教学模式中的弊端进行总结分析。

1. 内容引进:双语课程效果难达预期

作为高校普遍采用的国际化方式,双语课程在教学实践中面临着多重障碍,致使反馈结果和理想状态存在较大差距。其主要问题表现在以下四个方面。

(1) 教学定位失衡

教师对双语教学的目标界定不清晰、对课程重心把握不到位,往往会出现"外语教学"和"会计学专业教学"顾此失彼的情况。在很多院校的双语课堂中,教师的主要职能是逐句翻译原文和讲解英文专业词汇,使得会计学专业课无异于英语语言的精读课。相反地,在一些双语教学实践中,英文内容被大幅度削减弱化,鲜少被提及,同样违背了课程开设的初衷。

(2) 课程设置不合理

从设立时间来看,部分院校在学生刚接触会计专业知识的学期即设置双语课程,无疑增加了学生初阶入门的难度。从课程量来看,许多院校为双语课程安排的学分、课时有限,导致教师在课堂上无法进行深入讲解,对学生掌握程度的要求也随之降低。

(3) 国际化流于形式

由于缺乏对国内外课程的深入研讨与比较,很多双语课程的教学内容既难以与自身课程体系相衔接,也无法与国外高校课程的思维模式相契合,甚至连"及时更新"这一基本诉求都很难实现。在教学理念上,很多高校仍然沿用落后的教学方式,或是生搬硬套国外的考评方法,而未根据现实情况作出调整与改进,导致重教轻学、机械灌输、课堂氛围沉闷等现象仍然广泛存在。综上,国内许多双语课程的教学仍停留在表层,实质上与国际化目标相去甚远。

（4）师生外语水平有待提升

双语教学非常考验教师的外语水平。大多数高校会计学专业师资力量有限，专业积淀深厚的资深教师往往英语能力不强，擅长英语的青年教师又大多缺乏实务经验和教学功力。同时，受高中应试教育的影响，学生的英语情景应用能力普遍较为薄弱，部分学生存在着一定程度的理解障碍，也使得双语教学的效果大打折扣。

一项针对国内财经类院校的调查显示，在会计学专业双语课堂上，32.30%的教师采用汉语为主、英语为辅的方式讲解，而完全使用英文讲解的比例仅为3.10%。过多母语的介入，使得学生的外语能力无法得到真正锻炼。不难推测，这种现状是师生双方外语水平"相互妥协"的结果。

2. 合作办学：国际化与本土化的矛盾

相比于内容引进，合作办学项目拥有完整的国际化课程体系，其形式更加贴合国际化的宗旨。然而在早期，很多学校视合作办学项目为"装点门面"和"吸金"的工具，通过收取高昂的学费吸引分数较低的学生。近年来，随着治理体系和监督机制的完善，合作办学的乱象得以遏制。

会计学作为一门应用性极强的学科，在合作办学中面临着国际化与本土化的冲突。一方面，会计国际班学生的主要就业市场仍在国内，须具备扎实的本土专业知识。另一方面，国际化是为了更好地服务国内经济发展，忽视国内境况的国际化如同无源之水、无本之木。然而，许多高校在进行国际办学时，并没有为本土会计预留合理的空间，也没有做到协调兼顾国内外差异。例如，"中级财务会计"和"高级财务会计"课程以我国的会计准则为基础开设，是学生学习中国本土会计知识的桥梁。而一些国际班却直接用ACCA课程中的F3财务会计（Financial Accounting）和F7财务报告（Financial Reporting）替换了这两门精华课程。这种"全盘西化"的课程设置并不罕见，充分暴露了部分高校国际化理念的偏差。

四、对策研究

（一）国际化也应"实质重于形式"

实质重于形式原则是会计核算的一项基本原则，而会计学专业教学的国际化，也应秉承这一理念。单纯地移植英文课程、模仿国外教学模式，只是形式上的国际化，很容易面临"水土不服"的窘境。要做到实质性的国际化，必须深刻理解国际化的内涵。国际化不是"去中国化"，国际化教学应考虑现实因素、适应本校教学情境，以提升学生综合素质为首要目标。

（二）加强观念引导，增强学生使命感

在填报志愿时，很多学生选择国际会计方向并非出于自身意愿，而是由于家庭期望、就业情况等。学习意识的淡薄和对未来规划的迷茫，导致他们无法尽心投入课程、对外语内容缺乏求知热情。高校应注重在专业教学中融入价值引导，强调国际化高端会计人才对国家经济社会发展的重要意义，培养学生的社会责任感和使命感，带领学生由"被动接受知识"转变为"主动获取知识、运用知识"。

（三）聚焦短板，寻觅优化方案

在会计学专业国际化建设中，课程工作组应保持不断反思、持续前进的动力。通过问

卷调查、情景设计实验、文献归纳等研究方法,主动挖掘教学实践中存在的问题,积极探索解决方案、改进教学模式,并确保研究成果得以切实应用和推广。例如,针对学生双语学习的压力,可以尝试"双导师制"协同育人的方式,为每位学生分别配备专业、语言两位导师;对于学生能力参差不齐导致的教学效率低下的情况,可以采用"分层施教"的教学模式,构建逐层递进的教学体系,为学生自我设计、自主选择专业方向个性化发展创造机会。

(四)建立配套机制

一套完善的国际化教学模式,应有健全的配套机制。首先,应创立科学的绩效考评机制和可靠的监督机制,以保障授课质量、反映教学成果。如牛华勇、栾硕和宋阳采用数据包络分析(Data Envelopment Analysis,DEA)评价法,从战略、教学、科研、管理和人员五个维度对商学院的教育国际化绩效进行评价。此外,资源共享机制也很重要。通过搭建多媒体资源共享平台,方便师生获取双语教材、案例、试题、教学视频,交流学习心得和教学经验,能有效提高教学效率、激发课后学习的活跃度。

五、结语

美国会计教育改革委员会(Accounting Education Change Commission,AECC)一直强调会计课程的国际化方向。针对此议题,国外学者开展了大量的调查研究,积累了丰富的实证经验。相比之下,我国高校会计学专业的国际化教学尚未引起教育界的足够重视,且相关研究以理论探索为主,付诸行动的较少。

国际化建设非一日之功,优质的教学模式是无数会计专业教育工作者长期探索的结晶。各高校应更加积极有为,全方位、多维度地构建会计学专业国际化教学模式,为实现培养"国际化、高素质、应用型的复合人才"的目标而不懈奋斗。

参考文献

[1] 杨敏,陆建桥,徐华新.当前国际会计趋同形势和我国企业会计准则国际趋同的策略选择[J].会计研究,2011(10):9-15,96.
[2] 陈信元,金楠.试论西方会计理论对我国会计学的影响——纪念十一届三中全会召开20周年[J].财务与会计,1998(11):7-10.
[3] 李立平.会计专业英语原版教材的教学探讨[J].湖南经济管理干部学院学报,2004(3):122-124.
[4] 张淑惠,罗孟旎.国外高校会计专业教育及其对我国的启示[J].教育教学论坛,2014(43):218-220.
[5] 张巧良,宋颖超,赵环.会计学专业国际合作办学模式的比较研究与启示[J].中国管理信息化,2010,13(5):106-108.
[6] 陈艳利.基于国际化办学的财经类院校双语教学问题研究——以会计学专业为例[J].东北财经大学学报,2010(5):84-87.
[7] 唐亚娟,左志刚,陈文彬.高校专业教育国际化与本土化的冲突与协调——基于会计专业国际班的调查研究[J].国际商务财会,2016(8):90-95.
[8] 牛华勇,栾硕,宋阳.商学教育国际化绩效评价[J].科研管理,2019,40(4):277-288.

课程思政融入财经大数据教学的探索与实践

宋 嫒[1]　宋晓满[2]　朱茂然[2]　徐 鑫[1]

(1. 上海立信会计金融学院信息管理学院；2. 同济大学经济与管理学院)

摘要：课程思政融入财经大数据教学的探索与实践的核心目标是回答好"培养什么人、怎样培养人、为谁培养人"这一教育的根本问题。高校财经大数据教学应围绕国家战略需求和地方经济发展，培养在财经大数据领域从事数据驱动的信息分析、人工智能开发及管理工作的卓越人才。财经大数据课程建设应重构新时代背景下财经大数据人才培养模式的目标定位，让学生通过学习，成长为能够运用大数据技术解决财经问题的高水平应用型人才，为国家发展和社会进步作出贡献。

关键词：课程思政；财经大数据；教学探索

一、引言

课程思政融入财经大数据教学的探索与实践的核心目标是回答好"培养什么人、怎样培养人、为谁培养人"这一教育的根本问题。高校财经大数据教学应贯彻党的二十大精神和《高等学校课程思政建设指导纲要》，适应大数据技术发展以及数据驱动的财经类人才培养模式变革的趋势，结合国家重大战略需求和地方经济发展实际，通过将思政教育、创新创业教育与专业教育相融合，培养学生形成高尚的理想信念、较强的创新意识和实践能力，培养在财经大数据领域从事数据驱动的信息分析、人工智能开发及管理工作的卓越人才。具体包括以下三方面内容。一是价值引领：将党的二十大精神全面融入课程思政教学，打造有温度的课堂，启发学生发现问题、思考问题，讲好新时代的故事。二是教学改革：通过项目式教学、案例教学和"翻转课堂"，展现财经大数据知识与德育知识的"触点"，借助专业知识讲思政知识，通过思政教育拓宽学生视野。三是财经特色：数智时代下，我国急需通才型、交叉型和复合型人才，财经大数据专业应结合自身内涵和外延，制定个性化、有特色的课程思政建设方案。

高校财经大数据教学应坚持立德树人的根本任务导向，以"价值引领—知识创新—能力培养"为需求牵引，借助信息化、网络化、智能化时代赋予的新动能，推动思政工作适应财经大数据深度融合发展的新态势，在守正中创新发展，不断增强针对性、实效性、吸引力和时代感，实现课程思政与财经大数据教学深度融合。本文研究框架如图1所示。

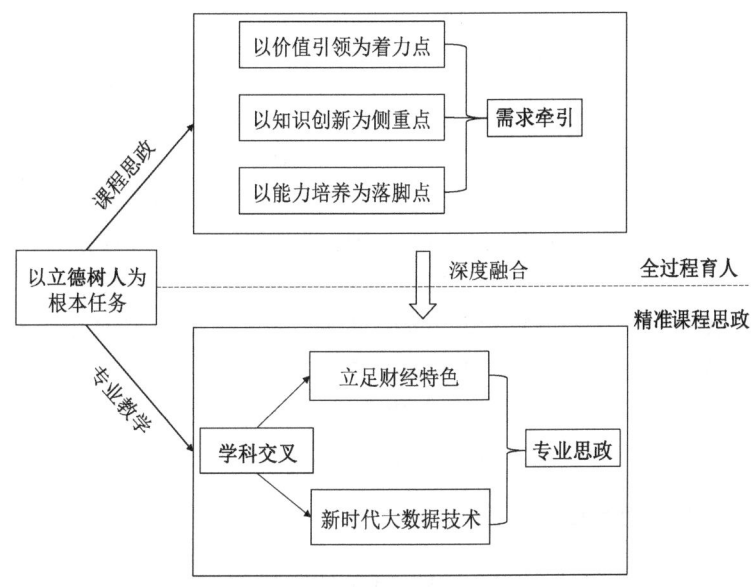

图 1 课程思政融入财经大数据教学的研究框架

二、财经大数据教学的课程思政目标

面对"培养什么人"这一问题,财经大数据专业应重构新时代背景下财经大数据人才培养的目标定位。新一代信息技术推动我国经济发展迈向新台阶,数智时代下我国急需通才型、交叉型和复合型人才。因此,高校财经大数据教学应立足特色鲜明的财经背景,围绕国家战略需求和地方经济发展,培养在财经大数据领域从事数据驱动的信息分析、人工智能开发及管理工作的卓越人才。在财经大数据课程建设中,重构新时代背景下财经大数据人才培养模式的目标定位,让学生通过学习,成为能够运用大数据技术解决财经问题的高水平应用型人才,为国家发展和社会进步作出贡献。

(1) 高校财经大数据教学应做好价值引领,基于马克思主义关于"实践是认知的基础"的论断构造课程的知识框架,培养学生正确认知财经学科的世界观和方法论。同时,要使学生认识到大数据是一把"双刃剑",向学生强调务必正确运用大数据技术,严格遵守相关法律规定,不触碰法律底线,遵守职业道德。

(2) 高校财经大数据教学应在引导学生加深对马克思主义这一我们立党立国的根本指导思想的认知的同时,适当降低学科认知的复杂性,提高学生的专业胜任力。通过对比大数据技术和财会金融领域的历史源头,使学生站在国际视角理解财经大数据技术,加强对学科前沿的认知,树立行业服务意识。

(3) 高校财经大数据教学应注重对学生开展职业伦理教育,提升学生的职业素养,培养品行高尚的从事财经大数据领域工作的职业人。同时,应开阔学生视野,将课程内容与学生职业发展相结合,增强学生主动学习和主动择业意识。

三、财经大数据教学的改革探索

面对"怎样培养人"这一问题,高校财经大数据专业应建设立德树人与财经大数据相融合的教学改革方案。在财经大数据课程教学中将马克思主义立场观点方法的教育与科学精神的培养相结合,提高学生正确认识问题、分析问题和解决问题的能力。通过开拓教学资源、丰富教学模式,教育引导学生牢牢把握新时代伟大变革的重大意义、科学的世界观和方法论、民族复兴的使命任务、团结奋斗的时代要求。教师不仅要讲好中国故事,而且要组织学生讲好中国故事。构建立德树人与财经大数据相融合的教学改革方案,培养学生探索未知、追求真理、勇攀科学高峰的责任感和使命感,以及精益求精的大国工匠精神,促进学生形成科技报国的家国情怀,践行使命担当。

(一)财经大数据教学理念

21世纪是数据驱动发展、信息技术推动变革的时代,在大数据时代背景下,信息技术、互联网、通信、金融、咨询、零售、新兴商业等众多行业对财经大数据专业人才的需求日益增长。2018年5月,习近平总书记在中国科学院第十九次院士大会、中国工程院第十四次院士大会上强调:"世界正在进入以信息产业为主导的经济发展时期。我们要把握数字化、网络化、智能化融合发展的契机,以信息化、智能化为杠杆培育新动能"。党的十八大以来,我国数字经济规模快速扩大,但同世界数字经济大国、强国相比,我国的数字经济大而不强、快而不优,突出表现为在数字技术特别是关键核心数字技术方面仍然受制于人。在此背景下,财经大数据教学理念体现为以下三个方面。

(1)坚持以财经类专业学生的专业发展需求为中心,主要体现在课程目标的设计上。围绕新时代对财经大数据人才的新要求,将知识、能力、素质的培养有机融合。

(2)坚持以财经类专业学生学习过程中的问题为导向,注重学生参与式、互动式教学设计。大力推动现代信息技术与财经教学深度融合,积极引导学生针对现代编程技术进行探究式与个性化学习。

(3)坚持以财经类学生学习效果产出为目标,主要体现在过程性、结果性学习评价设计方面。坚持成果导向教育(Outcome Based Education,OBE)理念,重视培养学生利用大数据技术解决财经问题的能力,增强学生在学习过程中能力和素质提升的成就感。

(二)课程思政关注点

通过将课程思政融入财经大数据教学,引导学生树立职业自信心,培养学生形成民族自信心、自豪感和时代危机意识,以及职业责任感和使命感。通过任务驱动式学习、问题导向学习、小组合作学习,培养学生团队的协作精神,沟通交流能力,分析问题、解决问题的能力,以及创新创业能力。通过错题分析、程序代码问题分析,引导学生认识到细节决定成败,注重学生财经大数据职业素养提升,培养学生严谨的逻辑思维。

科学思维可拆分为可衡量、可检验、可评估的抽象,理论和设计三个过程(学科形态或工作范式),如图2所示。其中,大数据模型和相应的算法描述属于抽象形态,模型中的会计

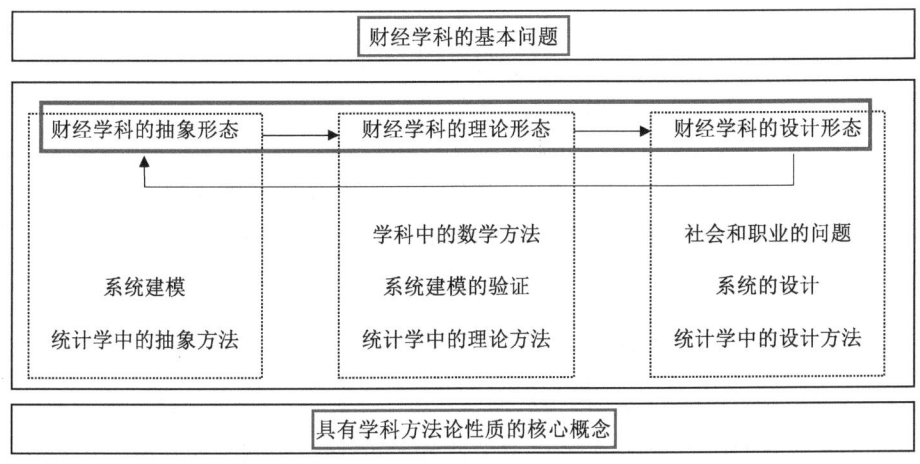

图 2　教学内容在财经学科课程思政总体框架中的定位

和金融公式的证明属于理论形态,实现该模型并构建财经大数据体系为设计形态的内容。通过接受课程思政教育,学生会对抽象、理论和设计三个学科形态有深入的认知,这种认知将为我国在三个学科形态方面的工具(含思想与方法)创新与突破种下种子。

概念模型和形式模型是财经学科中具有学科方法论性质的核心概念,能够将财经学科各分支领域有机联系在一起,是对财经问题进行抽象的有力工具,大大降低了人们沟通的复杂性。课程包含财经学科课程思维总体框架中"财经学科中的核心概念"(形式模型)、"财经学科的基本问题"(资源配置)、"学科中的数学方法"(大数据方法)等内容,体现了抽象、理论和设计三个学科形态的相互关系,对学生有引导和激励作用。

(三) 思政元素融入路径

在教学过程中,财经大数据课程采用"嵌入式—支撑式—补充式"三种财经大数据课程思政教学路径:一是提炼课程专业知识中蕴含的社会责任、文化自信等价值理念,将思政元素嵌入课程大纲、教学内容、课程考核等所有环节,实现知识传授与价值引领有机融合的嵌入式课程思政育人。二是在课程的专业实践内容中,通过开放学科实验室平台等硬性学术资源和教师科研项目等软性学术资源来支撑精益求精的精准课程思政,实现能力培养与价值塑造的支撑式课程思政育人。三是引入专业实践拓展知识,通过联动财经产业界及国内外行业专家资源和实践资源来补充职业素养元素。以学生为中心,以案例或情境为引导,以拓展专业知识为融入思政元素的伏笔,以情景化、游戏化和故事化的思政内容为情景,以专业案例和实践训练项目为主线,展开知识的巩固、能力的训练和素质的培养。将思想政治教育充分融入财经大数据课程中的各项教学内容,将理论与实践结合、课内与课外结合、课堂与生活结合,把教学实践打造成为智育与德育融合的重要阵地,从而实现潜移默化、润物无声的思政教育。

四、财经大数据教学的课程思政设计

面对"为谁培养人"这一问题,财经大数据教学在课程思政设计方面应坚持全过程育人与守正创新。以互联网、大数据、人工智能等为代表的新一轮信息技术革命的到来,使思想政治教育的时空场域发生了深刻变化,思想政治教育理论与实践创新正在经历技术性转化和模式变革。财经大数据专业应紧紧抓住课程建设"主战场"和课堂教学"主渠道",守好一段渠、种好责任田。为此,笔者提出全过程育人与守正创新的财经大数据学科整体性设计:将思想政治教育贯穿专业教育各要素全过程,将专业思政建设纳入专业内涵建设重要范畴;把握专业思政与课程思政的一体性特征,实施一体化战略;基于中国化时代化马克思主义的世界观和方法论,结合专业内涵和外延,制定个性化、有特色的建设方案。

(一) 思政建设的总体设计

财经大数据教学的课程思政,应定位在马克思主义哲学与财经学科具体的专业课程之间,要起到承上启下的作用,即在马克思主义世界观和方法论的指导下,构建财经学科的方法论,然后通过财经学科方法论的教学,培养学生的科学思维,提高学生的专业胜任力和职业素养。具体到财经大数据课程,应借助实例,应用马克思主义的世界观和方法论认知财经学科的本质,根据马克思主义"实践是认识的基础"的论断,对课程的思政结构框架进行总体设计。在学科方法论层面上,课程的思政结构框架与课程的知识结构框架是一致的,能够解决专业课和课程思政"两张皮"的问题,如图3所示。

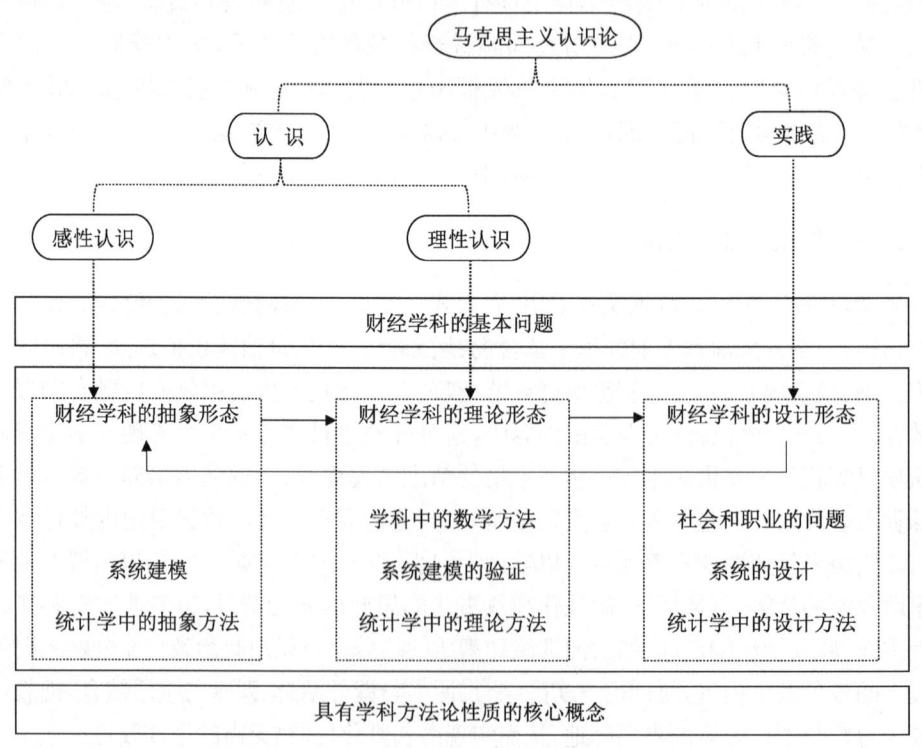

图3　财经大数据教学课程思政的总体设计框架

财经大数据教学的课程思政将财经学科中的抽象形态和理论形态,分别与马克思主义认知论中的感性认识和理性认识相对应,将财经学科中的设计形态与马克思主义认知论中的实践相对应,构建课程的核心内容,借助实例,让学生在专业的实践过程中,掌握并运用马克思主义的世界观和方法论。"科学研究从问题开始"与"实践是认识的基础"是从不同角度得出的不同观点,但其本质是一致的。因此,应将科学问题从抽象、理论和设计三个学科过程中提取出来,构建与三个学科过程具有同等地位的课程内容。认知学科终究是通过概念来构建的,而学科中所有的概念都蕴含在抽象、理论和设计过程之中。因此,应将具有学科方法论性质的核心概念列为课程中单独的章节内容。财经学科中的数学方法、统计学方法、系统科学方法和社会与职业问题都蕴含在学科的三个过程中,并使学科各分支领域形成一个完整的体系。财经大数据课程从财经问题入手,用马克思主义的世界观揭示财经学科的发展规律,培养学生形成正确认识财经学科的世界观和方法论,应用大数据技术,提高学生的专业胜任力和职业素养。

(二) 课程教案的设计方法

在课程教案设计中引入布鲁姆教学目标分类法(Bloom's Taxonomy of Educational Objectives),使教学案例可评估、可衡量和可检验。相较于传统的知识、技能和素质教学的目标分类,采用布鲁姆教学目标分类法的课程设计不仅强调学生被动地接受知识,还突出学生自主地内化知识;不仅强调学生对知识的记忆、理解和应用,还重点强调学生分析问题和解决问题的能力,以及通过不断创新形成独立思考。从学生出发,不断优化教学方式方法,将课程思政教学的关注点标示出来分类别、分层次、阶梯式地教学,实现学生对知识从知道、理解、会应用,到会分析、会综合和会评价的不断深入,对知识从接受、有反应,到形成价值观、并组织更新价值观的递进;实现学生对基本技能从知觉、机械操作、在指导下会做,到独立适应、会自行操作、能创新优化的升华。教学设计框架如图 4 所示。

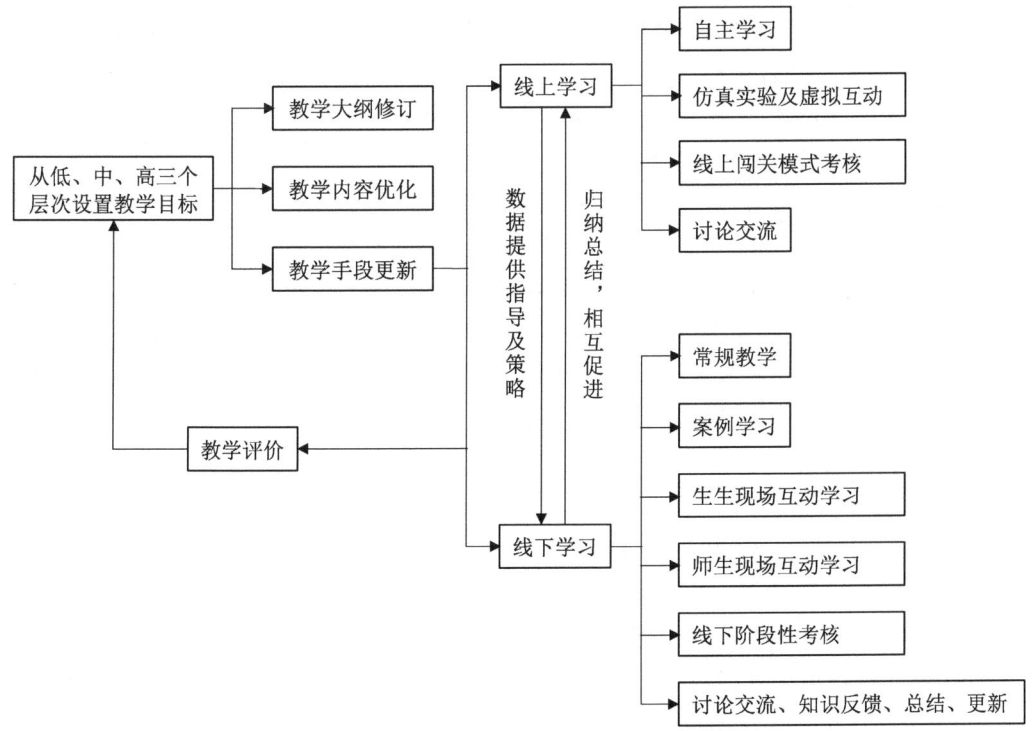

图 4 基于布鲁姆教学目标分类法的教学设计

（1）基于布鲁姆教学目标分类法，修订基础财经课程的现有教学目标及教学大纲。对教学内容进行拆分细化，根据知识点难易程度和相关性，以及可以提供的学习资料，将课程内容分为学生自主学习为主、教师总结分析为辅型，教师讲解为主、学生学习模仿为辅型，以及师生或生生共同探索讨论型。探索线上线下相结合的多元化的混合教学方式，穿插阶段性考核，将课堂逐渐转变为学生主导的形式，以提高学生综合素质。

（2）在财经大数据课程理论及实验课的整个教学过程中利用多种教学手段，有效实现学生对知识从知道、理解、应用、分析、综合到评价的不断深入。首先，在财经大数据课程教学中融入各类专业软件及教具丰富课堂，依托慕课、线上课程中心、仿真实验、实验演示等手段，使学生获得直观的认知，加强师生互动和生生互动，帮助学生更好地知道和理解知识。其次，引入与课程和生活相关的案例，提高学生学习的兴趣，调动学生学习的积极性及探知欲。除此以外，丰富课堂教学环节，利用引导、提问、练习、学生研讨、学生讲授等方式提高学生学习的积极性与参与度，促进知识内化，让学生学会应用和分析知识。采用翻转课堂模式，并增加其在教学中的比例，共享线上课程资源，有效结合线上课程和线下课程的优点，让学生乐于学习，主动探索，学会应用，不断创新，以提高课程的教学效果。最后，可将大班化教学与小班化教学相向融合，便于把控教学进程，保障教学效果。

（3）采用符合新一代学生思维习惯的"闯关式"教学模式。由简到难，设置层层关卡，激发学生的学习兴趣，帮助学生思维由低级向高级转变。通过过程控制，分层次加大难度，及时给予学生评价指导，促进学生逐步提升对知识的认知水平，同时培养学生严肃认真、富有责任心、细心的良好情操。建立"以学生为中心"的教学模式，在传输知识的同时，更好地培养学生的自主学习能力、分析能力及动手能力，真正实现从认知、情感、行为三个方面提高教学质量。

（4）丰富考核方式。将传统的理论考核以期末笔试为主、实验考核以最终操作为主的考核方式改为过程阶段性考核、学生自主学习考核、交流展示考核、操作考核等相结合的综合考核模式，通过多层次考核不断加深学生对知识和技能的认知，让学生有目标、有紧迫感，学会合理分配时间、学会高效学习。

（5）加强课后辅导。充分利用学生的课余时间拓展其知识面，借助微信群、QQ群、网络课程中心等平台，通过讨论、答疑、辅导、思维导图制作、文献查阅、论文撰写等模式及时纠正学生的错误，加深学生对课本知识的理解、调动学生参与学习活动热情，让学生通过自主归纳、查阅资料、小组讨论等方式在积累理论知识的同时扩展思路，学会应用知识解决实际问题。此外，通过课后辅导及交流，增加师生及生生之间的多方位互动，充分发挥学生的主观能动性，有效提升学生的综合能力及评价能力。

（三）课程思政的教学实施

财经大数据学科是一个技术和管理相结合交叉学科。离开管理，精心设计的大数据体系就会形同虚设。财经大数据课程可围绕现状调查、思政元素融入点、教学资源整合、教学环节设置、品性与专业素质培养、时效与综合评价体系构建等环节展开。

1. 对学生实践情况进行调研

大数据时代，数据已成为关键生产要素及数字经济的新动能。财经大数据课程教师应对财经大数据实践环节中学生应用能力、"新财经"数据职业素养等进行调研。通过提问了解学生对财经大数据的理解程度，激发学生对课程内容的兴趣，帮助学生形成全面分析问题的能力。

2. 结合思政题材，整合教学资源和环节

针对传统财经课程的学科导向教学模式中，教学形式单一、实践能力和创新能力发展受限等问题，在财经大数据课程中融入思政元素，按照创新设计的过程来组织理论知识的学习，将陈述性知识与过程性知识整合、理论知识与实践知识整合。在教学内容上，以实际应用带动理论知识学习、以学科相关的概念和原理应用辅助课程的教学与实践环节。在教学手段上，采用课前导学、动画演示、程序跟踪、小组协作学习、师生互动、生生互动等方式动态调整教学节奏，同时结合思政人物事迹，引导学生将知识点与个人价值观相关联。

3. 对学生进行分层教学

根据学生的认知心理和学科设计过程，结合思政元素，设置大数据建模、数学方法、统计分析、职业应用等实践情景，采用案例教学法、问题引导式教学法相结合的教学方法，对学生进行分类分层培养。

4. 设置任务节点，注重过程培养

实时跟进学生实践进展，及时了解学生动态并给予其指导。整个培养过程主要集中在哲学思维培养、个人品性培养、创新意识与激情培养、创新型专业素质培养四个方面。

5. 评价体系建设

通过生活中的例子和典型财经大数据案例，引导学生认识到技术不是万能的，人是系统最大的脆弱点，正确理解技术与管理之间的辩证关系。依据技能与专业素养过程培养，设置任务节点和任务内容。通过设置任务，进行实时考核和点评，激发学生的创新热情。

五、课程思政融入财经大数据教学的前景展望

随着信息化时代的到来和经济全球化的推进，数据存储成本不断下降，数据的总量正在以惊人的速度增长。充分利用隐藏着巨大商业价值的数据资产，提炼出有价值的信息、知识，对提高企业的智能化水平至关重要。因此，运用大数据技术已成为财经学科教学和实践的重要手段。立德树人成效是检验高校一切工作的根本标准。落实立德树人根本任务，必须将价值塑造、知识传授和能力培养三者融为不可分割的整体。全面推进课程思政建设，就是要寓价值观引导于知识传授和能力培养之中，帮助学生塑造正确的世界观、人生观和价值观。财经大数据课程以理论教学和实践教学相结合的教学方式指导学生，重点采用讲授法、理论实践一体化、引导启发式、案例教学、项目教学等教学方法，突出实践应用特色，注重培养学生的批判和探索精神，使学生掌握财经大数据应用知识。通过融入课程思政教育，财经大数据课程能够使学生深刻理解社会主义核心价值观，坚定经世济国的责任感使命感。

参考文献

[1] 齐贵云."三全育人"理念下高校大思政育人格局的构建[J]. 高教学刊，2023,9(8)：185-188.

［2］温广宇，宋宏博. 新时代高校"三全育人"综合改革实践路径探究[J]. 哈尔滨学院学报，2023,44(3)：126-129.

［3］王文斌. 数智时代财经类院校商务分析人才培养模式改革研究[J]. 上海管理科学，2022,44(6)：115-119.

［4］许立兰. 大数据时代智能会计产业学院的产教融合研究[J]. 商业会计，2023(4)：125-129.

［5］习近平. 在中国科学院第十九次院士大会、中国工程院第十四次院士大会上的讲话[EB/OL]. (2018-05-28)[2023-12-01]. https://www.gov.cn/gongbao/content/2018/content_5299599.htm.

［6］中华人民共和国国家互联网信息办公室. 体现数字经济时代要求 推进中国式现代化[EB/OL]. (2023-08-23)[2023-12-01]. https://www.cac.gov.cn/2023-08/23/c_1694445809399314.htm.

［7］马钰璐，王玉娜，邵娅婷，等. 基于Bloom目标理论的应用型高校基础化学课程教学改革研究[J]. 广东化工，2022,49(2)：168-170.

研究生教育

YANJIUSHENG JIAOYU

经济"双循环"背景下MBA软实力人才培养模型构建研究

徐 勤 邵宏轩 吴 伟 许倩倩

(同济大学经济与管理学院)

摘 要:面对复杂多变的社会环境与经济局势,积极培养能够适应新时代发展要求、赋能软实力的优秀人才具有非常重要的现实意义。MBA教育是我国研究生教育体系中的重要组成部分,承担着为我国社会经济的发展培养高素质的管理人才的任务,不断向外输送此类人才。在经济"双循环"背景下,通过梳理国内外MBA教育人才培养的历史与现状,对目前我国MBA人才培养教育存在的问题与不足进行深度分析,明确MBA人才培养的目标,从"3C"软实力的培养、"3D"专业实践能力的培养及"3E"情商的培养三方面构建一套实操性强的MBA人才软实力培养模型。

关键词:MBA;软实力;人才培养;模型建构

2020年5月23日,习近平总书记在全国政协十三届三次会议中第一次明确提出构建国内国际双循环新发展格局的重要战略思想。经济"双循环"将国内需求作为发展的出发点和落脚点,大力推进科技创新,加快推进数字经济、智能制造、生命健康、新材料等战略性新兴产业,逐步形成以国内大循环为主体、国内国际双循环相互促进的新发展格局。2020年10月召开的党的十九届五中全会通过的《中共中央关于制定国民经济和社会发展第十四个五年规划和二〇三五年远景目标的建议》中明确把"加快构建以国内大循环为主体、国内国际双循环相互促进的新发展格局"列为重要战略抉择。在此背景下,我国工商管理硕士(Master of Business Administration,MBA)教育更应注重人才软实力教育,强化专业实践能力培养与人才创造性发展战略,以更强的适应性面对不断变化的经济社会与发展格局。因此,如何提升MBA人才的培养质量,创新人才的培养方式是重要的现实问题,更是MBA专业学位培养单位亟须思考的问题。

19世纪中后期,美国经济快速发展,哈佛大学任期最长的校长查尔斯·威廉·艾略特(Charles William Eliot)担任校长期间,新建了商业管理学院、牙医学院和文理学院,倡导小班授课,从根本上使哈佛大学蜕变为现代美国的研究型大学。艾略特明确提出:"我们要培养实干家和能作出成就的人,他们成功的事业生涯可以大大增进公共福祉。我们不

---

* 本文为2019年教育部、全国高等学校工商管理类专业《教学质量国家标准》实施相关教学研究课题"同济大学工商管理类专业教学质量标准构建及实施研究"(国标2-22)的阶段性研究成果。

要培养世界的旁观者、生活的观众或对他人的劳动十分挑剔的批评家。"这句话深刻揭露了 MBA 教育的实质,工商管理培养商科人才,而不是文学家、社会学家、人类学家、历史学家,管理是一门应用性科学,工商管理专业学位教育的应用性、实践性导向毋庸置疑。结合我国当前经济社会的发展进程,艾略特的教育理念为我国 MBA 人才培养提供了新的思路和方向。MBA 教育不仅教授学生管理知识,注重实践性培养,最终的落脚点是培养具有家国情怀、敢想敢干、富于同理心的未来企业家。至此,总结并推行一套完善、实操性强的 MBA 软实力人才培养模型对于当今高校 MBA 教育具有重大意义。

一、国内外 MBA 人才培养现状

MBA 教育 20 世纪初诞生于美国,致力于培养懂得"科学管理"的职业经理人员。目前国际上越来越多的研究显示,MBA 教育不但有助于管理人员将工作实践抽象成管理理念,并将其与在 MBA 课程中所学知识融会贯通,改善企业文化氛围,优化工作环境,提升工作效率,实现其所在组织的整体效率的提高与效益的增长;还对学习者的创造力与价值实现具有启发和先导作用,对学习者的学业、工作乃至生活产生全面而深远的影响。与较高的成本投入相对应,MBA 教育也被认为是一种高产出、高回报率的企业投资。随着教育机构数量的增加和商业项目类型的多样化,该领域的竞争日益激烈,为 MBA 培养模式的创新提供了动力。在实际的 MBA 教育实践中,哈佛大学、斯坦福大学、欧洲工商管理学院等欧美知名商学院的人才培养模式上不断发展创新。近年来,它们开设了丰富的跨学科联合学位、注重对学员国际化意识的培养,并使培养过程进一步个性化、多样化。通过文献调研可知,2002—2020 年,发表于国际管理教育领域最权威期刊《美国管理学会学习与教育》(Academy of Management Learning & Education)的关于 MBA 教育的学术论文大部分是针对培养模式重要环节的课程体系的研究。可见,MBA 人才培养模式问题在教育实践界与国际学界都是被重点关注的热点问题。

我国的 MBA 教育自 1991 年试办以来,已发展了 30 多年,是我国第一个专业硕士学位。经过长期的实践与发展,我国的 MBA 教育各方面的机制都趋于完善,并取得了一定的成就,为我国社会经济发展输送了大量高素质专业人才,得到了全社会的广泛关注与认可。近年来,我国主要从培养目标、师资队伍质量、培养方式与教学方法、课程设置等方面对 MBA 人才培养模式进行研究、分析和创新。例如,探讨基于行动学习理论的"三位一体"培养模式,探讨和研究 MBA 领导者能力素质结构的培养模式,设计与研究 MBA 专业人才的协同创新培养机制,等等。我国 MBA 教育虽然起步较晚,但发展迅速,受到国内教育界的高度重视,培养水平不断提高,本土化趋势日益明显。然而,人才培养机制需要持续的改革与完善,在这一过程中仍然存在着一系列问题,这些问题在一定程度上阻碍了 MBA 高质量人才培养。

二、MBA 人才培养存在的问题与不足

(一)培养目标泛化,缺乏特色定位

我国 MBA 人才教育的培养目标是培养德、智、体全面发展,适应社会工商企业或经济

管理部门需要的务实型高层次综合管理人才。该培养目标表面上看很明确，实则较为泛化和笼统。过于泛化的培养目标无法体现培养方案的独特性，很多高校在制定和执行MBA培养计划时更重视培养结果的普遍性，导致培养目标模糊、宽泛且缺乏特色，培养结果同质化现象严重。

国外一些著名商学院具有独特的MBA培养目标。例如，哈佛大学商学院致力于培养对世界有影响力的领导者，重点在于深化对商务的理解，培养交流技能和热情，以及先进的实践理念；伦敦商学院旨在塑造未来商界精英，培养商务技能、知识和信心，提升战略性和职能性能力，增强高层管理者在决策与管理过程中的策略有效性与国际化意识，使其成为优秀的领导者和战略管理者。这样的培养目标和方案都体现了一般性与差异性的结合。然而，我国MBA教育的培养目标暂时只做到了一般性，而忽视了差异性，存在培养特色的不够鲜明的问题。

（二）实践教学薄弱，体系建设不足

相关研究表明，目前各单位和企业普遍对MBA学生的能力期望值很高，认为经过系统、专业的培训和教育，MBA学员应具备用人单位和企业管理所需的专业技能，并能够立即进入角色、独当一面，为单位和企业的管理带来明显的改进与提升。然而，现实与理想之间总是存在差距。最新调查显示，中国单位企业对MBA毕业生的满意度很低。单位和企业普遍反映MBA毕业生的理论讨论的能力高于实践能力，无法给用人单位带来实质性的改变。

此外，很多高校的MBA人才培养过程中普遍存在两个问题：一是缺少系统的MBA企业管理实践能力培养相关课程和体系；二是师资队伍的社会实践经历与企业管理经验不足。此外，MBA学员对自身的综合能力及素质缺乏客观的认识，对自己所在单位缺乏深入的研究和准确的判断。上述问题导致学生在遇到实际的企业管理问题时，无法准确地分析、判断和解决，在一定程度上限制了学生综合素质与能力的发展。

（三）忽视情商培养，心理建设不足

当前社会节奏快、压力大，每个人或多或少面临着各种心理问题，如职场竞争、中年危机、婚恋问题、亲子沟通等，处理应对这些心理问题对学生的情商提出了较高要求。现代社会，心理健康教育工作愈发重要，也越来越受到人们的重视。MBA学生是社会群体的一个缩影，随着学费不断增高，学生的经济负担也不断增加。在学习、工作、生活三重压力下，学生与学校、工作单位、他人冲突较多，许多学生的心理状态亟须调整。在复杂多变的环境下，MBA教育除了要推动学生在专业知识、实践能力及软技能等方面有所提升，更需要帮助学生克服消极情绪的干扰，保持积极的情绪和良好心态，高效运用自己的情商。

情商是衡量个体情绪智力高低的指标，能够反映个体控制自身情绪及揣摩、察觉和影响他人情绪的能力，以及在压力情境下的挫折承受能力和应变能力。MBA旨在培养能够更好地服务社会的情智结合的综合型人才。相关研究表明，传统教育观念对情商培养的束缚、家庭和工作事务繁忙导致情商教育被忽视，以及社会负面效应对情商素养的侵蚀，都对学生的情商造成了不利影响。具体表现为合作精神不足、心理素质有待提高、抗挫能力和

自控能力弱、缺乏耐心、学习态度消极和懈怠等。因此，在 MBA 教育中，应更新教育理念，将情商元素融入专业教育，培养并提高学生的情商。

三、构建"3C""3D""3E"软实力培养模型

（一）明确 MBA 人才软实力的培养目标

我国 MBA 教育的培养目标是培养实用型的高级管理人才，具有统领性。各个高校的 MBA 教育，可以依托本校的优势学科、专业，结合自身的发展历史、办学特色、学生特点等因素，制定更加明确、具体、有针对性的培养目标，体现其培养的差异性和特色。同济大学 MBA 教育将人才培养的目标定位为：培养具有全球视野、社会责任感及创新精神，掌握"智能+"时代新型经济管理知识和技能、践行可持续发展、身心健康的业界精英。

（二）构建 MBA 人才软实力培养模型

根据 MBA 人才软实力的培养目标，从点、线、面三个不同的层次逐一推进人才软实力的培养，构建人才软实力培养模型（图1）。"3C"软技能培养是针对学生特点的个性化、精细化培养，属于"点对点"培养；"3D"培养是针对专业方面的实践能力培养，是在管理学专业实践这一条主线上开展的品类丰富的实践性教学；"3E"情商培养是基于学生和社会当前的群体心理特点，在能力培养范围内跨越专业知识的局限，打破壁垒，以完善学生人格培养，促进学生综合素质全方位发展的重要举措。

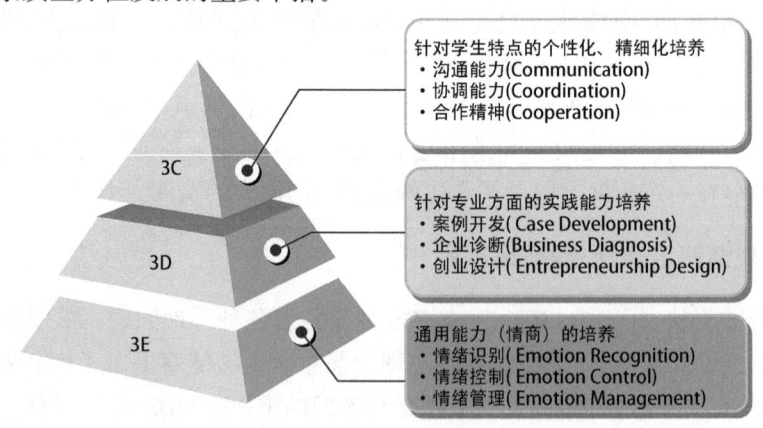

图1 同济大学 MBA 人才软实力培养模型

1. "3C"软技能培养

"3C"软技能（图2）主要是指沟通能力（Communication）、协调能力（Coordination）、合作精神（Cooperation）。MBA 学生来自不同行业、不同职能岗位，对 MBA 教育的理解和期望也存在差异。在 VUCA（Volatility—易变性、Uncertainty—不确定性、Complexity—复杂性、Ambiguity—模糊性）时代，"3C"软技能作为有效工具能够帮助学生完整表达和有效整合、分析信息流，处理易变的、不确定的、复杂的、模糊的事务，是应对变幻莫测的外部环境的关键技能。

"3C"能力是个体与外部世界互动能力发展的三个层次。沟通能力,是指与他人有效地进行信息沟通的能力,是个人素质的重要体现,关系着一个人的知识、能力和品德;协调能力,是指根据工作任务,对资源进行分配,同时控制、激励和协调群体活动过程,使之相互融合,从而实现组织目标的能力;合作精神,主要是在具备沟通能力和协调能力的基础上形成完善的团队协作能力。"3C"中的3个"C"层层递进,共同构成解决问题、完成任务的关键基础。在管理学层面,"3C"能力属于

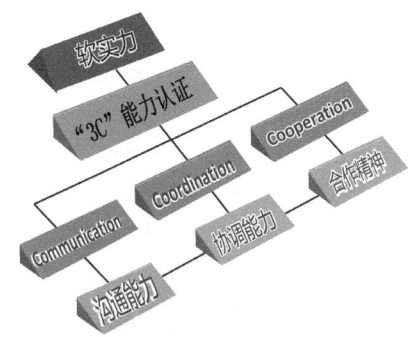

图 2 "3C"软技能培养模式

一种软实力,是成功的项目管理、企业管理活动中不可或缺的能力。因此,通过具体的课程设置和教学来有针对性地培养学生的"3C"软技能非常必要,此举也能增强学生的综合能力。

首先,将沟通能力、协调能力、合作精神纳入 MBA 教育的培养目标,根据学生的特点,专门设置"3C"认证的学习目的和目标,进行个性化、精细化的培养,并将其作为"3C"认证考核的标准。其次,一方面,打造"3C"软技能的课程模块,设置"管理沟通""跨文化管理""应用心理学""商务礼仪""社会心理学""国学文化"等人文社科相关课程,更新原有课程体系;另一方面,邀请名师、业界专家、企业家等开设培养"3C"软实力的相关系列讲座,同时将 MBA 优秀校友引入"3C"认证专家组,从新生团队拓展着手,通过丰富的拓展活动有意识地培养学生的"3C"软技能。最后,在 MBA 学生的培养计划中增加"3C"能力学分,并与培养方案相互衔接。学生通过"3C"认证后,可获得相关课程学分和必修环节的学分,并获得"3C"认证证书,真正实现认证"可视化"。

2. "3D"专业实践能力培养

在现有的 MBA 教学模式研究中,实践性一直是重点。管理学家彼得·德鲁克(Peter F. Drucker)曾说,管理的本质就是实践。培养 MBA 人才,最重要的是将知识、实践相互贯通。在 MBA 的培养模式中,通过案例开发(Case Development)、企业诊断(Business Diagnosis)及创业设计(Entrepreneurship Design)相互交叉融合培养,可以帮助学生真正实现知行合一、学以致用。

目前,我国经济快速发展,腾讯、阿里、百度、小米、华为等大型民营企业异军突起,众多中小型企业也如雨后春笋般发展,为管理学的案例开发提供了丰富的第一手素材。开发新时代背景下的本土化案例,不仅增加了案例的数量,更为学生提供了与时俱进的教学内容,为 MBA 案例教学打下了坚实基础,是 MBA 实践性教学的有力支撑。在具体的培养过程中,案例实践与开发将作为重要的基础阶段课程,能够帮助学生全面了解一个企业的运作模式。在学习过程中,将由具有丰富实战经验的教师和企业高管联合指导,引导深入企业日常运营,撰写优秀的案例报告。通过企业走访、调研学习,近距离接触案例企业的高管及创始人,帮助学生思考和判断未来的职业生涯。

企业诊断是切实培养 MBA 学生实践能力的重要手段,针对有志于成为职业经理人的学生开展企业问题诊断分析的教学服务工作。学生带着其所在企业的实际问题来到课堂,通过教师和学生的共同探讨和分析,找出企业发展所面临的问题及其原因,并提出解决方

案。教师对学生所在企业遇到的相关问题进行精准分析,通过开展身临其境的实践教学活动,调动学生的积极性,并帮助学生解决职场上的企业管理实际问题,真正实现学以致用。

在未来创业设计过程中,应打破原来学院、学科的界限,实施学院间联合培养,师资选择来自不同领域、不同学科范畴的学者和业界导师,实现学科协同,整合校外优质资源,如创业基金会、产业孵化园、创业谷及投资平台,营造良好的创新创业生态圈。同时,要与国际知名创业商学院合作建设课程,参加有影响力的国际创业赛事,了解国际最新创业思维模式及动向。

3. "3E"通用能力(情商)培养

基于专才和通才的培养理念,"3E"通用能力(情商)的培养实际上是以学生为中心,为培养和提高学生应对心理问题的能力,加强对 MBA 学生的情商培养,完善其人格发展的培养方式。情绪识别(Emotion Recognition)是指能够正确识别并熟悉自己的情绪,明晰自己的情绪和行为对他人产生的影响,可以与他人进行良好的互动交流。情绪控制(Emotion Control)是指有较强的情绪理解和情绪驱动能力,善于觉察他人的情绪感受,富有同情心,做事积极主动,能够充分调动自己的精力和活力,可以有效地关心他人,迅速感染和影响他人,使人保持高昂的情绪,设定合适的目标,引导团队向着特定目标前进,高效率地完成任务。情绪管理(Emotion Management)是指对自身情绪的管控与处理,懂得灵活应变,即使在压力下,也能够保持冷静,快速从生活的挫折和烦恼中恢复过来。

在情商的培养过程中,我们可以重点通过两个方面去革新。一方面,通过举办与情商素质相关的特色课程,如心理健康教育、职业设计与规划、人际交往、演讲与口才、商界名人奋斗历程等专题课程或讲座,让 MBA 学生掌握基本的情商理论和认识到情商培养的重要性。另一方面,进行个性化教学,采用灵活多样的教学方法,开发学生的情商潜能。尊重学生个性,因材施教,有针对性地进行情商培养,让学生认识到自身的情商优缺点,同时让学生找准自身情商培养的方向,适当采用模拟教学、情境教学、游戏教学等新的教学方法,突出情商内容,通过实际课堂情感体验培养学生的情商,让学生学会自我反思、自我调节和自我激励,从而帮助学生提升自身的情商水平。此外,将情商水平的考核纳入课程考核,评价课堂活动中学生所表现出来的细心、耐心、毅力、抗挫折能力、人际关系能力、团队合作等行为表现与综合能力,从而实现综合评价学生的素质与能力。

四、MBA 人才培养策略建构

(一) 加强师资队伍建设,完善学位政策机制

加强 MBA 导师队伍建设,切实提高 MBA 导师团队"导学导研"意识与能力。一支适应 MBA 综合教育的高素质师资队伍是提升 MBA 总体教育水平的关键。相比于学术学位硕士研究生教育,专业学位硕士研究生教育具有双重属性,需要在人才培养中将学术性与实践性相结合。因此,在 MBA 师资队伍建设方面,不仅要重视深厚理论素养的学术型导师队伍建设,还要培养能充分把握经济发展趋势及未来职业发展需求的实践型师资。MBA 导师团队既要帮助学生夯实产业相关理论基础,又要成为学生实践拓展与职业入场的领路人。各 MBA 培养单位应积极引导教师深入业界,促进理论的实践化与实践

的理论化,提升教师解决实际问题和进行理论创新的能力,从而提升MBA师资队伍整体建设水平。

完善MBA学位政策机制,积极探索经济"双循环"背景下创新教育模式。一是MBA教育的培养核心在于经济需求下的高级人才教育培养机制,人才培养要服务于社会经济的发展。因此,在发展MBA教育的过程中,学校应加强与企业的合作,积极与相关企业建立联系,完善相关学位政策机制,使学校和企业在联合培养MBA研究生方面互利共赢。二是应积极加强与国外高校的交流,着重学习国外高校的相关理论,借鉴国外高校与企业合作人才培养的经验,尤其是德国、美国、英国和日本等发达国家MBA培养机制,完善MBA海外游学学位政策机制,积极探索符合我国国情的MBA教育模式。

(二) 优化课程体系,促进培养模式特色化

当前我国MBA教育在培养模式、课程设置与教学方式等方面均存在诸多问题,而经济"双循环"战略要求MBA教育需建立一套特色化培养模式,并形成与之相适应的课程体系、教学方略与导师指导方式,从而使MBA培养质量满足国家重大战略与社会经济发展的需求。优化课程体系是高校MBA教育规划的核心,是MBA教育体系科学性建构与创造性改革的总体过程。MBA教育要将强化实践创新能力培养贯穿整个教育过程。在课程中更加强调和突出实践能力的培养,是MBA教育的改革方向,在培养计划中整合课程理论教学和各实践环节,构建一套全新的、以淬炼创新能力为特色的MBA教育培养体系。

在MBA招生录取方面,国家可以赋予高校更多的招生与培养自主权。在MBA课程设置和教学方式上,应注重理论联系实际,加强对学生实践能力的培养;实行双导师制,使MBA学生既接受学校教师的学术指导,又接受相关企业导师的实践指导,使专业学位硕士研究生课程教学与企业实践无缝接轨。在授课方式上,突破传统教育教学方式,营造身临其境的授课环境,再现企业实际情景,让学生通过"表演"的方式将抽象的课程学习转化成现实模拟,增强学生实践发展认知,在解决实际问题中调动学生学习的积极性,强化学生问题意识与解决问题的能力,促进经济"双循环"背景下MBA学生综合素质的培养。

(三) 建立专业实践基地,加强校企合作

实践基地是MBA教育教学中开展专业实践的重要载体和基本保障,对提高MBA学生的实践研究与创新能力起着重要的作用。作为思想政治教育实践育人的平台,实践基地也是研究生思想政治教育实践育人的重要媒介。MBA教育实践基地的建设要注意以下三个方面:首先,实践基地要兼具历史性与时代性;其次,实践基地的选择要在传承的基础上创新;最后,还要注意提倡多方共建原则,加强高校与地方政府的合作,签订"社会实践基地合作协议",多维度保障高校与实践基地合作的长期性和稳定性,充分利用实践教学基地,以发挥其MBA教育教学实践育人功能。

贝弗里奇认为,"成功的科学家往往是兴趣广泛的人。他们的独创精神可能来自他们的博学,独创精神往往把原先没有想到有关联的观点联系起来。"在信息化进程日益加快的当下,提升专业学位硕士研究生的综合素质和实践能力是社会对高层次人才的要求。MBA教育中,学校应与企业加强合作,通过建立专业实践基地等方式与企业建立联系,加快完善

相关政策机制,强化校企之间的深度交流,为 MBA 学生创造更多的实践机会。

五、结语

在复杂多变、经济结构转型升级的背景下,社会经济发展与技术进步对 MBA 人才的培养方式和培养目标提出了新的要求。为适应新时代,应培养优秀的管理人才服务国家和社会经济发展。本文通过探讨国内外 MBA 教育人才培养现状,针对目前 MBA 教育存在的目标泛化、缺乏特色定位、实践教学薄弱、体系建设不足及忽视心理能力、情商培养等不足进行分析和研究,明确 MBA 人才培养的目标,从"3C"软实力的培养、"3D"专业实践能力的培养和"3E"通用能力(情商)的培养三方面构建 MBA 人才软实力培养模型,以促进 MBA 人才培养质量的提高。

参考文献

[1] 张永吉,李树平,邓慧萍.国内外专业学位研究生培养模式对比与思考[J].当代教育实践与教学研究,2020(3):79-80.

[2] 马若为,王璐,郑俊亮.美国商学院 MBA 人才培养模式的特色分析及国际借鉴[J].中小企业管理与科技(中旬刊),2016(1):179.

[3] 张爽.我国 MBA 教育培养模式存在问题与优化研究[J].人才资源开发,2016(2):184-185.

[4] 张海报.工商管理专业应用型人才培养存在的问题及对策研究——以武汉工商学院工商管理专业为例[J].科技创业月刊,2016,29(15):79-81.

[5] 宋伟,周海滨,陈传军.专业学位研究生教育服务质量影响因素研究——以 MBA 教育为例[J].中国高教研究,2013(2):46-50.

[6] 朱元双.基于加强情商培养的本科工商管理类专业人才培养方案研究——以市场营销专业为例[J].湖南商学院学报,2014,21(6):100-103.

[7] 徐振浩.MBA 教育改革探索与实践——以浙江工业大学为例[J].高教学刊,2016(13):103-104.

[8] 刘中艳,李文佳.基于胜任能力的 MBA 培养模式创新研究[J].创新与创业教育,2014,5(2):1-2.

硕士专业学位论文质量提升路径探索
——基于论文评阅意见分析*

徐　勤　张新玲

（同济大学经济与管理学院）

摘　要：学位论文质量是研究生学习成果的重要指标，是研究生能否通过答辩进而获得学位的主要依据。本文通过对1500份硕士专业学位论文答辩前专家评审意见进行分析，详细解读了评审意见为"不同意答辩"及"修改后同意答辩"的具体情形，分析学位论文中存在的常见问题及影响论文质量的主要因素，进而有针对性地提出硕士专业学位论文质量提升的全过程管理及实施路径。

关键词：专业学位；评审意见；典型特征；论文质量

一、引言

我国专业学位研究生教育政策演进可划分为孕育、创建、规范、改革四个阶段，经历了从探索走向规范，从"需求优先"转向"质量优先"的发展历程。为更好地满足经济建设和社会发展对不同行业背景、不同规格及不同类型的高层次专门人才的迫切需求，自2009年起，教育部扩大以应用型、复合型为主的专业学位硕士研究生的招收规模，研究生教育开始普及。然而，专业学位硕士研究生主要是非全日制硕士研究生，其课程学习和学位论文撰写都是利用业余时间完成的，且在学位论文撰写方面缺乏系统的指导，导致其学位论文多存在选题不科学、内容缺乏创新性、写作不够规范等问题。本文将通过硕士专业学位论文送审中评审专家提出的评阅意见，归纳、提炼硕士专业学位论文中存在的问题与不足，以此为切入点，探讨硕士专业学位论文质量提升的具体路径。

---

* 本文为教育部"创造力与创新创业融入新工科人才培养的理念、模式与路径研究"（项目编号：E-CXCYYR20200924）、2021年同济大学研究生教育改革与研究项目"专业学位研究生论文学术道德风险防范问题研究"（项目编号：2021GL04）的阶段性研究成果。

二、专业学位论文质量的基本要求及特点

(一) 专业学位论文质量的基本要求

学位论文是检验专业学位研究生学习成果的重要指标,而论文的质量是专业学位研究生能否通过答辩,获得学历及学位的主要依据。1987年全国文献工作标准化技术委员会发布的国家标准《科学技术报告、学位论文和学术论文的编写格式》(GB 7713—87)指出:"学位论文是表明作者从事科学研究取得创造性的结果或有了新的见解,并以此为内容撰写而成,作为提出申请授予相应的学位时评审用的学术论文""硕士学位论文应该能够表明作者确已在本门学科上掌握了坚实的基础理论和系统的专门知识,并对所研究课题有新的见解,有从事科学研究工作成独立担负专门技术工作的能力"。《科学技术报告、学位论文和学术论文的编写格式》从学位申请者的理论素养、创新性和研究能力几个方面提出了要求,较为科学与合理,一直沿用至今。

学位论文一般包括学士学位论文、硕士学位论文和博士学位论文。而硕士学位论文因更加强调研究性而且数量众多,引起了社会的广泛关注。硕士学位论文分为学术型学位论文和专业型学位论文。这两种论文因培养目标和标准不同而具有一定的差异性。2009年,教育部发布《关于做好全日制硕士专业学位研究生培养工作的若干意见》,指出专业学位研究生的培养目标是:"掌握某一专业(或职业)领域坚实的基础理论和宽广的专业知识、具有较强的解决实际问题的能力,能够承担专业技术或管理工作、具有良好的职业素养的高层次应用型专门人才",同时指出:"学位论文选题应来源于应用课题或现实问题,必须要有明确的职业背景和应用价值";学位论文的形式"可以多种多样,鼓励采用调研报告、应用基础研究、规划设计、产品开发、案例分析、项目管理等多种形式";"学位论文字数可根据不同专业学位特点和选题灵活确定"。

2017年,上海市学位委员会发布《上海市硕士专业学位论文基本要求和评价指标体系》,对金融硕士等36个类别的专业硕士学位论文的基本要求及评价指标体系等提出规范性的指导意见。高校各培养单位应依据自身专业学位培养的特点,构建本专业的学位论文评价指标。同时实行学位论文"双盲"评审制度,即学位论文送审时,要求隐去学位申请人姓名、学号及导师姓名等信息,只根据论文的研究内容和研究方向,选择相应学科领域具有扎实专业基础知识和研究能力的两位评阅专家对论文质量是否达标作出匿名评定。这种"双盲"评审制度,以双方互不知晓为前提,能够使评审专家给出的论文评审意见更加客观真实地反映出学位论文存在的问题和不足之处,成为评价论文质量的有效手段。

(二) 专业学位论文与学术学位论文的主要不同点

专业学位研究生和学术学位研究生的培养目标差异导致二者的培养方式存在不同,二者培养方式不同则导致二者学位论文质量要求不同,主要差异见表1。

表 1　　　　　　　　　专业学位和学术学位教育的主要差异

序号	不同点	专业学位研究生	学术学位研究生
1	培养目标	培养具有明显职业背景的工作者	培养学术研究型人员
2	培养方式	以专业实践为导向,重视实践和应用	按学科设立,以学术研究为导向
3	课程设置	以实际应用为导向,以职业需求为目标设置课程内容	以科研为导向,以理论基础性、系统性为核心设置内容
4	教学方法	重视实践与实训,注重能力培养	学术理论与逻辑
5	论文形式	形式多种多样,包括调研报告、案例分析等	理论创新的学术性论文

注：专业学位论文质量监测指标源于 2017 年上海市学位委员会发布的《上海市硕士专业学位论文基本要求和评价指标体系》；学术学位论文评价监测指标来源于教育部学位论文质量监测平台官网：https://lwss.cdgdc.edu.cn/#/thesis/archives/review/assess/index(2022 年 3 月 1 日访问)。

根据表 1 可知,专业学位教育和学术学位教育在培养目标上的不同,导致专业学位和学术学位在人才培养方式、课程设置、教学方法及论文形式等方面存在较大不同。专业学位教育特点是学术性与职业性紧密结合,培养具有明显职业背景的工作者,如工程师、会计师等。培养方式以实践为导向,注重理论与实务操作的结合,案例教学、模拟教学、现场教学等都是专业学位教育最为常见的方法。在导师制度方面,专业学位教育往往要求来自实务界的实践导师和来自学术界的理论型导师密切合作,共同指导研究生论文写作。学术学位教育主要培养从事科学研究的人才,注重理论功底的积淀和对知识的系统性学习,培养的学生具有针对某一个知识点开展深入学习和探究的能力。

学术学位教育和专业学位教育的较大差别还体现在学位论文的形式上。专业学位教育要求学位论文内容与本领域实践工作相结合。所研究问题应来自实践,最好能够与自身工作相结合,而并非像学术型学位论文那样更多出于兴趣。专业学位论文的形式多种多样,常见形式包括案例分析、产品开发设计、调研报告等。而学术学位论文更加强调科学理论研究与学术成果的原创性,形式相对传统。

(三) 专业学位论文在质量指标上的特点

专业学位教育与学术学位教育理念及教育目的、方式方法的差异导致二者学位论文的要求也不一样,具体差异表现见表 2。

表 2　　　　　　　学术学位论文与专业学位论文评价指标比较

序号	评价指标	学术学位论文	专业学位论文	比重
1	选题与综述	选题具有前沿性和开放性,理论意义或现实意义;文献综述清晰	选题源于本领域现实问题,问题提炼和表达准确,研究范畴和目标清晰,有明确的现实背景	20%
2	应用性	具有理论意义或现实意义	提出的解决方案具有实际应用价值,有一定社会效益和经济效益	30%

(续表)

序号	评价指标	学术学位论文	专业学位论文	比重
3	创新性	论文学术观点的创新；论文科研方法或技术的创新；论文成果的创新	运用新视角、新方法进行探索研究，有新的见解	20%
4	基础与方法	理论基础坚实宽广程度和专业知识系统深入程度，论文研究方法的科学性	研究方法规范，对策建议和实验方案具有可操作性，工作量饱满	20%
5	规范性	引文规范性、学风严谨性、论文结构逻辑清晰，文字表述准确、流畅	文字表达清晰，论证分析严密，结构合理；引证真实规范、资料运用准确	10%

注：评价结论分为优秀、良好、合格、不合格四种。优秀≥90分，75分≤良好<90分，60分≤合格<75分，不合格<60分。专业学位论文质量监测指标源于2017年上海市学位委员会发布的《上海市硕士专业学位论文基本要求和评价指标体系》；学术学位论文评价监测指标来源于教育部学位论文质量监测平台官网：https://lwss.cdgdc.edu.cn/#/thesis/archives/review/assess/index(2022年3月1日访问)。

根据表2可知，由于学术学位和专业学位培养目标不同，学术学位论文和专业学位论文的监测指标也不一样。在选题与综述方面，学术学位论文要求选题具有前沿性和开放性，以及理论意义或现实意义；对国内外本学科领域发展现状作出很好的归纳、总结。而专业型论文要求选题源于本领域现实问题，问题提炼和表达准确，研究范畴和目标清晰，有明确的现实背景，对相关文献有一定的了解。在应用性方面，学术学位论文的要求并不具体，具有理论意义或创新意义即可，而专业型论文对于应用性的要求相对较为具体，要求提出的解决方案具有实际应用价值，研究成果有一定社会效益和经济效益。

在创新性要求方面，学术学位论文重点考察论文在学术观点、研究方法及研究成果方面的创新，要求相对较高；而专业型论文仅要求运用新视角、新方法进行探索研究，有新的见解即可，要求相对较低。在基础与方法方面，学术学位论文重点考察理论基础坚实宽广程度和专业知识系统深入程度，论文研究方法的科学性，引证资料的翔实性及论文所体现的作者独立从事科学研究的能力等方面；而专业学位论文要求研究方法规范，提出的对策建议和实验方案具有可操作性，工作量饱满。在规范性方面，学术学位论文和专业学位论文的要求大同小异，均提出要求引文的规范性、学风的严谨性、论文结构的逻辑性、文字表述的准确性和流畅性等。本文将采用实证方式具体研究硕士专业学位论文的质量问题。

三、硕士专业学位论文评审中的问题及分析

由于专业学位论文涉及的学科非常广泛，本文不可能面面俱到。本文以2019—2021年上海高校硕士专业学位论文的答辩前评审结果为研究对象。通过校际交流获得了复旦大学、上海交通大学、同济大学、上海大学及上海理工大学等高校的5个管理类专业学位项目（MBA、EMBA、MEM、MBP和MF）的论文评审结果，基本反映了上海各层次高校管理学科领域专业学位论文的质量情况。

本文共提取评审意见1500份，其中465份评审意见为无条件的"同意答辩"。1035份论文被专家评审为"有问题"论文，具体分为"附条件答辩"和"不同意答辩"两种情况，分别

占总样本数的42%和28%。本文把评审意见结果为"不同意答辩"和"修改后可参加答辩"的学位论文视为"有问题"论文。可以看出,"有问题"论文的占比相当大,占总数的69%。

通过进一步分析归纳可以看出,"有问题"论文主要表现为选题不科学(占比10%),规范性欠佳(占比42%),文献综述不充分(占比20%),创新性不足(占比25%),其他因素占比3%(图1)。

本文将从选题不科学、规范性欠佳、文献综述不充分、创新性不足四个主要方面分析研究硕士专业学位论文存在的问题与不足,探讨硕士专业学位论文质量提升的具体路径。

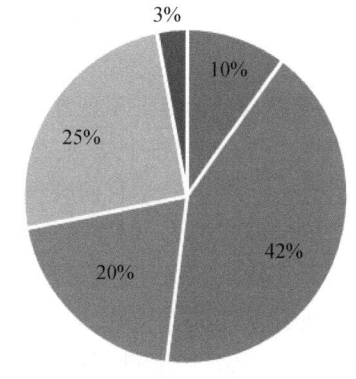

图1 "有问题"论文原因分布情况

(一)选题不科学

选题是整个学位论文撰写工作开展的第一步,主导着论文的核心走向,也是学生积累丰富的文献资料后的第一次思想井喷。硕士专业学位论文选题应源于其所在领域的现实问题,问题提炼和表述要准确,研究范畴和目标要清晰,现实背景要明确,研究结果要具有科学性及价值性。在论文评审阶段,出现选题方面的问题对于学生来说是非常被动的,有可能要重新调整题目或者重新开题。这些都是开题阶段没有严格把关造成的后果,是环境、制度、心理和行为等多种因素共同作用的结果。在"有问题"的论文中,表现为选题不科学的占比10%,主要表现在以下几方面。

1. 选题过大

"选题过大"是硕士论文选题中最为常见的问题(没有之一)。论文选题范围过大,会造成论文研究的问题和对象不明确,无法聚焦主题,只能泛泛而谈,不够深入,甚至内容有些文不对题。例如,一名学生以"创新成果的定价机制研究"为题撰写学位论文。他重点介绍了什么是创新成果,其特点是什么,定价机制有哪些,如何将这些机制用于创新成果的价格拟定。两位评审专家均以"研究范围过宽,研究对象不稳定"为由不同意该生参加学位论文答辩。根据论文框架可知,该生看似按照一定的逻辑写作,但是"创新成果"和"定价机制"是两个特别宏大的研究范畴。一篇5万字左右的硕士学位论文几乎不可能提出"具有实际应用价值的解决方案"。如果作者能够进一步缩小题目,聚焦研究客体,论文质量可能会好些,例如可将题目定为"发明专利的评估机制研究"。这个题目一方面把"创新成果"聚焦到"专利部分"再到"发明专利"这一具体的客体;另一方面把定价机制这个非常宏大范畴缩小为"评估机制"这一次级范围,更加容易把握。

2. 选题较为陈旧

"选题较为陈旧"主要是对于所研究问题没有进行很好的梳理造成的。专业学位研究生特别是在职研究生没有足够的时间进行文献综述,往往从自己的经历出发,凭自我感觉选题,导致所选择的研究主题是其专业领域十几年前已被研究过并形成定论的主题。这类选题缺乏创新性,未能紧跟学科专业发展潮流,常常会被专家否定。如评审专家对某篇

MBA论文的评语为:"论文选题没有明显的研究价值,题目过于陈旧,实用性及研究意义不大。"

3. 选题与所修专业不匹配

在学术研究中,每个学科经过长期的发展都形成了较为固定的研究范式。研究范式是指具有一定共识的学科研究规范,其既具有通用性也具有指导性。管理学作为一门社会科学虽然源于西方,但在各国的实践与发展中,又形成了与具体的治理实践密切结合的不同国别特点。学生在研究选题的过程中,最好也选择管理学领域的主题,以便更好地追求研究范式的一致性。选题与所修专业不匹配主要表现为论文选题与所修专业的培养要求不一致,未能针对所学专业具体的实践问题进行分析与研究。如评审专家对某篇金融硕士论文的评语为:"《空气污染对肺结核发病率的影响》一文选题与作者所修的金融专业学位论文要求不一致,更像一篇工商管理类学位论文,而非金融类的选题,建议作者更换题目。"

(二) 规范性欠佳

规范性是学位论文撰写的最基本要求。学术论文所要表达的内容应能够反映某一学科领域或专业范围内的科技活动或成果。随着国际化进程的不断深入,学术论文需要有被普遍接受和认可的形式与规范。因此,学术论文规范的重要性不言而喻。在"有问题"论文中,"规范性欠缺"的论文占比非常大,达到"有问题"论文的42%。具体表现三个方面:逻辑不清晰、引证不规范和语言不规范,占比分别为10%、20%和12%。

1. 逻辑不清晰

研究是一个论证的过程,论证是一个严密的逻辑思维过程。不少专业学位硕士论文缺乏严密的逻辑思维,行文如天马行空般偏离论文的主线,使得内容缺乏深度。学位论文必然要有一个贯穿逻辑主线的核心观点,具体论证都围绕着这个核心观点展开,所有材料的目标都是指向这个核心观点。与论点无关的论据材料再好都没有意义,无益于论文逻辑的形成与顺畅。在学位论文专家评阅意见中,经常能看到"逻辑混乱""逻辑性差""论据与论点无关""结论较为突兀""文不达意""材料与研究问题不相符"等,这些都是论文逻辑方面存在的问题。在"有问题"论文中,这部分论文的占比为10%。

2. 引证不规范

在"有问题"论文中,引证不规范的论文占比20%,主要体现在论文中的资料引证不规范、参考文献老旧及数量不足两方面。首先是资料引证不规范。在论文撰写过程中,需要正确、规范地引用他人的话语或成果,并明确注明其确切的出处,既是对他人科研成果的尊重,也能体现作者严谨的学术态度。然而,在"不合格"论文中,参考文献并未在文中标出实际引用位置,或是引用内容不能与文献一一对应,参考文献与论文内容相关性小、匹配度低,只是简单地罗列,导致无效引用。如某篇MBA论文评阅意见为:"参考文献列表中的期刊论文、专著等均没有标出卷、期、页码,字体和行间距等都存在诸多错误,建议将文章从头到尾仔细排版修正。"其次是参考文献老旧、数量不足。在"不合格"论文中,参考文献老旧,大多是10~15年的文献,近5年的文献占比较小、档次低,且中英文文献比例失衡。如某篇MEM论文的两个专家评审意见为:"所列的参考文献大多是凑数的,与论文内容相关性不强,字数太少,工作量不够""参考文献写作不规范、相关性不强,字数太少,只是凑数,工作量不够"。

3. 语言不规范

不同于日常生活中的口语表达,学位论文的语言表达具有一定的学术规范性,需要用学术性的规范语言清晰表达与释义。例如,在法学领域,专家学者经常强调写论文要"法言法语",就是说要使用法律语言写论文,而不能采用口语化的表达。在"有问题"论文中,语言不规范的论文占比15%,主要表现在以下两方面。

首先是语言表达口语化。学位论文最基本的要求是使用学术性的书面语言进行论文撰写,但在"有问题"论文中,语言表达口语化现象较严重,许多专业名词表述不当,未能用学术性、规范性的语言表达论文的基本观点。如某篇EMBA论文的盲审评语为:"论文的摘要、正文中口语化现象较严重,如第37页、第42页'我司的规章制度''出现较为不错的收效'等,未使用规范性的学术语言,请认真修改。"其次是语言表达不准确、不精炼。在"有问题"论文中,语言表达不准确、不精炼问题较为突出,存在语言表达混乱、语句不通顺等无法准确地表达论文的基本观点的情况。如某篇学位论文的专家评语为:"作者学术语言表达基础薄弱,整篇论文语法错误比比皆是,如第41页'我将从自身和其他老师的帮助'意义不明,请仔细通读全文,注意语言表达的准确性和完整性。"

(三) 文献综述不充分

文献综述是在对论文选题所涉及的研究领域的文献进行广泛阅读和理解的基础上,对该研究领域的研究现状、新趋势、新技术和发展前景等内容进行综合分析、归纳整理和评论,并提出自己的见解和研究思路。因此,撰写文献综述时,既要以当前课题的进展为纵线,又要从国内到国外进行横向比较,再综合分析归纳,才能把握论文所研究问题的发展规律及发展趋势。在"有问题"论文中,文献综述不充分的论文占比20%,集中表现为以下两个方面。

1. 文献综述偏离主题,缺乏条理

文献综述是对论文所研究的主题,某一特定领域中已经被研究过的信息、国内外相关研究动态及权威学者的观点,进行系统的展现、归纳与评述。"不合格"论文表现在文献综述偏离主题,内容较乱、缺乏上下文联系,只是对国内外研究现状和有关的研究成果进行简单的罗列与堆砌。如专家对某篇学位论文的评阅意见为:"文献综述缺乏研究脉络,结构较为混乱。"

2. 文献综述"只述不评"或评述不充分

文献综述中的"只述不评"现象比较多,缺乏对论文所研究问题领域的学术界研究动态的必要评价。如某篇EMBA论文的评阅意见为:"文献综述仅简单地复制和引用,无法体现出作者在前人研究基础上的推进,所得出的结论也无法支撑文章后续研究的开展,建议作者增补对已有文献资料的个人评述。"好的文献综述,不但可以为下一步的学位论文写作奠定坚实的理论基础,而且能体现作者对既有研究文献进行归纳分析和梳理整合的综合能力,从而有助于提高盲审评阅专家对学位论文水平的总体评价。

(四) 创新性不足

创新性是一篇学位论文的本质和生命力所在,在很大程度上决定着论文的质量。专业学位论文在创新性方面的要求虽然不如学术学位论文严格,但也应立足本专业的研究背景,运用新视角、新方法,提出新的见解,形成有一定的社会效益和经济价值的研究成果。在"有问题"论文中,创新性不足的论文占比20%,主要体现在以下两个方面。

1. 创新点不具体

创新点不具体主要表现为:部分专业学位的论文的创新点不够突出;论文内容虽然有一定的创新性,但作者未能很好地总结自己的创新点等。如某篇 MEM 论文的评审意见为:"文章所用技术方法,均已有成熟的理论支撑,但文章的理论创新不足,还要再说明一些。"另外还要注意论文创新点与论文内容是不同的。例如,有的论文在总结创新点时指出本文"研究了什么问题""运用了什么方法""得出了什么结论"等,但这些都不是论文创新点的论述方式,而是摘要的写作模式。

2. 创新性缺失

部分学位论文只是机械地重复或复制原有的研究成果,缺乏作者个人原创性内容,有的甚至出现提出的创新点不成立的现象。如某篇管理类硕士专业学位论文的专家评审意见为:"论文研究内容和研究方法较为传统,缺乏创新性,建议根据研究成果提出新的见解。"

四、专业学位论文质量提升路径

(一) 优化培养方案,完善课程体系

课程体系是研究生教育的基础,良好的课程体系有助于研究生构建知识框架、培养创新能力、提高综合素质。论文评审中暴露出研究生基础知识不牢固、论文撰写不规范、研究方法不科学等问题。可以通过优化培养方案、完善课程体系来解决这些问题。

1. 增设论文写作课

培养单位可以根据论文类型及研究方向,在培养计划的必修环节中增设有针对性的论文指导课程,避免学生出现论文写作不规范、文献检索能力不足等问题,强化学生的科研写作训练,为学生提供必要的意见反馈,提高学生的论文写作能力。

2. 开展论文分类指导专题讲座

开展多种形式的论文专题讲座、名家讲坛,指导学生做好论文选题相关工作,查阅、收集文献资料等,并为学生讲授不同形式论文的撰写方法,提供优秀论文作为科学示范。同时,加强对学生学术态度及学术行为不端的警示教育,使学生树立正确的学术观。

(二) 加强导师队伍建设,建立多元的论文评审体系

1. 加强导师责任制及实施"双导师"制

导师是研究生培养的第一责任人,其应在学生论文撰写的各关键环节进行全方位全过程的质量监控。培养单位也可选聘具有丰富实践经验的行业内精英人士担任校外导师,校

内外导师共同参与硕士专业学位论文的开题、评审、答辩等工作，建立有效的"双导师"指导模式。并把导师指导硕士专业学位论文的质量及学生满意度等纳入导师的考核指标中，从而在制度层面要求导师重视研究生培养，提高研究生培养质量。

2. 改善论文指导偏"学术型"倾向，建立多元评审体系

由于招生规模的扩大，很多高校的师资力量都在一定程度上处于紧张状态，呈现"一对多"的导师指导模式，且多数导师是专业型和学术型研究生兼带，这使得导师在指导或评审专业学位论文时，出于惯性地以学术学位论文的写作模式或评审标准为导向。加之多数培养单位发布的不同形式的专业学位论文原则性说明，都只是在观念上认同多种类型的学位论文应当并存，但在实际操作中，又存在对不同形式的论文使用相同的评审标准，或评审教师会用自己的标准来评价论文质量的情况。针对这些情况，一是要根据不同类型的专业学位论文细化指导标准，让导师在指导学生论文撰写或论文评审中有据可依；二是要加强导师间的学术交流、研讨或专业培训，让导师明确专业学位论文在选题、应用性及研究成果方面与学术学位论文的区别。

（三）加强论文全过程管理

专业学位论文全过程包括开题—中期考核—送审—抽盲审—答辩等几个重要环节，也是学位论文质量管控的重要时间节点，培养单位应加强专业学位论文质量的全过程管理。

1. 组织论文开题及中期考核答辩会

论文开题及中期考核是在论文初期创作阶段进行的管理、控制，但多数培养单位要求导师自行组织论文开题、中期考核答辩会，认真负责的导师在此阶段会严格把关，也有些导师把这两个环节当作一种形式，没有引起足够的重视。培养单位应该统一组织论文开题及中期考核答辩会，评审专家应对学生的论文选题及内容严格把关，提出具体的修改建议或意见，以确保选题的可实施性及实用性。

2. 开发论文指导评审系统

培养单位可根据专业学位论文工作的实际情况，开发多功能的论文指导与评审系统。该系统可以完整地记录论文工作的全过程，即学生以往对论文的修改、导师的指导过程、盲审专家提出的意见等都有可追溯的痕迹，使导师和学生之间的交流更加方便，互动更频繁，可大大提高论文写作和管理的效率。该系统也可使论文工作管理者随时查看进度，方便对研究生作出预警和提示，有利于对论文质量进行全过程监督。

3. 增设论文诊断会

成立由学科专业领域的学术专家组成的论文诊断小组，不定期举办论文诊断会，学生可自主报名参加，主要是为那些在学位论文撰写过程中遇到困难的学生提供帮助，对论文存在的问题进行诊断，提出修改意见。

五、结语

学位论文质量是专业学位研究生培养质量的重要考核指标之一。培养单位应从论文质量抓起，对本文总结的经常出现的问题进行分析，在入学教育、论文开题、中期考核等环节不断强化对这些问题的分析与讲解。规范学位论文的全过程管理,构建具有学科特色、实践性较强的论文质量监控体系,促进硕士专业学位论文高质量、内涵式发展。

参考文献

[1] 王莉.我国专业学位研究生教育政策的演进与发展趋势[J].高等教育研究,2021,42(7):78-84.

[2] 李冲,朱晨阳,李丽.有问题硕士学位论文开题报告缘何可以通过?——基于布尔迪厄场域理论的D大学案例研究[J].学位与研究生教育,2020(7):63-69.

[3] 祝爱武.教育硕士专业学位研究生教育质量评估的内涵与特征[J].高等教育研究,2019,40(12):68-74.

[4] 徐改聪.如何做好教育科学研究课题申报[J].河南教育(高教),2013(2):5-6.

[5] 李晓蕾,朱记伟,赵茜,等.地方性工科院校研究生学位论文在抽检背景下的常见问题分析及格式审查研究[J].高教学刊,2021(10):4.

[6] 刘巧玲.翻译硕士专业学位论文探索——以四川师范大学与广东外语外贸大学为例[C]//张叉,外国语文论丛(第7辑).成都:四川大学出版社,2017.

[7] 张国平,高耀明.美国大学高等教育学专业研究生培养的特色及其启示[J].高等教育研究,2019,40(9):53-60.

[8] 刘铂,董捷,胡建林,等.土木工程专业硕士研究生学位论文质量保障体系的构建[J].科学咨询(科技·管理),2021(4):112-114.

[9] 陈怡琴.加强学位论文质量监控提高专业学位硕士研究生人才培养质量[J].北京教育:高教版,2020(5):4.

针对硕士研究生新生学习倦怠情况的调查分析与建议

胡 靖　韩歆予

（同济大学经济与管理学院）

摘　要：硕士研究生新生一旦产生学习倦怠将直接影响其后续培养过程，不仅不利于个人学业的顺利完成和职业发展，还可能对研究型人才的持续培养产生不良影响。本文采用问卷形式调查了硕士研究生新生学习倦怠程度及其影响因素的情况，数据显示，同济大学2021级硕士研究生新生的学习倦怠情况总体较轻，但在个人成就感等方面已出现学习倦怠现象。没有做好本科学习与研究生学习的衔接，对于硕士研究生阶段的学习缺乏清晰的规划，对于未来就业情况认知不清是硕士研究生新生出现学习倦怠现象的主要原因。要避免学习倦怠的产生，对于个人而言，要正确面对所遇到的挫折，积极并敢于与他人沟通；对于学校而言，做好教育衔接，营造良好的学习氛围，帮助学生形成正确的职业观至关重要；对于社会而言，除了要培育良好的社会风气，还需要根据研究生学习特点进行教育改革，将研究生培养与社会需求相结合。

关键词：硕士研究生新生；学习倦怠；影响因素

一、引言

　　硕士研究生是高校研究型人才培养的重要对象，其除了要系统地学习专业知识，还需要学会独立思考，掌握思辨能力，树立人生目标。随着社会、经济的发展，国家对人才的重视程度不断提升，越来越多的学生有机会接受高等教育，而且研究生培养的要求也越来越高。然而目前研究生群体学习情况参差不齐，部分研究生没有树立正确的学习态度，学习倦怠情况较为普遍。研究生学习动力不足不仅影响其未来的发展，也影响研究型人才的进一步培养。在新形势下，有效解决研究生学习动力不足、学习效率低下的问题，是进一步提升研究生理论基础水平、锻炼研究生研究实践能力的关键，是众多高校所面临的重要课题。

　　"学习倦怠"这一概念源于对"职业倦怠"的研究，美国心理学家赫伯特·弗洛伊登伯格（Herbert Freudenberger）提出：当工作人员感受到不安定、倦怠等异常心理状态时，容易出现厌烦、疲劳等情绪，从而导致职业倦怠现象的产生。克里斯蒂娜·马斯拉奇（Christina Maslach）认为倦怠表现为情感衰竭、个性化的缺失与低成就感。情感衰竭指人的情感处于疲劳的状态；个性化的缺失指人对于人际关系的麻木；低成就感表现为人对于自身工作与个人价值的怀疑。一些学者尝试对"学习倦怠"作出定义。连榕、杨丽娴和吴兰花认为大学生学习倦怠包含三个维度：情绪低落、行为不当和成就感低，情感承诺是大学生学习倦怠的重要预测变量。李爱将学习倦怠定义为学生在长期超负荷的学业和心理负担下，对学习和人际交往等事情逐渐失去热情，情绪衰竭、自我效能感低、态度和行为消极的一种学习状态。在导致学习倦怠的因素方面，克里斯蒂娜·马斯拉奇和迈克尔·P. 莱特（Michael P. Leiter）认为工作负荷、缺乏控制、奖励不足、团体破裂、缺乏公平和价值冲突是导致学习倦怠的六大因素。布兰科·史利文（Branko Slivar）在此基础上对1 868名15～19岁的学生进行研究，发现自我形象（self-image）不佳的学生更容易产生学习倦怠。安娜·维德伦德（Anna Widlund）、赫塔·图米宁（Heta Tuominenb）和安娜·塔波拉（Anna Tapolab）等认为更高水平的教育激励（educational aspirations）会导致更高水平的学习倦怠。国内研究方面，马幸会与邵明华认为年级、家庭经济、每天学习时间、专业满意度、就业前景五个方面对于学习倦怠有显著影响。涂丽娜发现硕士研究生普遍存在学习倦怠现象，其中行为不当现象较为突出。此外，涂丽娜还认为性别与跨专业学习两方面会在一定程度上导致学生产生学习倦怠。米泽宇从个人因素、人际环境、学校环境、家庭环境和社会环境五个方面对于研究生学习倦怠做了调查，并提出了改善的方法。林宇从研究生自身、导师指导、课程设置、教学管理、学校文化等方面对研究生学习做了理论和实践探讨，这对高校研究生教育改革有一定借鉴作用。

本文在现有文献基础上，结合硕士研究生新生特点，以同济大学2021级部分硕士研究生新生为研究对象，利用同济大学2021级硕士研究生新生官方群开展随机问卷调查，在了解硕士研究生新生学习倦怠程度的基础上，分析导致硕士研究生新生学习倦怠的主要原因，进而为学校研究创新型人才培养和教学改革提供操作性较强的政策建议。

二、调研问卷设计及有效性分析

（一）问卷设计

结合同济大学2021级硕士研究生新生的实际情况，对程陶、李纳娜编制的《硕士研究生学业倦怠量表》的表达方式及指标体系进行适当调整，最终制定了《硕士研究生新生学习倦怠问卷》。

本问卷分为三部分，第一部分为个人信息（第1～4题），包含性别、跨专业情况与工作经历。第二部分为硕士研究生新生学习倦怠程度调查，包含20题，分为情绪、行为和成就感三个方面；其中第5～12题为情绪维度，第13～18题为个人行为维度，第19～24题为成就感维度。第三部分为导致学习倦怠的因素调查，包含23题，分为个人、人际关系、学校、家庭与社会五个方面；其中第25～30题为个人因素维度，第31～33题为人际关系维度，第34～39题为学校维度，第40～42题为家庭维度，第43～48题为社会维度。问卷的最后包含两道主观题，分别让受访者补充除问卷提及的原因外其他可能导致学习倦怠的原因，以及分享自身处理学习倦怠问题的方法。

在问卷选项方面，本问卷采用了李克特量表法。将"完全不符"设定为1分，"较不符合"设定为2分，"不确定"设定为3分，"比较符合"设定为4分，"完全符合"设定为5分。其中第13题和第18～24题采取反向记分法。在学习倦怠程度方面，总分高于60分即可视为存在学习倦怠情况，总分低于40分则可视为不存在学习倦怠情况。对于学习倦怠因素部分，问卷分值区间为 23~115。

（二）问卷信度分析

在问卷信度分析中，采用常见的 Cronbach α 系数作为评价问卷信度的工具。一般而言，该数值大于 0.9，说明问卷信度很好；数值在 0.5~0.9，说明问卷信度是合适的；如果数值小于 0.5，则说明问卷信度不符合要求。

对硕士研究生新生学习倦怠问卷进行信度分析（表1），问卷倦怠程度部分的 Cronbach α 系数为 0.844，问卷倦怠影响因素部分的 Cronbach α 系数为 0.893，二者皆符合要求，说明该问卷的信度较高，结果可靠性较强。

表1　信度分析

Cronbach α 系数	项目个数
0.844	20
0.893	24

（三）效度分析

在效度分析中，常用 KMO 及 Bartlett 球形度作为评价问卷效度的工具。一般而言，该数值大于 0.9，说明问卷效度很好；数值在 0.6~0.9，说明问卷效度是合适的；如果数值小于 0.6，则说明问卷信度不符合要求。

考虑到此问卷面向硕士研究生新生群体，故在倦怠程度部分对其中第 12、18、19、22、23 题做了删减，在倦怠影响因素部分对第 27、37、39、45、46 题做了删减。由表 2 可知，二者 KMO 值分别为 0.649 和 0.629，均大于 0.6，符合要求。此外，前者的卡方估计值为 259.089，自由度是 105，显著性为 0.000，小于 0.005，后者的卡方估计值为 349.171，自由度是 171，显著性为 0.000，小于 0.005，均表明极其显著。总体而言，该问卷效度符合要求。

表2　效度分析

	KMO 检验		0.649
Bartlett 球形检验	卡方估计值		259.089
	df		105
	sig		0.000
	KMO 检验		0.629
Bartlett 球形检验	卡方估计值		349.171
	df		171.000
	sig		0.000

（四）题项共同度分析

为对问卷进行题项共同度分析，运用主成分分析最大方差法选取因子，采取最大方差法进行正交旋转,如表 3 所示,问卷倦怠程度部分累计方差贡献率达 78.386%,问卷倦怠影响因素部分累计方差贡献率达 79.403%。所有题项保留原有方差的信息量均大于 0.5,表明各题项间内部性符合要求。

表 3　　　　　　　　　　共同度

题项	出生共同度	再生共同度	题项	出生共同度	再生共同度
Q5	1.000	0.606	Q28	1.000	0.704
Q6	1.000	0.771	Q29	1.000	0.806
Q7	1.000	0.831	Q30	1.000	0.794
Q8	1.000	0.838	Q31	1.000	0.770
Q9	1.000	0.868	Q32	1.000	0.755
Q10	1.000	0.839	Q33	1.000	0.836
Q11	1.000	0.795	Q34	1.000	0.932
Q13	1.000	0.717	Q35	1.000	0.757
Q14	1.000	0.785	Q36	1.000	0.814
Q15	1.000	0.668	Q38	1.000	0.805
Q16	1.000	0.822	Q40	1.000	0.748
Q17	1.000	0.712	Q41	1.000	0.779
Q20	1.000	0.826	Q42	1.000	0.859
Q21	1.000	0.832	Q43	1.000	0.720
Q24	1.000	0.849	Q44	1.000	0.766
Q25	1.000	0.759	Q47	1.000	0.806
Q26	1.000	0.819	—	—	—

(五) 问卷维度与总分相关性分析

由表 4 和表 5 可知,问卷学习倦怠程度部分各维度得分与总分的皮尔逊相关度分别为 0.872、0.894、0.465,表明存在正向关系,问卷学习倦怠影响因素部分各维度得分与总分的皮尔逊相关度分别为 0.730、0.863、0.732、0.653、0.894,表明存在正向关系。且显著性水平方面均为显著,表明问卷结构合理,相关性良好。

表 4　　　　　　　　学习倦怠程度部分相关性分析

		情绪	行为	成就感
总分	皮尔逊相关度	0.872**	0.894**	0.465*
	Sig.(2-tailed)	0.000	0.000	0.010
	N	30	30	30

注:** 表示显著性小于 0.01。

表5　　　　　　　　　　学习倦怠影响因素部分相关性分析

		个人	人际	学校	家庭	社会
总分	皮尔逊相关度	0.730**	0.863**	0.732**	0.653**	0.894**
	Sig.（2-tailed）	0.000	0.000	0.000	0.000	0.000
	N	30	30	30	30	30

注：** 表示显著性小于 0.01。

三、学习倦怠及其影响因素的调查问卷分析

（一）硕士研究生新生学习倦怠情况分析

硕士研究生新生学习倦怠问卷各题项得分情况见表 6。表 6 中，N 表示总数，最小值与最大值分别表示最低分与最高分，平均数指平均得分，标准差可用来反映得分的离散程度。

表6　　　　　　　　　　各题项得分情况表

题项	N	最小值	最大值	平均数	标准差
5. 我觉得所学知识毫无用处	30	1	5	2.17	1.020
6. 清晨醒来，面对一天的学习，我感觉很疲惫	30	1	4	2.43	1.040
7. 我很难对学习抱有长久的热情	30	1	5	2.50	1.042
8. 经过一天的学习，我感觉筋疲力尽	30	1	5	3.07	1.048
9. 我对学习感到厌倦	30	1	4	2.40	0.855
10. 我学习时经常打瞌睡	30	1	5	2.40	1.070
11. 我想做些研究但又觉得研究很枯燥	30	1	5	2.63	1.189
12. 课程任务使我感到烦躁	30	1	4	2.63	0.850
13. 我有自己的学习计划和方法并能付诸实践	30	1	5	3.30	0.988
14. 我课后很少学习	30	1	5	2.40	1.133
15. 只有有课程任务时我才会看书	30	1	5	2.67	1.241
16. 我很少计划安排自己的学习时间	30	1	5	2.27	1.081
17. 在学习上我觉得自己耐性还不够	30	1	5	3.27	1.202
18. 到目前为止，硕士阶段的学习使我的能力得到充分展示	30	1	5	2.97	0.850
19. 我很容易就能掌握专业知识	30	1	4	2.90	0.803
20. 我对自己专业很感兴趣	30	1	5	3.40	0.855
21. 学习时，我能冷静处理自己情绪上的问题	30	1	5	3.33	0.959

(续表)

题项	N	最小值	最大值	平均数	标准差
22. 我能胜任硕士阶段的学术研究	30	1	5	3.27	0.828
23. 对我来说,拿到硕士学位很容易	30	1	5	3.10	0.923
24. 学习时我精力充沛	30	1	4	3.33	0.844

从整体角度出发,根据计分标准,总分高于60分即可视为存在学习倦怠情况,总分低于40分则可视为不存在学习倦怠情况。从表7可以看出,硕士新生的学习倦怠表现总分平均为56.43,在正常范围内。考虑到研究生录取资格确认与9月开学之间存在4个月左右的休整期,所以问卷所得到的结果是有说服力的。另外,由于参与问卷调查的学生刚开始研究生阶段的学习,尚处于兴奋状态,此时研究生新生学习倦怠程度得分不足60也可以理解。从情绪、行为、成就感三个维度出发,可以发现情绪与行为这两个维度的得分并没有超过该维度得分的60%,而成就感这一维度的得分却达到了倦怠范围。由此可以看出,研究生新生在经历了硕士研究生招生考试的磨炼后,普遍对于学习态度、学习情绪、学习动力和学习方法有了进一步的把握。然而在成就感方面,由于来到新的环境,新生面临与本科阶段截然不同的学习模式,心中有些许忐忑,对自己未来的读研生活与学术生涯存在怀疑,故产生倦怠情况,相信随着读研生活的深入,情况会慢慢好转。由各题项情况可见,绝大部分题项结果都处于正常状态。值得一提的是,新生在"学习耐性"这一项的平均得分为3.27,大于中间值3,且该题项也属于成就感这一维度。从上述分析可知,新生在新的学习阶段存在着自我怀疑情况,而缺乏学习耐性也在一定程度上反映了这一点。

表7　　　　　　　　　　　　总体得分情况表

题项类型	N	最小值	最大值	平均数	标准偏差
情绪	30	8	31	20.23	5.594
行为	30	6	26	16.87	3.998
成就感	30	11	24	19.33	3.407
表现总分	30	29	79	56.43	10.037

上述结果表明,硕士研究生新生的学习倦怠情况在可控范围内。得分超过60分的人数为10人,占比33%,得分为40~60分的人数为19人,占比63%。可见大部分新生能够以良好的学习状态迎接自己新的学习生活。但不可否认的是,依旧有部分硕士研究生新生存在学习倦怠现象,随着研究生生活的进行,若无法全身心投入学习,个人整体的精神状态都会受到负面影响,从而使得个人状态低迷,影响学习与生活。

(二)硕士研究生新生学习倦怠影响因素分析

1. 个人因素

基于个人因素角度,"学习内容太多、太难会使我在学习中感到压力"这一项的得分最高,平均分为3.6分,有2名学生"表示完全符合",17名学生表示"比较符合"。其后一项是

"我平时会去参加与自己专业知识相关的讲座",该项的平均分达到3分。其余各项皆在正常范围之内(表8)。

表8　　　　　　　　　　　　　个人因素分析表

	完全不符	较不符合	不确定	比较符合	完全符合	平均值
学习内容太多、太难会使我在学习中感到压力	0	3	8	17	2	3.60
我平时会去参加与自己专业知识相关的讲座	0	10	11	8	1	3.00
我对自己的研究生阶段没有一个清晰的规划	6	7	7	10	0	2.63
我不能合理运用学校所提供的资源	2	11	6	11	0	2.87
学习之外诱惑过多使我无暇学习	4	14	4	8	0	2.53
长时间学习使我产生厌学情绪	4	13	7	5	1	2.53

由此可见,学习压力是导致新生学习倦怠的重要因素之一。在"学习内容太多、太难会使我在学习中感到压力"与"我不能合理运用学校所提供的资源"这两项中,选择"比较符合"的人数较多,说明硕士研究生新生在学习上遭遇挫折时可能无法找到合理的解决途径,从而滋生消极情绪,产生对于学习的倦怠。而通过"我对自己的研究生阶段没有一个清晰的规划"一项中学生的选择情况也可以看出硕士研究生新生对学习生活的迷茫,同样也是造成学习倦怠的原因之一。这说明大多数新生并没有做好规划和准备工作,当面对挫折时无法解决,从而对学习产生倦怠心理。

2. 人际因素

基于人际因素的角度,三项的得分皆不高,平均分皆低于3分(表9)。由于新生刚刚进入校园,与同学、老师的关系仍在建立中,所以人际关系这一维度暂时对新生学习倦怠情况的影响有限。

表9　　　　　　　　　　　　　人际因素分析表

	完全不符	较不符合	不确定	比较符合	完全符合	平均值
与同学相处不融洽会对我的学习产生消极的影响	7	13	2	7	1	2.23
其他同学消极的学习态度会影响我的学习热情	5	9	6	10	0	2.70
紧张的师生关系使我丧失了学习热情	7	11	5	7	0	2.4

值得注意的是,在这三项中,有相对较多的硕士研究生新生认同"其他同学消极的学习态度会影响我的学习热情"这一项。可见,尽管新生相互接触时间不长,但由于一起学习生活,自然会潜移默化地互相影响。此外,由于"同辈压力"的存在,新生自身的行为会受到群体意志的影响,所谓"近朱者赤,近墨者黑"。若周围同学有积极、良好的学习态度就能够相互带动,而消极、不良的学习态度也会互相传染,如果无法正确处理人际关系,很可能会造

成自身学习上的倦怠现象。

3. 学校因素

基于学校因素的角度,硕士研究生新生对于学校的教育条件十分看重,平均分达到了3.6分。除此之外,硕士研究生新生对于自己本专业知识的实用性抱有怀疑的态度,平均分超过了3分。由于入学时间短,其余各项学校因素对于新生学习倦怠的影响并不明显(表10)。

表10　　　　　　　　　　　　学校因素分析表

	完全不符	较不符合	不确定	比较符合	完全符合	平均值
教师讲课枯燥,使我对学习丧失热情	2	13	6	8	1	2.77
我的导师很忙,不能给我积极的响应	3	22	2	3	0	2.17
专业课程安排不合理,使我对学习产生消极心理	3	19	3	5	0	2.33
我觉得学校的教育条件对我来说特别重要	2	4	2	18	4	3.6
我觉得自己所学专业知识实用性不强	2	9	8	8	3	3.03
我对于我的专业培养模式感到满意	2	4	8	16	0	2.73

教学条件是学校因素中的重要一项,对于理工科背景的学生而言,科研能力的提升离不开实验室教学设备的提供。当然,学校图书馆、教室、自习室等学习环境也至关重要。此外,由于新生刚刚接触专业知识,相比于理论学习机会,实践活动机会偏少,所以大部分学生感到自己所学专业知识实用性不强。

4. 家庭因素

基于家庭因素的角度,三个选项的平均分没有超过3分,说明家庭因素对新生学习倦怠的影响不明显(表11)。此外,大多数选项结果集中在"较不符合"一项,所以相较于其他因素,家庭因素对学习倦怠的影响较轻微。

表11　　　　　　　　　　　　家庭因素分析表

	完全不符	较不符合	不确定	比较符合	完全符合	平均值
父母期望过高使我学习倍感压力	6	13	6	4	1	1.57
不和谐的家庭氛围会降低我的学习效果	5	10	9	5	1	2.57
家庭经济条件不佳会使我在学习中感觉疲惫	2	15	5	6	2	2.7

5. 社会因素

基于社会因素的角度,6个题项对于硕士研究生新生的学业倦怠影响有限(表12)。由于刚刚进入研究生学习阶段,距离参加工作还有一定的时间,此时社会因素的影响并不明显。

表 12			社会因素分析表			
	完全不符	较不符合	不确定	比较符合	完全符合	平均值
社会竞争压力大,是我学习没有自信感的原因	3	11	6	10	0	2.77
较大的就业压力使我不能全身心投入学习	2	12	6	8	2	2.87
我对自己毕业后的就业问题感到焦虑	3	9	6	10	2	2.97
我不确定自己的专业是否符合社会需要	2	9	8	11	0	2.93
我不确定自己的专业是否得到社会的认可	3	12	4	11	0	2.77
社会对我所学的专业评价不高,导致我对学习没兴趣	7	12	2	8	1	2.47

值得注意的是,在每个题项中,选择"较不符合"与"比较符合"的人数相差不多,且人数较多。这一方面反映了硕士研究生新生对于未来就业情况认知的差异性,另一方面也体现了新生对于自身未来的迷茫,并不能准确了解自身所学专业在社会上的发展情况。

四、缓解硕士研究生新生学习倦怠的措施建议

(一) 个人层面

硕士研究生阶段的学习性质不同于本科阶段,学生不仅要掌握知识难点,还要加强研究方法与研究思维。在调查中发现,学习内容数量多、难度大会导致研究生学习压力大,可能会使研究生产生学习倦怠的现象。面对学业、科研、就业等多重压力,研究生若不及时进行心理调节,会对自身生活、学习、工作产生消极影响。为此,研究生需要做到劳逸结合。正如一些学生在问卷主观题中明确表示自己将劳逸结合作为缓解学习倦怠的方法。一方面,在紧张的学习之余,要保持每天适当的运动量,如进行游泳、跑步、打球等体育项目,不仅能够排解心理压力,也能达到强身健体的效果。另一方面,每天要保持充足的睡眠。充足的睡眠有利于缓解疲劳、恢复体力,能够提高记忆力与维持心理健康。研究生做到劳逸结合,就能够以更为积极的态度面对学业和科研上的挑战,避免学习压力过大,出现厌学情绪与学习倦怠情况。

除此之外,研究生在学习生活中遇到挫折时,切不可闷在心中,对其听之任之。心中的烦闷堆积起来会导致不健康的心理状态,可能会对生活产生严重的影响。所以,遇到烦心事时要勇于向他人倾诉,倾诉对象不仅可以选择同学、老师、家长,也可选择专业的心理教师。同时,研究生也可利用课余时间主动参加心理讲座,在获取心理学知识的同时也能够对自身心理状态有一定的了解。所谓"工欲善其事,必先利其器",只有当拥有良好的身体状态和心理状态时,才能学海中遨游得更远。

(二) 学校层面

首先,本科教育与硕士教育采用的是截然不同的教育方式,学校在本科生与硕士研究

生的教育衔接过程中需要发挥更大的作用。通过宣传、讲座及分享会等形式让硕士研究生新生尽快了解硕士教育的特点，熟悉学校情况，从而尽早对硕士阶段的学术生活有清晰的规划，避免到校后由于无法适应硕士阶段的学习生活而产生心理落差，进而出现学习倦怠现象。

其次，由问卷结果可知，大部分学生十分重视学校的教学条件，所以为提高硕士研究生的教育质量，学校要根据教育需求完善相应的配套设施，使硕士研究生的学习可以得到良好的校园资源支撑，能够让学生在最短时间内掌握自己专业领域的前沿学术成果，拓展学术视野，提高知识水平。同时，学校也要建设良好的校园文化，营造求真务实、一心向学等优良校风，使硕士新生能够受到优良校风的积极影响，从而更加积极地学习与探索。

最后，学校应适时开展就业与职业教育。由于新生对于自身专业性质与前景认知有限，不知所学专业是否得到社会认可，长此以往，可能会对自身学习方向产生怀疑，产生消极情绪。学校应广泛开展就业指导，组织学生与专业教师进行专业前景和社会需求等方面的交流，使其对就业形势作好预判，避免形成非必要的压力。同时也要引导学生树立正确的就业观，充分认识自我价值，排解不良情绪，疏导因就业问题带来的压力。

（三）社会方面

当今社会充斥着急功近利的思想，拜金主义横行，学生若受到这种歪风邪气的蛊惑，心态就会发生改变，对于学习不会再抱有认真负责的态度，产生学习倦怠。习近平总书记强调："大学是立德树人、培养人才的地方，是青年人学习知识、增长才干、放飞梦想的地方。""人才培养体系涉及学科体系、教学体系、教材体系、管理体系等，而贯通其中的是思想政治工作体系。""加强党的领导和党的建设，加强思想政治工作体系建设，是形成高水平人才培养体系的重要内容。"因此，全社会都应该认识到培养硕士研究生拥有高尚品德从而健康成长的重要性，为青年打造一个脚踏实地，行稳致远，进而有为的社会环境。

根据问卷结果，可以发现当前教育机制中存在着理论与实践脱节的问题，影响学生的学习兴趣与学习积极性。我国需根据研究生阶段教育的特殊性，加快教育体制创新，完善教育制度改革，加强教学与研究互动体系建设；重视培养学生对科学技术探索和经济社会发展研究的兴趣和想象力，培养学生的创新思维、创新精神和创新实践能力。

参考文献

[1] HERBERT J FREUDENBERGE. Burn-out: the organizational menace[J]. Training and Development, 1977(7): 26-27.

[2] MASLACH C, LEITER M P. Burnout and engagement: contributions to a new vision[J]. Burnout Research, 2017(5): 55-57.

[3] 连榕,杨丽娴,吴兰花.大学生的专业承诺、学习倦怠的关系与量表编制[J].心理学报,2005(5):37.

[4] 李爱.地方性大学学生学业倦怠问题探析——以黑龙江 H 大学为例[J].高教学刊,2016(2):129-131.

[5] MASLACH C, LEITER M P. The truth about burnout: how organizations cause personal stress and what to do about it[J]. Psychiatric Rehabilitation Journal, 1997, 23(2): 194.

[6] SLIVAR B. The syndrome of burnout, self-image, and anxiety with grammar school students[J]. Horizons of Psychology, 2001, 10(2): 21-32.
[7] WIDLUNDA A, TUOMINENB H, TAPOLAB A, et al. Gendered pathways from academic performance, motivational beliefs, and school burnout to adolescents' educational and occupational aspirations[J]. Learning and Instruction, 2020(66): 1-12.
[8] 马幸会,邵明华. 低年级大学生学习倦怠状况及其影响因素[J]. 青年与社会,2019(20): 235-236.
[9] 涂丽娜. 硕士研究生学习倦怠现状调查与分析[J]. 教育教学论坛,2014(15): 138-139.
[10] 米泽宇. 学术型硕士研究生学习倦怠研究[D]. 呼和浩特：内蒙古师范大学,2020.
[11] 林宇. 硕士研究生学习管理现状及问题研究[D]. 桂林：广西师范大学,2015.
[12] 马抗美. 立德树人：高水平人才培养体系建设的核心[EB/OL]. (2018-07-12)[2021-09-16]. http://theory.people.com.cn/n1/2018/0712/c40531-30142142.html.
[13] 程惠芳. 关于加快形成高水平人才培养体系的思考与建议[EB/OL]. (2018-06-05)[2021-09-16]. http://www.moe.gov.cn/jyb_xwfb/moe_2082/zl_2018n/2018_zl43/201806/t20180605_338311.html.

"双循环"背景下 MBA 招生—培养—职业发展全过程质量提升研究

耿 榕 邵宏轩 徐 勤

(同济大学经济与管理学院)

摘 要：本文分析了我国当前经济形势及教育部近年来发布的各项政策，总结得出，在国家大力发展专业学位教育，以及在当前经济"双循环"背景下，以 MBA 教育为例对专业学位教育进行分析，从中找出整体提升方案非常具有代表性。通过对 MBA 招生—培养—职业发展全过程进行梳理，提出 MBA 教育必须围绕"职业发展"这一主旨，结合院校特长及资源，在发展战略的指引下，实现资源最优化配置，发挥更强的社会效应，为经济发展提供人才支持。

关键词：双循环；经济发展；MBA 教育；质量提升

2020 年 7 月 30 日，中共中央政治局会议释放出"加快形成以国内大循环为主体、国内国际双循环相互促进的新发展格局"的信号，由此可见，"双循环"将会成为中国经济发展的主要思路，各行各业均需要在"双循环"主题思想的指导下，在危机中育先机、于变局中开新局。作为教育领域中与社会经济联系最为紧密的专业学位教育，也必然需要做出适当调整，为经济发展提供更多助力。

2009 年，教育部决定加快发展硕士专业学位研究生教育，开始全面招收全日制专业学位硕士研究生；2010 年，教育部扩大了全日制硕士专业学位研究生招生的范围和规模，意味着我国硕士研究生教育从以培养学术性人才为主向培养学术性人才与应用型人才并举转变。在扩招之初，专业学位硕士研究生比例并不高，社会对于专业学位硕士研究生的认可度低，经过几年的发展，考生报考意愿不断提升，专业学位硕士研究生比例日益提高，2017 年，教育部将非全日制学位硕士纳入统考，专业学位硕士研究生招生人数首次超过学术学位硕士研究生。

MBA 于 20 世纪 90 年代被引进至中国，是我国最早的专业学位教育。MBA 教育着眼于为政府、企业及各类社会组织培养高级管理人，决定了其必定要根据社会经济的发展不断调整课程体系及培养方式，才能使所培养人才得到社会的认可。我国 MBA 虽然发展时间较短，但发展极为迅速。1991 年，MBA 试点单位为 9 家，截至 2020 年，全国共有 12 批共

---

* 本文为 2020 年同济大学研究生教育研究与改革项目"'双一流'建设驱动下专业学位硕士论文考评管理创新模式研究"(项目编号：2020GL03)的阶段性研究成果。

246所院校具有MBA培养资格,招生规模达42 360人,在很多院校,MBA成为招生人数最多的专业学位项目。也正因如此,对MBA教育质量的研究非常具有代表性。但是,由于MBA的大范围扩招,其教育质量问题日益突出,具体表现为:生源质量下降、理论脱离实践、师资力量不足等。很多文章针对这些问题进行了研究,并提出了针对性解决方案。

虽然针对提升MBA教育质量的研究论文很多,但大多只关注了培养环节,即仅关注从学生入学到获得学位这一期间内,培养院校需要及能够做出的改进。但是,MBA学生都是具有一定工作经验和社会实践积累的职场人士,他们选择中断工作(全日制学生)或在工作的同时(在职学生)花费大量时间和精力来提升自己,本身带有很强的目的性,可以说MBA不仅是学习,也是学生自身职业发展的一部分。院校需要抓住学生的这些需求,同时结合自身发展战略要求,使得自身对人才的培养发挥更大的社会效应。笔者认为,培养院校首先应找准自身定位,从招生环节开始,甄选认可院校培养目标及价值观且具有培养潜力的申请人,为其制定培养方案,提供教学服务,进而打造与社会经济紧密联系的校友及职业发展体系。唯有如此,培养院校才能最大化发挥自身特长及优势,为社会发展提供有用人才。

一、平衡招生机制,发挥高校主动性

(一) 提升MBA教育资源适配度

目前,我国MBA培养院校所采用的招生方式有两种:传统的先考试后复试方式和提前面试方式。1991年国内首次试办MBA项目时,采取的是9大院校自行命题考试方式;1997年起实行56所院校联考,即管理类联考的前身;2008年,上海交通大学安泰经济与管理学院针对传统招生方式存在的部分高分考生管理潜质欠缺,违背MBA设立初衷的问题,率先采取"提前面试"的招生方式,通过面试锁定符合院校定位、具有培养潜力的申请人,给予其一定的优惠条件。

在MBA的发源地美国,各商学院在招生上有着足够的自主权,将美国经企管理研究生入学考试(Graduate Management Admission Test,GMAT)成绩作为参考,并结合其他各类申请材料对申请人作出综合评判,包括工作能力、学术能力、领导能力、社会活动能力等方面的评判。由此可见,"提前面试"是联考制与申请制之间的平衡。

目前,我国约有1/3的院校采取"提前面试"招生方式,多集中在经济发展水平高、考生资源丰富的地区。宋伟、周海滨和陈传军研究了影响MBA教育质量的诸多因素,发现在师资队伍、招收标准、学校服务、毕业环节、教学条件、教学组织六个影响因素中,招收标准的影响程度排在第二位。由我国MBA招生制度的变革也可看出,各商学院对生源质量越来越重视。

作为MBA教育全过程质量提升的第一步,招生环节质量提升应当得到更多的重视。相较于学术学位教育和其他专业学位教育,MBA教育收费相对较高,学生希望在获得知识的同时,也能够认识更多有一定社会资源的同学,因此,这就对院校的招收标准提出了新的要求。实行"提前面试"的院校,生源数量相对充足,在对生源质量的把控方面具有较强的主动性。因此,院校需要制定公平、严谨、符合规定的招生政策,招收认可院校发展战略及价值观、具有培养潜力的考生,使优质教育资源匹配到最合适的人群,发挥出更强的社会效应。

(二)塑造 MBA 品牌院校影响力

首先,重视并加强品牌建设。2016 年 6 月,《国务院办公厅关于发挥品牌引领作用推动供需结构升级的意见》提出,要"支持高等院校开设品牌相关课程,培养品牌创建、推广、维护等专业人才"。据统计,我国已有 57 所具有 MBA 培养资质的院校共开设了 61 门品牌管理相关课程,占所有具有 MBA 培养资质院校的近 1/4。可见,品牌建设在商业活动中发挥着越来越重要的作用。MBA 是一种教育产品,各培养院校想要在 MBA 教育竞争中保持优势并取得长远发展,就必须努力塑造良好的教育品牌形象。

其次,突出特长,差异化定位。很多院校的 MBA 教育将"打造国际一流商学院""打造商界'黄埔军校'"写进发展愿景,但在实施环节缺乏可行的措施。这也导致绝大多数考生在选择院校时难以找到很直观的标准,只能以大学的品牌及学科优势为参考。大学及学科优势所能带来的最直接的资源就是行业影响力和校友资源。例如,上海财经大学作为中国最早的财经类院校,自建校之初就立足商科,经过几十年的发展,积累了大量的金融、财会等校友资源。结合学科优势及上海市金融中心的城市定位,在 2017 年前后,金融行业飞速发展的一段时间,该校 MBA 项目突飞猛进,主要表现在申请人数量和录取规模上,而高质量的生源,是实现院校 MBA 项目整体提升的第一步。在全球化和互联网时代,尤其是在"双循环"背景下,人才市场需求发生了翻天覆地的变化,任何一所 MBA 培养院校都不可能设计出培养所有行业顶级人才的课程体系,因此,大学的行业和学科优势是 MBA 发展所能倚重的最直接资源,也是差异化定位时必须考虑的因素。

二、优化培养流程,重视教育创新性

全国工商管理硕士(MBA)教育指导委员会编写的《工商管理硕士教学大纲》(2011 年版)对 MBA 的主要课程作出了规定,具体包括:管理经济学,组织行为学,数据、模型与决策,会计学,公司理财(或财务管理),营销管理,生产运作管理,人力资源管理,管理信息系统,战略管理,管理沟通,企业伦理学(或企业、政府与社会),公司治理,决策模拟等。这些课程的培养目标涵盖了企业管理人员所应具备的基本素质,是系统的管理类教育不可或缺的,学生只有具备了这些基本素质,才能成为合格的管理人员,为成长为优秀的管理人才打好坚实的基础。

另一方面,MBA 教育作为管理教育的一种,其职业教育的本质要求其必须随着社会经济的发展不断自我更新。MBA 教育的宗旨是培养管理人才,作为一个诞生逾半个世纪的事物,其发展内涵也在不断更新,这也是 MBA 教育至今仍蓬勃发展的原因所在。

(一)差异化定位促进培养方案创新升级

MBA 作为舶来品,在中国已经发展了 30 多年,与中国经济一同接受考验、一同成长,也经历了漫长而曲折的本土化过程,逐渐呈现"中国特色"。在探索的路途中,中国各院校经历了从模仿到创新,从同质化到差异化的蜕变,逐渐建立了属于自己的竞争优势。

首先,各培养院校要在发展战略的指导下明确使命、找准方向、制定目标。例如,清华大学 MBA 的培养目标为"培养具有综合管理能力的未来领导者"[①];上海交通大学安泰经济与管理学院 MBA 的培养目标为"培养学生具有较高的道德情操、全球化视野、系统的工商管理知识、综合运用知识和自主创新的能力"[②];同济经管 MBA 的培养目标是"培养具有全球视野,社会责任感及创新精神,掌握现代经济管理知识和技能,践行可持续发展的业界精英"[③]。

其次,在明确培养目标后,后续培养方案改革、教学安排变更才能更有效地细化实施。刘林青、张亭和韩菲颖研究了第一、第二批次院校的课程体系,将 24 所大学分成 4 个大学群组和 5 个课程群组,发现中国大学 MBA 项目的课程体系同质化严重,改革没有实现根本性的突破,未能形成各自的特色体系。对比美国顶尖商学院 MBA 课程,发现中国 MBA 项目课程体系重视培养学生财务、会计、营销和运营等方面的硬技能,而美国 MBA 则重视开阔学生视野,培养学生镶嵌在商务活动中的软技能。这为我国 MBA 项目改革提供了值得借鉴的方向。

近年来,各 MBA 培养院校,尤其是头部院校,在培养方案及课程安排上不断创新。清华大学结合自身学科优势,创建了清华 x-lab 教育平台,向 MBA 学生开放千余门研究生课程;上海交通大学安泰经济与管理学院以行业研究为抓手,回归商学院发展的本源;同济经管 MBA 紧贴大数据、人工智能等新兴技术,重视新课程的开发,不断对选修课环节加以创新。

(二) 针对性成本投入实现 MBA 教育整体强化

培养方案的优化不仅包括课程体系的优化,还包括教学方式、教学设施的优化等,各培养院校应结合自身特点,或找出短板,或加强优势。

随着时代的发展,越来越多人意识到自己的知识储备不足,而互联网的快速发展使利用碎片化时间学习成为可能,因此在线教育产业成为全球增长最快的产业之一。2020 年,MBA 在线教学取得了极大发展,在保证教学顺利进行方面发挥了不可替代的作用,但其也存在学生参与度低、互动性差等缺点。这就要求授课教师、助教、教学管理人员几方面共同努力,做出改进。

在 MBA 教育整体提升方面,很多院校都非常关注学生体验感,为此,院校在教室硬件改进、IT 软环境建设、服务质量提升等方面都投入了大量成本,也取得了可观的成果。

除此之外,院校还应重视一个 MBA 培养质量的决定性因素,即师资队伍建设。这是所有 MBA 培养院校保证培养质量及可持续发展的根本所在,也是所有院校关注的重点,由于本文注重的是教学管理环节,因此对师资队伍建设问题不作深层探讨。

三、融合职业发展,明确目标导向性

归根结底,考生在众多继续教育项目中选择收费相对高昂的 MBA 项目,是因为学生将

---

① 清华经管学院. http://mba.sem.tsinghua.edu.cn/project/overview.html.
② 上海交通大学安泰经管学院. https://mba.sjtu.edu.cn/singlepage/ln.html.
③ 同济经管 MBA. https://mba.tongji.edu.cn/mba/page-xmjs.html.

MBA学习纳入了自身职业发展过程。尤其是在2020年以来对MBA的学生及潜在人群的调查表明，其职业发展规划和学习知识技能的目的更加明确，且收入越高者，目的性越强。因此，作为教育服务的提供方，院校必须将职业发展作为MBA教育不可分割的一部分。很多培养院校已明确认识到这一点，并做了很多尝试。清华大学经济管理学院职业发展服务提供职业测评、"一对一"职业咨询等服务，并举办各类职业发展相关讲座；上海交通大学安泰经济与管理学院职业发展中心重视校企联合，构建学生素养和技能拓展及职业生涯发展的平台，指导学生职业发展规划。除此之外，穿插在教学环节中的各类案例大赛、创业大赛，都旨在培养学生解决各类实际问题的能力。部分院校职业发展中心还提供对接各大学产业园、孵化器及各类天使投资、风险投资的服务。

浏览各培养院校职业发展板块，我们不难发现，MBA的职业发展板块通常融合于学院职业发展服务，这从资源整合角度来看是最为便捷的方式。但是，MBA学生与学院其他学生，无论是在培养目标和学生人群上，还是职业发展上，都存在非常大的差异。因此，笔者认为，有必要组建专门的MBA职业发展服务部门。一方面，该部门可对接学院资源；另一方面，由于很多MBA学生本身就是企业主或企业高层管理者，可提供的资源很多，可以反向为MBA学生及其他本硕博学生提供职业发展资源，以实现资源的最优化配置。

在所有针对MBA的研究论文的主题中，数量最多的是教学培养，其次是招生，而职业发展则很少被提及，但在MBA教育全过程质量提升中，职业发展是最终目标及根本出发点，是考生选择MBA项目的原因。可以说，无论是招生还是培养，都是围绕职业发展这一主题展开的，各院校需要引起足够的重视。

四、结语

综上所述，MBA的发展需要紧跟形势，与时俱进。各培养院校要制定差异化战略，在招生—培养—职业发展全过程中充分发挥并加强自身优势，最大程度发挥高等教育的社会效应，让MBA这一管理人才培养重器更好地发挥作用，为经济发展提供长久的人才支持。

参考文献

［1］宋伟,周海滨,陈传军.专业学位研究生教育服务质量影响因素研究——以MBA教育为例[J].中国高教研究,2013(2)：46-50.

［2］中国MBA教育网.全国246所MBA培养院校名单汇总[EB/OL].(2020-05-28)[2022-10-26].http://www.mbaedu.cn/schnews/view/id/10666.html.

［3］希赛MBA.全国各地区院校MBA招生人数汇总(完整版)[EB/OL].(2019-12-06)[2022-10-26].https://www.educity.cn/mba/2029551.html.

［4］徐勤,霍佳震,许倩倩,等.连续扩招背景下MBA人才培养资源优化与质量提升研究[J].经济师,2020(4)：29-30,32.

［5］曹宇,张倩.当前MBA教育中存在的问题及对策研究[J].吉林省教育学院学报,2020,36(9)：95-98.

［6］中华人民共和国中央人民政府.国务院办公厅关于发挥品牌引领作用推动供需结构升级的意见[EB/OL].(2016-06-20)[2022-10-26].http://www.gov.cn/zhengce/content/2016-06-20/content_5083778.htm.

［7］张锐,王红君,张燚,等.新时代我国MBA品牌管理教育现状、问题及对策[J].黑龙江高教研究,2020,38(10):156-160.

［8］雪俊,孔伟明.关于高校MBA教育品牌建设的几点思考——以C大学商学院MBA项目为例[J].管理观察,2019(20):106-107.

［9］《新世纪研究生教育发展研究》编委会.新世纪研究生教育发展研究[M].成都:西南财经大学出版社,2000.

［10］刘林青,张亭,韩菲颖.中国MBA教育改革背景下的项目全景图:基于Co-plot分析[J].管理评论,2015,27(10):161-172.

［11］杨芳,侯烨婷,奚誉恬,等.互联网时代线上教育在MBA课程中的应用[J].当代教育实践与教学研究,2019(15):26-27.

［12］王帆.创新与融合,打破传统商科教育同质化[J].经理人,2020(9):38-40.

专题研究

ZHUANTI YANJIU

新形势下国际化人才培养的实践与经验
——以同济大学中德美全球供应链管理硕士项目为例

霍佳震　陈丽沙

(同济大学经济与管理学院)

摘　要：随着经济全球化的发展不断推进，培养掌握国际化知识、具有国际化意识和视野的创新型专业人才是高等院校"双一流"发展战略的关键要素。国际合作办学是促进大学研究生教育发展，提升研究生国际竞争力的重要途径。本文就当前全球新形势下，研究生教育如何进行国际合作办学和国际化人才沉浸式培养展开探索，并以同济大学中德美全球供应链管理硕士项目为例，分别从研究生国际化培养背景、国际化人才培养和管理体系、后疫情时代国际合作办学项目的维护和发展及研究生国际化培养的创新性四个方面，分享研究生国际化创新人才培养方面的实践与经验。

关键词：研究生教育；国际化；创新人才培养；新形势

一、引言

　　研究生教育是我国建设"双一流"高校、构建国家创新体系的重要组成部分，国际化是当今世界高等教育发展的重要特征和必然趋势。研究生教育需要深化改革与合作，增强国际合作的主动性，营造国际化培养环境。为培养具有国际化视野的全球供应链管理人才，同济大学经济与管理学院联合德国汉堡物流与企业管理技术大学(Kühne Logistics University, KLU)和美国田纳西大学诺克斯维尔分校[(University of Tennessee, Knoxville), UTK]商学院共同开办了中德美全球供应链管理硕士项目(以下简称中德美项目)这一全英文双学位硕士项目。多国沉浸式上课是该项目的特色之一，三校教师均具备顶尖学术水平和丰富实战经验，授课内容紧贴实践。此外，学生还有机会进入中德美三国企业实习，体验全球化背景下的供应链管理。KLU位于德国港口城市汉堡，其因在物流、运输、供应链管理等相关领域的卓越研究而闻名，在德国高等教育发展研究中心(Centrum für Hochschulentwicklung, CHE)发布的最新排名中，KLU在所有主要标准领域中位居德国高校第一名。UTK商学院是美国著名顶尖商学院之一，其供应链项目在美国排名前三。中德美项目在三所院校的学生中选出优秀的硕士研究生，组成一个三国联合培养的硕士研究生班。学生在顺利完成本项目所有课程和论文等学分要求并通过答辩的前提下，可获得同济大学及德国汉堡物流与企业管理技术大学颁发的硕士学位。

中德美项目第一学期的教学安排是三所院校的所有学生共同在德国 KLU 学习；第二学期的教学安排是三所院校的所有学生共同在同济大学经济与管理学院学习；第三学期的教学安排是三所院校的所有学生共同前往非学位项目合作院校 UTK 交流；第四、第五学期的教学安排是所有学生回到各自母校，完成学位论文。同济大学和德国 KLU 的学生在完成所有学位申请要求并通过学位论文答辩的前提下，可获得双方院校的硕士学位（表1）。

表1　　　　　　　　　中德美项目教学安排及教学重点

学期	教学安排	教学重点
第一学期	三国三校学生共同在德国 KLU 学习	专业相关的基础知识
第二学期	三国三校学生共同在同济经管学习	应用技术和方法
第三学期	三国三校学生共同在美国 UTK 学习	实际运用和实践
第四、第五学期	三国三校学生分别回到各自母校	完成毕业论文

中国、德国双学位＋美国一学期交流

中德美项目凝练了横跨亚洲、欧洲和北美洲三大洲的三所高校的办学理念和特色，参照国际办学标准，通过成立项目联合工作小组、项目联合教学指导委员会，共同商议构建科学合理、相互支撑、以能力培养为导向的培养体系。同济经管希望此项目的教学和研究成果能够为国际合作办学和国际化人才培养模式提供一些实质性的实践经验，使得中国学生和国际学生都能够真正从中获益。

二、新形势下研究生国际化培养背景

中华人民共和国成立 70 多年来，特别是改革开放以来，我国创造了世所罕见的经济快速发展奇迹：用几十年时间走完了发达国家几百年走过的工业化进程，成为世界第二大经济体，经济实力、科技实力、国防实力及综合国力进入世界前列。习近平总书记在庆祝中国共产党成立 95 周年大会上明确提出要坚持"四个自信"，即"中国特色社会主义道路自信、理论自信、制度自信、文化自信"。中国教育国际化已经走过了 40 余年，目前正处于一个重要的时间节点。随着中国经济实力的不断攀升，我们对于西方发达国家的国际化教育水平正由"仰视"转为"平视"，这是百年未有之大变局非常重要的组成部分。在新的国际形势下，如何在过去教育国际化的成就和经验的基础上进行教育国际化深化改革，是摆在我们面前的一个重要问题。基于这个新的环境和背景，各高校要探索出符合新时代要求的国际化道路。

一般而言，目前很多高校的国际化人才培养路径仍较为单一，例如选派学生前往西方发达国家各合作高校进行长期或短期的国际交流，或者提名国外合作高校的留学生来中国进行交换学习。在第一种方式下，选派出去的中国学生分散在各国外合作高校的指定专业，选修几门课程交流一个学期就回国，且这些学生接触到的交流高校学生基本上以在国外留学的中国学生为主,没有真正融入并沉浸到当地学生群体并互相学习交流。在第二种方式下,到中国交换学习的外国留学生大部分会组成专门的留学生国际班,班上没有中国学生,因此这些留学生也无法真正融入并沉浸到中国学生群体并互相学习交流。这种较为单一和割裂的国际化人才培养路径需要改善。

中德美项目的国际化人才培养是双向的、沉浸式的,既培养中国学生的国际化,也培养外国学生的国际化,参加该项目的学生最终可以成为真正的国际化人才。该项目人才培养战略的具体实施方案就是中外学生共同组成一个国际班,在三大洲的三个学校共同学习三个学期,且在培养过程对中外学生实行统一标准,真正实现了国际化的沉浸式人才培养。横跨三大洲的、沉浸式的学习过程为三国学生提供了深度专业学习和了解异国文化的绝佳机会。在全球经济一体化的背景下,了解与尊重不同的文化习俗,学会跨文化沟通显得尤为重要。该项目在课程设计上也融入了语言与文化课程。在德国,中美学生可以学习德语和德国文化;在中国,德美学生可以学习汉语和中国文化;在美国,中德学生可以更加深入地学习英语和美国文化。该项目的课程都要求三国学生交叉组成国际学习小组,沟通协作,共同完成案例分析及项目报告。来自不同国家、不同民族的中德美学生互相交流,沉浸式学习,不同历史与文化在课堂上不断冲击碰撞,闪耀着智慧的火花。

三、国际化人才培养和管理体系

扎根上海,放眼世界,国际合作与交流一直是同济经管的重要特色之一。学院每年为学生提供500多个免学费国际交流学习名额,从而使得学院近半数学生有机会前往欧美等发达国家交流学习,开阔视野,增加阅历。同时,每年有近500名长期或短期外国留学生来同济经管学习交流,中外学生在同一课堂里相互交流,为同济经管形成国际化学习环境与氛围创造了条件。在国际化发展的过程中,同济经管已经形成了专业、规范、系统的国际项目培养管理体系。中德美项目结合了同济经管长期以来国际化办学的优势与传统资源,借鉴德国和美国的教学与培养理念,进一步探索了国际联合培养项目的管理体系,确保各国学生在不同国家与文化环境下沉浸式学习与生活,探索出一套基于国际化办学、具有示范性、可推广的硕士研究生国际联合培养体系。

为了保障学院国际化人才培养,同济经管以国际认证为抓手,建立了一套完善的、与国际接轨的"六位一体"培养与管理保障体系,即学院党政联席委员会、教学指导委员会、学位与质量控制委员会、教学团队、教学管理中心、利益相关者(如国际咨询委员会、国内外校友、国内外企业雇主等)及学生"六位一体",全员参与并相互作用的培养与管理保障体系,为国际化人才培养的全过程提供强有力的制度保障。具体流程如图1所示。

如图1所示,为了保障学院各项目的全过程人才培养管理质量,同济经管建设了一整套完善的学习质量保证体系的议事程序及规则,建立了层层分工负责、全员参与的培养和管理体系。通过不同组织的层层负责、分工协作,自下而上明确责任,再自上而下监督审查,保证学院各项目(包括国际合作项目)的整体人才培养质量。例如,为了保证授课质量,中德美项目的中外师资通过视频会议或互访等形式进行充分的沟通,循序渐进、交叉指导核心课程,并适当地调整课程大纲,对课程内容进行调整完善。学院教学指导委员中有国内

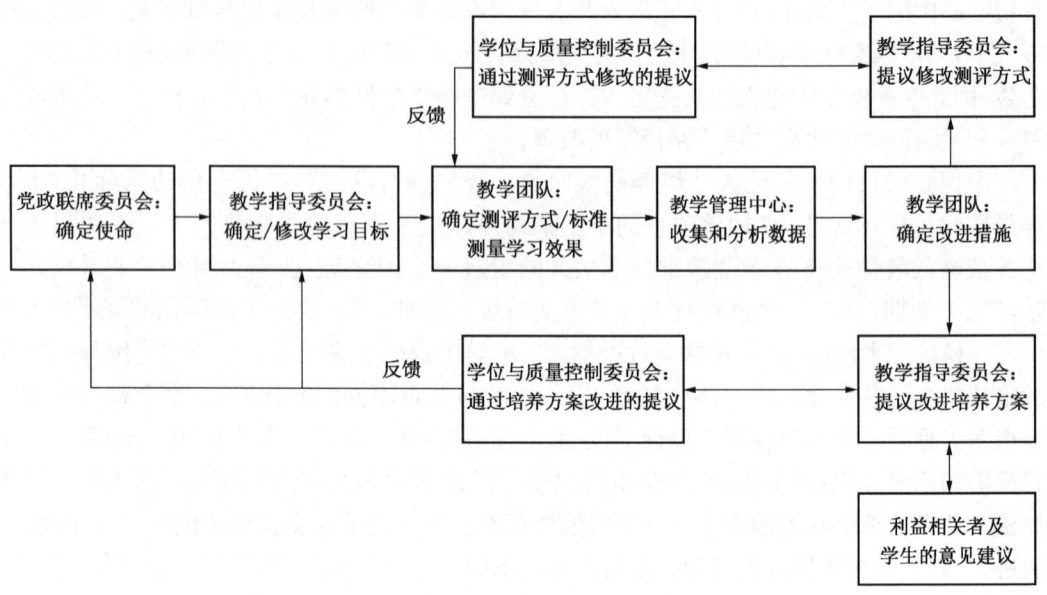

图 1　同济经管"六位一体"培养与管理保障体系具体流程

外知名校友,国际咨询委员中会也有众多国际委员,等等,这些国际化的举措都能够为国际合作项目的发展提供优质的支持服务。

四、后疫情时代国际合作办学项目的维护与发展

新冠疫情对全球政治、经济、文化、社会、科技及教育等产生了深远的影响,并迅速改变了各高校的日常运行、教育教学、学术交流及招生方式等各个方面,也不可避免地对高等教育的国际化造成了全方位的深刻影响。今后国内外高校将更多地借助数字科技等线上工具进行国际交流,但是这还远远不够,各高校还应积极探寻更多的国际交流方式,更应提倡高质量的国际交流,而非高频率的国际交流,与国内外高校加强对话,共同建立一些更加适合学生长期留学并获取更深厚知识的国际化项目。在这样的新形势下,中德美项目虽面临诸多挑战,但三所高校充分认识到自身的使命与责任,积极应对困难,善于变革,开辟出新的教学模式、运营模式和校友维护模式。

(一)线上与线下相结合的教学模式

受新冠疫情影响,网络教学在国际化教育中的重要性在不断增强。网络课程、线上线下混合教学、线上会议与讲座快速发展成为重要的教学和学术交流形式。经过积极审视和研判,2020年中德美项目决定采取线上与线下相结合的授课方式,以使学生可以继续参加中德美项目课程,不因疫情而耽误学业。在线上课堂上,借助 ZOOM 和智慧教室,学生既可以实时和授课教师进行语音交流,也可以通过聊天窗口与授课教师进行文字交流。最为方便的是,由于课程是全英文授课,参加课程的学生如果遇到知识盲点,可以通过授课平台回看课堂录制的视频,有效地查漏补缺。为了提高学生参与课程的积极性,中德美项目的

每门课程都设置了微信群,学生在课后也可以随时与授课教师及其他国家的同学进行实时互动和参与小组讨论。在提高线上课程的创新性和吸引力方面,中德美项目设置了线上企业参访环节,安排中方学生实地参访工厂,以第一视角拍摄公司、工厂、车间的运作,同时有专业人士对各个流程进行讲解,并配以中英文字幕制作成视频。随后,在线上企业参访的展示环节,中国学生都线上参与,同时邀请被访企业的CEO在线上做讲座,德美学生在线上企业参访时感觉犹如亲身参与一般,做到身处国外也可实现中国企业参访和实践学习。

(二)"零时差"的国际化管理团队运营模式

新冠疫情暴发后,中德美项目组织了多场线上会议,三所高校的管理人员针对疫情期间项目的运营模式制定了以下应对策略:首先,加强教学管理团队与学生之间的交流。三方管理人员在线上平台组建班级群,通过班级群和问卷星调查等多种信息化平台及时收集学生反馈并找出学生共性诉求,管理人员再针对学生反馈开展讨论和协商,并做出相应的调整;项目组定期安排线上学习的讨论会,由三方管理人员主持,跟踪学生的线上学习情况。其次,加强三方管理人员之间的交流。在疫情期间,三所高校的管理人员主动保持联系,通过视频会议解决困难与问题、介绍各方的情况和需求、了解各方的诉求和目标,就课程安排和课程内容等各方面达成共识。在项目实施阶段,各方针对学生反映的共性问题及时进行沟通,不断优化项目的教学质量。项目课程结束后,各方需要及时跟进交流,探讨如何进一步提升项目质量。最后,加强三所高校学生之间的交流。中德美项目课程中加入了中德美三国学生线上对话、分组讨论的环节,鼓励学生从不同文化视角出发分享见解,在实践理论过程中塑造"学习共同体",有效提升跨文化交流的深度。

(三)可持续发展的跨国校友互动交流模式

中德美项目以学生需求为基础,积极搭建跨国校友互动交流平台。项目定期举办校友活动,邀请已就业或继续进修的国内外校友,分享就学期间的先进事迹、成功经历和创新创业经验。中德美项目的校友会还会有针对性地开展专业学术类、创新就业类、职业规划类校友讲坛,邀请在专业领域具有突出成就的校友返校参加座谈会,与在校生就学习、就业等方面进行面对面的沟通。

新冠疫情期间,由于线下活动大面积取消,中德美项目决定将定期开展的校友活动转移到线上,并积极搭建网络校友沟通渠道。线上校友分享会,不仅给学生搭建了一个与优秀校友交流的平台,更为学生提供了跨国实习和工作的眼界和机会,同时也发挥了优秀校友的榜样作用。校友与母校、校友之间、校友与在校生能够实时交流,打破地域的限制,更好地达到三国校友联结的目标,增进校友与母校、校友之间、校友与在校生的联系,相互促进,打造共赢的局面。

五、研究生国际化培养的创新性

中德美项目在上述国际化人才培养模式下,采用国际化教学语言,有效培养学生对国际语言的运用能力;采用跨国的国际化教学方法,从教与学的不同角度,培养学生的创造性思维；利用跨国的国际化教学资源，让学生掌握最前沿、最权威的专业信息；通过开展跨国的国际化教学实践活动，为学生提供展示和提高国际化实践能力的舞台。经过在中德美三所名校的学习生活，学生们收获颇丰。同时，经过近几年的国际合作办学，中德美项目也取得了一些实践经验和成果。

(一) 理论与实践相结合的"双元制"人才培养模式

中德美项目实行课堂与企业相结合、校内与校外相结合的"双元制"人才培养模式。该项目专门开设三门实践课程，在德国学期开设"欧洲商业实践"，在中国学期开设"中国商业实践"，在美国学期开设"美国商业实践"，学生可以前往三大洲三国的知名企业实践学习，通过实践全面了解国际化的供应链工业体系。该项目鼓励教师和学生与工业界合作，学生的学习在课堂和工业界之间反复交替进行。参与该项目的授课教师80%以上具有5年及以上实践工作经验。同时，该项目的实践模块也将企业和企业家资源引入课堂，与该项目相关的合作伙伴拥有众多国际知名企业资助的基金教席又是一大特色。每个教席都有一个国际知名企业作为其资助方。这种理论与实践相结合的"双元制"人才培养模式在一定程度上改善了工科大学的教学理论与实践脱节的情况。总体而言，中德美项目摒弃了旧的教学模式和课程体系，解决了现有教学模式下学生知识结构单一、专业面狭窄、实践教学不足等问题，运用新的教学方法，例如仿真模拟、案例分析、跨国企业参访等，提高学生学习的兴趣和动力，以夯实学生的专业基础和增强学生的实践能力。同时，中德美项目使国际化人才培养从单学科教育转向跨学科教育，从单文化沟通转向跨文化沟通，从书本教育转向实践教育，从以教师为主转向以学生为主，全面实施教学改革，打破学科壁垒，提升学生跨学科、跨领域和跨专业的"混搭式"创新能力，以及在多元文化背景下分析问题和解决问题的能力。

(二) 对标国际排名提升项目品牌影响力

近年来大学排名的影响力日益提高，高校普遍将大学排名视为提升办学质量、加强学校人才培养建设的参照系。QS世界大学排名（QS World University Rankings）、泰晤士高等教育世界大学排名（Times Higher Education World University Rankings）、U. S. News世界大学排名（U. S. News & World Report Best Global Universities Ranking）及软科世界大学学术排名（Shanghai Ranking's Academic Ranking of World Universities，ARWU）被视为目前世界最具影响力的四大大学排名。因此，QS世界大学学科排名对于我国高校学科的建设和发展具有较大的指导意义。

QS世界大学全球供应链管理硕士项目排名根据全球雇主声誉、全球学术声誉、师资构成、国际化、毕业生薪资水平等多项指标评价得出。2020年9月，中德美项目首次参与QS世界大学学科排名便成功登榜，跻身世界50强，位列世界第41名。物流和供应链专业是北美洲和欧洲商学院的强势学科，而同济经管在这一学科上的传统优势明显，近年来在研究和教学上取得的突破显著，排名领跑亚洲商学院。中德美项目在QS世界大学学科排名中表现优异，很大程度上得益于三所高校坚持国际化的办学方向，探索多元化国际交流与合作。

六、结语

以国际合作项目为平台,传播中国声音,树立人类命运共同体意识,积极应对"一带一路"倡议面临的全球挑战和国际问题,为世界贡献中国智慧,是当前国家对高等教育的重大战略需求,也是建设中国特色世界一流大学和世界一流学科的应有之义。诸多国内高校的发展经验表明,国际合作有助于加强国际协同创新,营造良好的国际化教学科研环境,增强对外籍优秀教师和高水平留学生的吸引力,切实提高我国高等教育的国际竞争力和话语权,树立中国大学的良好品牌和形象。在现有实践经验的基础上,同济大学中德美项目还将不断地寻求新的发展途径,积极运用科学有效的方法优化教学管理和创新人才培养之间的关系,最终为创新人才培养营造有利环境。

参考文献

[1] 钟秉林,南晓鹏. 后疫情时代我国高等教育发展的宏观思考[J]. 教育研究,2021(5):108-116.
[2] 李凤林,李炜. 重塑与超越:后疫情时代高等教育国际化审思[J]. 教育探索,2021(6):34-38.
[3] 刘秀玲,肖杨,牟岚,等. 中外教学资源整合下的国际化人才培养模式探索[J]. 大连民族大学学报,2019,11(6):561-576.
[4] 魏礼庆,常栩雨. 疫情下教育国际合作与交流的思考[J]. 中国高等教育,2020(22):54-55.

基于协同创新理念的高校人才培养改革路径探索
——以商学院为例*

曹晓玲[1]　徐鑫[2]　郭逸群[1]　郭峥[1]

（1. 同济大学经济与管理学院；　2. 上海立信会计金融学院）

摘　要：人才问题是关系党和国家事业发展的关键问题。《中华人民共和国国民经济和社会发展第十四个五年规划和2035年远景目标纲要》指出，要"全方位培养、引进、用好人才，充分发挥人才第一资源的作用"。高校作为人才培养的摇篮，担负着立德树人根本任务，在新时期应顺应时代潮流，落实人才培养的全方位改革。而协同创新正是各方合力谋求创新的理念，在建党百年的新征程中，高校应深入剖析人才培养现状，并着眼于党和国家的人才需求，在协同创新理念下进行人才培养改革的新路径探索，为全面建成社会主义现代化强国、实现中华民族伟大复兴的中国梦提供人才支撑。

关键词：协同创新；高校人才培养；改革路径；商学院

一、引言

习近平总书记在全国高校思想政治工作会议上发表重要讲话，指出"办好我国高校，办出世界一流大学，必须牢牢抓住全面提高人才培养能力这个核心点，并以此来带动高校其他工作"。人才培养是高校的核心使命和根本任务，要全面提高高校人才培养质量，必须坚持党的全面领导和社会主义办学方向。为响应习近平总书记在中央人才工作会议上对于培养高水平复合型人才的号召，以集成、合作、融合与共享为原则不断创新人才培养模式，更好地适应时代需要的协同创新理念应运而生，该理念符合党和国家需要，符合民族复兴伟业的需要，也对商学院人才培养提出了新的要求。因此，高校商学院要立足协同创新理念，培养具有管理思维、科学精神、人文情怀和国际视野的以服务社会为己任的一流经济管理人才。

二、我国商学院人才培养现状分析

（一）高校人才培养模式存在差异

根据多方调查可知，国内各高校在人才培养模式上存在一定程度的差别。以管理模式较为先进的中国人民大学商学院为例,其在人才培养方面更加强调实践化、集成化、互动化。即通过建立与理工科不同的商科特有的实验室进行案例教学,通过案例分析实现产教融合,培养学生分析问题、解决问题的能力;利用慕课、翻转课堂等创新方式学习顶尖教师分析问题的方法,进行线上线下整合;秉持以学生为中心的基本理念,重视课堂交流,使教育更加互动化。对比国内先进案例,我国高校商学院人才培养模式普遍存在三个问题。一是产教融合培养模式不充分:企业师资的规模和质量有待进一步提高,人才培养和社会需求需要进一步精准衔接。二是新型教学方法推广不深入:除案例教学、企业参访等教学方法不够深入外,翻转课堂、慕课、行动学习等新颖教学方法的运用不够普及,高端教学设施不足,课程教学思维偏学术型现象比较突出,课程对学生的吸引力不足。三是学科交叉培养机制不健全:学科之间的交叉融合不够,缺乏机制保障,人工智能等新兴技术与经管各学科的专业融合不足。

(二)国内学生与国际留学生生源结构不平衡问题

在知识经济时代,国际留学生教育事业的发展对于推进人才培养国际化进程具有重要战略意义。加强国际留学生教育,能够增进我国与世界各国之间的了解和友谊,为现代化建设总目标的实现创造一个和平、友好的国际环境。加强对国际留学生的培养,有助于高校提高国际化水平,增强国际影响力,建设世界一流大学;也有助于教师更新知识、扩大视野,提高师资水平,从而提高授课质量,促进学科建设和发展。2020年中国高校留学生比例排名显示,排名第一的上海纽约大学留学生占比为41%,排名第三的对外经贸大学留学生占比就减小至16.7%,排名第一百的高校留学生占比不足3%。这说明我国高校整体上存在境外生比例偏低、生源质量不均的现象。而这就导致国内外经济与管理理念的新思潮不能够充分碰撞,因此,高校要进一步增加留学生招生数量,着眼世界,推进国际化进程。

(三)博硕士研究生培养质量亟待提高

博硕士研究生是我国科研活动最主要的人才来源,培养高水平的博士、硕士人才对我国科技进步与经济发展具有重要意义。为更好地推进"十四五"规划,为博士后创新岗位的建设奠定基础,高校必须加强对博硕士研究生的培养,推动具备国际竞争力的高技能青年人才队伍不断发展壮大。但目前高校商学院博硕士生培养中普遍存在三个问题:一是博士生科研成果产出效率不高,高质量论文比例偏低;二是博士生到一流高校和科研院所就业比例偏低;三是专业学位论文质量不高,毕业率低,人才培养质量亟待提高。只有提高人才培养质量,坚持立德树人根本任务,才能源源不断地为祖国输送具有国际视野的复合型人才。

(四)人才培养面临新的机遇

随着新时期国家战略和创新产业的发展及"双一流"高校建设的开展,我国高校人才培养迎来了新的机遇。一方面,国家战略和创新产业的发展,对于创新和变革型人才的需求增加。国家"一带一路"倡议、创新创业、"互联网+"、供给侧改革、智能制造、"新基建"、"大卫生、大健康"、长三角一体化等国家战略和行业发展对创新复合型人才的需求增加,这对于高校人才全方位培养改革起到了助推作用。另一方面，高校"双一流"学科建设中，关于学科建设的总体规划强调"发挥各学科特色与优势，完善有效推动学科交叉融合的体制机制打造多样化的学科交叉平台，进一步促进学科间的相互交叉和支撑，引领各学科协同发展"。这给商学院提供了发展机遇，其可以借助高校内部的优势与特色学科，引入其他学院顶尖师资力量，联合设计开发创新交叉课程或者举办学术研讨会、讲座等活动，丰富第二课堂，吸引更多优质生源。除上述两点外，位于北京、上海等城市的高校还可以利用对人才的虹吸效应，特别是国际化人才的供应等区位优势，更加自觉、主动地在国家战略前沿等领域发展，在服务国家重大需求上有所作为和突破。

三、新形势下高校人才全方位培养改革新要求

"十四五"规划期间，高校人才培养体系的优化发展面临新的要求。商学院人才培养需适应和引领新时代的需要，需适应和引领全球变革对经管人才的需要、智慧产业对经管人才的要求、企业转型和政府变革对经管人才的要求，顺应当前国内外经管人才培养规律与趋势。因此，目前高等教育竞争日益激烈、教学创新面临挑战、人才培养体系不健全三方面问题，对人才培养提出了新的要求。

首先，随着新一轮科技变革的加速演进，全球教育、科技、人才等资源不断发生转移与整合，国内外高等教育的竞争也日益激烈。这就要求高校在学术发展方向、学术资源整合、人才培养模式等方面进一步加强战略性、前瞻性布局，尤其是制定并实施以学生为中心、以满足学生的兴趣为导向的大类培养模式势在必行。

其次，现阶段基于信息技术的教育教学创新面临挑战。数字教育资源不断丰富，信息化教学的应用不断拓展，给大学的教育教学增添了变革的力量，推进现代信息技术与教育教学深度融合势在必行。这就要求高校在建设优质教育资源的同时，为学生提供良好的信息化学习环境。

最后，目前的培养体系着力于传统产业和业态，存在一定程度的滞后性。全球经济与贸易格局改变，国内经济结构调整对人才培养提出新的且具有不确定性的需求，调整形成适应新技术、新产品、新业态和新模式的课程体系和培养方式势在必行。

四、协同创新理念视角下人才培养的对策建议

党的十八大以来，习近平总书记多次在教育工作会议中强调人才培养工作的重要性，作为培养高素质人才的主力军，高校要以习近平总书记的重要论述为指导，履行好自身的职责，立足学科协同、院校协同、产学研协同及国际协同的协同创新理念，培养出全面发展、敢于担当的时代新人。

（一）本硕博贯通培养机制与学科协同创新

1. 打造本硕博贯通培养平台

本硕博贯通培养机制是适应新时期人才培养的一项重要举措。该培养平台为学生的

成长提供了更大的空间、更多的机会,既符合现代社会对高层次人才及科学研究时效性的要求,又有利于学校人才培养方式的多层次、多元化和人才培养质量的提高。该平台具体分为课程平台和培养平台两部分:一方面,课程平台主要实施本硕博贯通式人才培养模式改革,制定学院本硕博贯通式培养项目实施方案,着力设计构建科学的、层次分明的"本—硕—博"课程体系,实现"本研贯通"与资源共享,融合本科与研究生培养过程,打造一体化的课程体系和教材体系,并构建个性化培养体系。另一方面,培养平台主要实行硕博连读、直接攻博等长学制培养模式,重点建设一批具有国际一流水准的博士生培养项目,进一步加强研究生学术训练,立足高水平科研,构建科教融合协同育人机制,培养高水平人才。

2. 构建学科协同培养平台

打造学科协同培养平台主要基于两方面,一是构建跨学科师资平台,二是构建跨学科科研平台。构建跨学科师资平台,要立足专业培养体系,组织跨学科的师资力量,培养宽口径、厚基础、强能力的复合型人才。构建跨学科科研平台,要整合交叉学科研究资源,驱动科研教学融合,培养具备跨界思维、融合创新能力的研究型人才;整合优质科研资源与人才培养过程,充分利用同济大学行业特色和核心资源,发挥学科、平台、项目和团队在创新人才培养过程中的依托、纽带和引领作用,通过各方优势互补,在研究氛围中育人,实现科教协同育人。

(二)院际、校际协同创新

1. 实行院际联合创新培养

构建院际联合创新培养平台,着力提升优势学科和专业,改革弱势学科和专业。高校商学院可通过双学位项目,与数学、电信等学院加强合作,突破管理体制的瓶颈,开设"大数据管理与应用""金融科技"等本科双学位项目,以及工程管理专业与智慧城市、数字基建等新基建结合的本科双学位项目,整合全校资源,打造全球领先的智能会计和财务、人工智能和行政管理等新兴学科,培养具备国际视野的一流经济管理人才。高校还可以通过本研一体项目,在双学位项目的基础上,在交叉学科和新兴学科领域,建立一批高水平的本科生与研究生交叉学科联合培养项目及联合学位项目,跨院培养本硕博学生。探索以协同创新为理念,提升本科生深造率的路径;探索以研究项目与课题为导向,培养创新实践人才的方法,实现基于项目与课题协同导向的自主专业选择。

2. 实行校际联合培养

实行校际协同创新人才培养,是新时代抓好人才培养的关键。首先,实施校际学分互认、学位联授的人才培养模式,可以增加合作高校数量和提高合作高校质量,深化全方位、国际化的人才培养工作;其次,实行校际联合培养,校际师资和课程得以共享,因此要鼓励校外师资的嵌入式、模块化教学,鼓励学生跨校辅修;最后,要构建各院校专业学位学生与校友间的沟通平台,全面对标各高校的优势,进行深入学习和交流,借鉴一流高校的先进举措,在新发展形势下,结合和发挥自身优势,开辟新的合作模式和合作途径。

(三)产学研协同创新

为进一步改善人才培养脱离经济发展现状、无法适应社会需求的实际情况,应打破人才培养自我封闭的局面。人才培养模式优化需要融入教育、科技、经济相结合的大循环,以产学研协同为创新人才培养模式的突破点,力图培养高层次的创新人才。

1. 以产业需求为导向,培育和打造一流大学生联合培养基地平台

一方面,社会服务战略协同至关重要,要积极推进产学研协同,以学科群对接产业集群,开展跨领域整合;另一方面,要让产业需求成为人才培养的"磨刀石",通过绩效分配、招生名额、学位制度等机制,鼓励培养适应社会需求的各类专业人才,提升整体就业能力与就业质量。

2. 与知名企业合作优化培养过程

一方面,要优化培养方案,以学生为中心,在课程改革上围绕学生发展、用人单位需求开发培养方案,促进产学研一体化发展;另一方面,要与企业共同开设产学共建课程,共建学科竞赛,拓宽、深化校外实践,丰富创新型人才培养平台体系构建。各高校商学院要加强与证券交易所等金融部门的人才联合培养,将此类金融公司列入教学、参观实践基地,安排相关业界资深专业人员授课,并纳入本科生课程的嵌入式模块化教学。

3. 开展产学研协同的特色课程

通过建立课程集体教研制度,最大限度发挥教研组、课程团队等基层教学组织的作用,建设跨校、跨学院、跨系、跨学科教学团队,搭建教研共享的集成资源平台。高校商学院学科之间协同或者与其他学院学科协同,联合设计开发创新交叉课程或者举办学术研讨、讲座等活动,实现学科的课程融合,实现团队优势互补、学科交叉融合,实现知识平台"集成化"。

4. 以产学研协同创新为基础开设创新课程

要积极开设人工智能等新一代信息技术课程。建设虚拟仿真实验室,推进虚拟实验技术,实现教学环境现实再现。将虚拟技术应用在课程中,借助多媒体、仿真等技术模拟相关软硬件操作环境来辅助,部分甚至全部替代传统教学实验操作环节,构建虚拟实验室等教育教学环境,促进以学习者为中心的个性化学习,推动教与学模式转型,实现规模化示范应用,推动教学、科研的融合发展。

5. 开发跨界应用课程及开发最新案例

要注重科研成果的应用,以科研促教学,教研结合,深化教学内容,更新教育观念。鼓励师生合作开发案例,广泛采用案例教学法,结合重点案例,组织学员开展研究,通过案例教学研究引导学生在实践中总结学习,并就研究成果进行交流讨论,提高案例研究质量。

(四)国际协同创新

复合型优质人才的培养是人才培养的重中之重,是提升国家整体竞争力的重要法宝。高校作为人才培养的主力,面临着师资力量薄弱、人才培养有效方略缺失等问题,要想突破瓶颈,实现立德树人的根本教育大计,进行国际协同创新人才培养是关键举措。

1. 整合全球优秀的师资资源

要根据人才培养需求,以"不求所有,但求所用"的态度,采用课程、讲座、研究等多种人才培养形式,围绕学科群汇聚全球师资队伍、凝聚全球智慧、创新课程内涵,为构建创新型人才培养体系打下坚实基础。

2. 融合优秀的国际教学课程

努力实现在课堂中融入优秀的国际教学课程视频和案例,实现线上线下相融合,打造翻转课堂,推动教学内容和教学方式的进一步提升。

3. 运用先进的国际教学管理方式

随着人工智能等现代教学技术手段的不断发展,教学管理愈发精细化。人工智能技术可以通过大数据分析深入挖掘每个学生的内在特征,从而提高教学管理的精细化水平,教学管理部门可据此不断优化学校整体教学计划的制定。

4. 突破或增加英文国际项目

各高校要建设英文国际"本硕博"项目,加强与世界一流大学联合培养人才的合作培养体系,增设英文本科、硕士、博士项目,以更新教学内涵、提升师资能力和夯实实践基础,对接前沿动态。

5. 增进高水平合作

增进国内高校与海外高水平大学和研究机构的合作,推动双方人才进行学术科研交流,充分利用一流高校现有的国际认证体系及国际平台,建立学分互认、学位联授机制,力图变革传统格局、顺应新的国际趋势。

五、结语

各高校基于自身发展的实际情况已经对人才全方位培养改革有了诸多实践探索。协同创新理念是我国大学人才培养模式的理念创新,是针对我国大学发展总体设计的优化,基于协同创新理念的人才培养改革是我国教育发展的必由之路。接下来各高校要继续深化新时代高校人才培养理念的内涵,总结多年来人才培养改革的实践经验,着眼于"培养什么人、怎样培养人、为谁培养人"这一根本问题,积极推动我国教育事业的发展,推动"人才强国"战略的实施,培养担当民族复兴大任的社会栋梁与行业精英。

参考文献

[1] 习近平. 把思想政治工作贯穿教育教学全过程[EB/OL]. (2016-12-08)[2021-07-04]. http://www.xinhuanet.com/politics/2016-12/08/c_1120082577.htm.

[2] 段子忠. 新时代高校国际化人才培养质量的提升路径[J]. 教育探索,2021(4):3.

[3] 中华人民共和国国民经济和社会发展第十四个五年规划和2035年远景目标纲要(全文)[EB/OL]. (2021-03-06)[2021-07-04]. http://www.china-cer.com.cn/guwen/2021030611615.html.

[4] 习近平. 在庆祝中国共产党成立100周年大会上的讲话[EB/OL]. (2020-07-01)[2021-07-04]. https://baijiahao.baidu.com/s?id=1704064181237550214&wfr=spider&for=pc.

[5] 倪志宇,丛峰,王红杰,等. 综合性大学医学人才培养改革的探索与思考[J]. 中国高教研究,2020(7):87-92.

[6] 吴朝晖. 努力构建以立德树人、全面发展为导向的人才培养体系[J]. 中国高教研究,2019(3):1-6,29.

[7] 吕蔷蔷. "双一流"建设背景下高校基层教学组织改革与提升机制[J]. 教育探索,2021(6):39-43.

［8］李亚东,朱伟文.高校创新创业教育评价监测研究[J].中国高教研究,2019(1)：48-52.
［9］徐小洲,冯建超.新时代哲学社会科学国际化人才培养路径——基于扎根理论的分析[J].中国高教研究,2021(6)：37-40,43.
［10］别敦荣,胡颖.论大学协同创新理念[J].中国高教研究,2012(10)：4-8.

职业生涯教育"朋辈指导"方法实践与探讨
——基于班杜拉社会学习理论

陈 迅 李小小 丁巳芫

(同济大学经济与管理学院)

摘 要：2017—2021年，高校毕业生人数逐年攀升，高校毕业生的就业形势呈现普及化、市场化、个性化、智能化等特点，给高校的就业指导和职业生涯教育工作带来了新的挑战和机遇。本文对高校职业生涯教育中采用的"朋辈指导"法进行了理论与实践的描述，并对运用这一方法更为有效地实现更充分和更高质量的就业的目标进行了讨论。

关键词：职业生涯教育；朋辈指导；社会学习理论

一、引言

根据教育部统计，2017—2021年高校毕业生人数逐年攀升，2017届高校毕业生人数为795万人，2018届高校毕业生人数为820万人，2019届高校毕业生人数为860万人，2020届高校毕业生人数为874万人，2021届高校毕业生人数达到909万人。面对后疫情时代新的形势，高校毕业生就业面临新挑战。

2021年5月13日，教育部高校学生司相关负责人在新闻通气会上分析了后疫情时代高校毕业生的就业形势，并将之概括为"四化"。一是普及化。我国高等教育已进入普及化阶段，毕业生规模持续扩大，高等教育普及持续深入发展，人数的增长必然会带来就业的挑战。二是市场化。在市场化背景下促进毕业生就业，需要大力拓展更多的市场化岗位渠道。三是个性化。现在的毕业生大多是"00后"，他们拥有更多的人生选择，如升学、创业、就业。与此同时，"慢就业"现象也在增加。四是智能化。毕业生线上线下同步开展就业工作，线上投递简历、线上面试、线上签就业协议已成为常态。面对复杂严峻的就业形势，结合未来大学生就业的"四化"趋势，高校就业指导教师需要在确保就业率的基础上，针对大学生新的就业特点和个性化需要，开展针对性、有效性更强的职业生涯教育工作。本文对高校职业生涯教育中采用"朋辈指导"法进行了理论与实践的描述，并对运用这一方法更为有效地实现更充分和更高质量的就业的目标进行了讨论。

二、班杜拉社会学习理论概述

学习，通常被定位为经验导致个体的改变。迈耶(Mayer)将学习定义为"经验导致的学习者知识的持久改变"。行为学习理论,是对个体学习的一种解释,强调可观察的行为变化;社会学习理论不仅重视强化,也重视提示线索对思维的影响和思维对行为的影响。

社会学习理论是传统行为学习理论的一项主要产物。20世纪60年代,阿尔伯特·班杜拉(Albert Bandura)继承和发展了社会认知论和行为主义学派的观点,结合丰富的心理学实证研究,提出了著名的社会学习理论。社会学习理论(Social Learning Theory)认为,通过直接经验学习社会行为固然重要,但人类还发展出了一项更先进的技能,即观察学习。观察学习使得个体可以通过模仿有影响力的榜样而获得知识、技能、态度、价值观等。为了确定某种特定情景中哪些行为是合理的、被接受的,人们会关注周围人的行为,并依据这些观察到的行为所带来的结果作出判断,最后有选择地模仿那些能带来积极结果预期的行为。

社会学习理论十分重视榜样示范在个体社会化过程中的作用,优秀的个体可以将正确的价值观点、思想和行为方式等传递给观察学习者。个体通过社会交往和行为模仿习得观察对象的某种社会技能、养成行为模式,甚至是形成思想道德品质和价值观念,并通过这种方式取得相应的经验或评价自己的行为所产生的效果。这种效果程度又取决于被观察对象所具备的特征和成就,以及个体能够体察到的模仿后果。最终个体通过自我调节,自发获取知识和进行自我教育,扬长避短,在模仿学习过程中加强自我教育与自我管理的能力。

同时,班杜拉从社会学习交互论原理出发,把人的道德品性的形成与发展看作个人在与环境相互作用中的社会化过程。他特别强调社会环境因素和个人内部因素二者在儿童品德形成中的作用。传统的德育观认为个体道德发展完全由社会环境决定,个体只是被动地接受社会的道德要求。而班杜拉的主客体交互论的道德发展观认为,现代德育应是主客体交互式的,它更重视人这一实践主体,认为人是有情感、有意志的,德性不过是人把握社会现实的方式。个体在特定情况下,综合加工来自各方面的信息,从而形成有个人特征的思想道德观念,这些思想道德观念作为个体稳定的特征保持下来,成为个体主体性的一部分。因此,思想品德是主客体交互作用的产物。

我国高校的职业生涯教育是对大学生开展的思想政治教育的内容之一,职业生涯教育需要结合思想政治教育的五大板块进行,分别为世界观教育、政治观教育、人生观教育、法制观教育和道德观教育。在具体的教育方法上,"朋辈指导"法是思想政治教育方法"榜样示范"法的"子项方法",是指通过发挥具有典型意义的朋辈(一般为高出5级的学长或年级差低于5级的同龄人)的示范引导、警示警戒作用,引导受教育者在进行职业生涯规划的过程中提高思想认识、加强职业规划的科学性和针对性。

三、职业生涯教育"朋辈指导"方法实践

为了促进学生实现更充分和更高质量的就业,提升学生自我规划、自我教育的能力,开展大学生职业生涯教育显得更加重要。在开展过程中,应适当地引入"朋辈指导"法,通过同龄人间的交流分享、模仿学习、指导帮助,引导大学生更好地规划职业生涯。

（一）在优秀学生中树立朋辈教育典型

在职业生涯教育过程中，高校应注重挖掘在职业生涯规划中涌现出的优秀典型，开展典型案例征集活动，或对优秀典型做深度访谈，以多种形式总结推广，发挥朋辈间示范指导作用。可挖掘在校学生的先进案例，即在校学生成功求职的经验或有意义的职业，可对其进行人物访谈或表彰奖励；也可挖掘毕业校友的优秀案例，从职业定位、职业环境、价值观、性格特征、技能，以及职业转换、社会角色转变等方面树立榜样典型，并建立朋辈职业生涯教育案例库。

朋辈教育可以引导学生学会自我管理和自我教育。自学生入学起，关注其职业生涯过程，并通过专业知识给予学生职业发展方面的引领。在学生找工作时，为对某一公司有意向或者已与该公司签约的应届毕业生搭建校友联系平台，让他们能够在职场拥有"校友之家"。如此，不但能够让学生消除职场上的孤独感，更能够促进学生在职场上以朋辈为榜样，更好地进行自我教育，而且可以将一届又一届的毕业生凝聚起来，从而为在校学生提供更多的实习和就业岗位，形成良性循环。另外，以职业发展类学生社团为载体，开展职业生涯教育相关活动，可以激发学生自我教育、自我管理、自我服务的能力。

（二）在"焦点小组访谈"中实现朋辈教育

焦点小组（Focus Groups）访谈也称焦点深度访谈，是社会科学使用的一种研究方法，形成于20世纪40年代。第一个正式使用"焦点小组"这一称谓的人是美国著名社会学家罗伯特·金·默顿（Robert King Merton），他被称为"焦点小组之父"。1946年，默顿和肯德尔（Kendall）在《美国社会学杂志》（*American Journal of Sociology*）上发表了专文《焦点访谈》（"The Focused Interview"），对焦点小组访谈方法进行了系统论述。

英国埃克塞克大学心理健康系的鲍威尔（Powell）等人认为：焦点小组访谈，就是一群经过挑选的参与者被主持人组合到一起，讨论并发表来自个人经验的意见，而讨论的话题就是研究的主题。焦点小组访谈的优势在于，被访谈者能够在组织者营造的轻松交流环境中互相启发式地"畅所欲言"。

在通过开展"焦点小组访谈"实现朋辈教育的过程中，首先需要筛选出在职业规划方面提出相类似问题的学生群体，进而根据筛选出的共性问题凝练出假设的解释和设计可控的访谈提纲。参与焦点访谈的职业规划咨询师需要具备娴熟的访谈技能，真实记录访谈过程中的一手数据。这些一手数据可以培养职业咨询师的数据敏感度，是高校开展有针对性的职业教育的基础。

（三）在"个性化"趋势中体现朋辈针对性指导

团体辅导在普及职业生涯通识理念及提升相应的技能素质方面效果很好，但更高层级的自我认知、职业探索或职业决策则需要进一步的朋辈个性化指导来达成。个性化指导是一项注重科学性、实效性、专业性的工作，针对不同学生的不同诉求，可以通过面对面指导、电话沟通、微信沟通等方式进行。通过为学生配备朋辈导师，开放定期"一对一"辅导及预约咨询服务。

在日常工作中，梳理出"就业困难"学生，包括就业积极性不高、对未来没有合理规划和成绩差甚至延期毕业导致缺少求职信心的学生，并主动对这些学生实行"一对一"个性化指导。要引导其进行专业认知、职业规划、外部世界探索及自我发现，辅导其撰写简历及参与模拟面试，帮助学生建立自信求职心态并提高相应求职技能。对于已有特定职涯规划的学生，如应征入伍、自主创业、入职选调生、国际组织实习、海外就业等，朋辈间的经验分享及指导作用和影响比较大，可邀请具有同类经历的优秀学长学姐与学生进行"一对一"双向互动，帮助学生更加了解特定职业的工作内容、自身准备及未来职涯的发展路径，以便更好地帮助学生进行职业决策。

四、职业生涯教育"朋辈指导"方法探讨

职业生涯教育"朋辈指导"法的运用在实践中并不是前沿的创新之举，其作为大学生思想政治教育的方法之一，已得到广泛的接受与应用。下文将论述如何更好地运用这一方法以收获更好的效果。

（一）"朋辈指导"法存在的问题

1. 思想政治教育内涵的突出和强化不够

当前高校职业生涯教育仍比较关注就业率、就业质量等硬指标，"朋辈指导"也侧重于服务这些指标来进行就业技能培养及未来职业发展指导。实践中，部分大学生持有"精英就业""慢就业"等职业念，在职业选择上"功利主义""个人主义"现象较为突出。因此，在职业生涯教育中，德育渗透和人格塑造应受到更大的关注。个人职业理想与国家战略发展相结合的思想政治教育内涵还须进一步突出和强化。

2. 朋辈指导者的认知深度仍须加强

朋辈指导者大多是和大学生同龄的群体，个人社会阅历、职场经验有限，对某一问题的理解和解读多基于自身的感受、经历、经验，会导致其在"朋辈指导"过程中更多地进行感性的描述性信息分享，浮于表面。同时，受个人职业局限的影响，相应的指导活动因缺乏行业内权威性调研数据或研究报告的支撑，也会在帮助学生了解相关专业和行业领域的国家战略、法律法规和相关政策，引导学生深入社会实践、关注现实问题的认知深度上难以达到高层次的指导要求。

3. "朋辈指导"的效果难以追踪与评估

基于"朋辈指导"的职业生涯教育载体丰富、形式多样，既有团体辅导，也有针对不同群体的个性化辅导，但"朋辈指导"的效果较难以追踪与评估。朋辈指导者自身输出信息的质量会直接影响"朋辈指导"的效果，同时，没有制定相应的复盘优化机制也会导致指导效果评估困难。

（二）提升"朋辈指导"法效果的对策

1. 加强职业生涯教育工作者的思想政治修养和实践修为

根据班杜拉的主客体交互论的道德发展观，人的道德品性的形成与发展是个人在与环

境相互作用中的社会化过程,个体可以通过社会交往和模仿行为习得思想道德品质和价值观念。由于朋辈指导者大多是与大学生同龄的群体,与大学生有着相似的成长背景和生活经历,加强朋辈指导者的思想政治修养和实践修为,有助于大学生在职业生涯教育中更好地理解与形成正确的价值观。

一是"朋辈指导"的策划组织者必须将思想政治教育贯穿职业生涯教育,做职业生涯教育和思政教育"两张皮"问题的解决者。"朋辈指导"的策划组织者要加强思想政治教育意识和能力的全面提升,要寓价值观引导于职业发展知识和就业技能培养,帮助学生塑造正确的职业观。

二是具体的朋辈典型人物需要突出思想政治的教育功能。在利用朋辈典型人物发挥思想政治教育作用的过程中,选择那些主动投身国家重大工程、重大项目、重要领域的优秀学生,引导毕业生树立将个人职业理想与国家战略发展相结合的就业观,转变"精英就业""慢就业"等观念;引导学生深入理解并践行各行业的职业精神和职业规范,进一步深化职业理想和职业道德教育。

2. 精心设计管理好"朋辈指导"教育的每个环节

精心设计好每次"朋辈指导"教育活动,管理好活动实施的各个环节,才能最大限度发挥出"朋辈指导"教育的作用,达到应有的教育目的。在设计"朋辈指导"活动时,首先要设定活动的教育目标;然后根据目标主题选择合适的"朋辈指导"嘉宾,并面向参与学生做活动前问题的收集;再预留足够时间让"朋辈指导"嘉宾充分准备问题答疑,力求在答疑互动环节既能引导学生自我思考也能强化价值引领;在活动最后,"朋辈指导"的策划组织者要及时收集"朋辈指导"嘉宾和学生的反馈,并根据反馈在下一次教育活动中作出调整。

3. 注重失败经验,促进深刻思考

社会学习理论认同榜样示范的积极作用,同时也认为个体会有选择地模仿那些能带来积极结果预期的行为,并且个体会自我调节,扬长避短,而具有典型意义的学长经历的警示警戒作用,可以让学生加强自我教育与自我管理的能力。基于此,可以适当实施反面教育,搜集朋辈间的失败案例,开展"失败讲堂",既可深化正面榜样的示范效果,预防不理性、不合适的职业选择,也可以培养学生正确面对失败、接受挫折教育、纠偏纠错的能力。在实施过程中,引导学生辩证看待问题,既不妄自菲薄,也不全盘否定,注重逆商的培养,更好地应对在未来职场中会面临的挫折和挑战。

4. 建立"朋辈指导"效果跟踪机制

在开展"朋辈指导"实践过程中要时刻注意方式方法和实现路径,对朋辈指导人员的筛选及对指导效果的跟踪评估尤为重要。一方面,在日常工作中要注意挖掘和维系优秀朋辈资源,建立相应资源库,选择具有正确价值观、高度责任感的朋辈校友,严格把关分享内容,对其语言表达、互动沟通、共情能力做专业培训;另一方面,建立"朋辈指导"效果跟踪机制,不但要在相应的指导活动后通过及时访谈调查和复盘来进行效果评估,还要对反馈的结果进行不断调整优化和持续跟踪,以期提高职业生涯教育"朋辈指导"的实效性。

优秀校友是学校的宝贵财富,在大学生的职业生涯教育中具有重要的示范作用。优秀朋辈校友对社会需要及企业对人才的需求标准有一定了解,让他们参与大学生职业生涯教育,可以增强职业生涯规划教育的社会化程度。为此,高校应积极为学生搭建与校友沟通与交流的

平台，进一步发挥校友的人力资源优势。高校可进一步整合梳理海量动态的朋辈资源，建立朋辈校友信息平台。根据整合的信息系统构建职业实践体系，让学生可以参与实习实践，通过朋辈校友"体验式"的指导，更加充分地认知自我与职业的匹配关系。

五、结语

本文探讨了在班杜拉社会学习理论指导下，通过在优秀学生中树立朋辈教育典型、在"焦点小组访谈"中实现朋辈教育、在"个性化"趋势中体验朋辈针对性指导的具体实践方法，思考得出目前实施的"朋辈指导"存在思想政治教育内涵的突出和强化不够、"朋辈指导"的认知深度仍须加强、"朋辈指导"的效果难以追踪与评价三大问题，并提出加强职业生涯教育工作者的思想政治修养和实践修为、精心设计管理好"朋辈指导"教育的每个环节、注重失败经验、建立"朋辈指导"效果跟踪机制四大对策。大学生职业生涯教育至关重要，如何构建全面覆盖、类型丰富、层次递进、相互支撑的职业生涯"朋辈指导"体系，仍是高校应该关注并积极思考、探索的一大问题。

参考文献

[1] 王静誩."大学生就业指导"课混合式教学模式初探[J].北京教育：高教版,2021(6)：3.

[2] 罗伯特·斯莱文.教育心理学—理论与实践[M].吕红梅,姚梅林,等译.10版.北京：人民邮电出版社2016：110.

[3] 徐晓音,祝卓宏.领导低头使用手机对员工工作绩效的影响：基于社会学习理论视角[J].中国人力资源开发,2021,38(6)：13.

[4] 刘艳,谭亚莉.班杜拉社会学习理论视角下朋辈引导式思想政治教育的实现[J].学术探索,2020(7)：5.

[5] 沈莉萍.试论班杜拉社会学习理论的道德发展观[J].教育探索,2001(1)：68.

[6] 陈万柏.思想政治教育学原理[M].北京：中国人民大学出版社,2013.

[7] 张国威,张天华.立德树人融入大学生职业生涯教育路径探究[J].锦州医科大学学报（社会科学版）,2018,16(3)：116-118.

[8] 宋玲.高校职业生涯规划教育中朋辈教育的运用研究[J].思想政治课研究,2014(4)：5.

[9] 任鹏飞.基于朋辈教育的大学生就业能力培养研究[J].科技信息,2012(28)：61.

微课程研究主题分析

吴 冰 张 文 李沁芳

(同济大学经济与管理学院)

摘 要: 微课程是基于育人目标要求优化设计而成的课程,于 2011 年引入中国。随着互联网技术的发展和智能终端的普及,微课程迅速发展。本文针对中文社会科学引文(CSSCI)数据库中收录的篇名含"微课程"的研究文献,分析发文的总体趋势和发文的学科分布,研究发文的主题分布,进一步对期刊发文和作者发文进行主题分析,以发现微课程研究关注的主题和演变,由此总结全文并提出未来研究方向。

关键词: 微课程;互联网技术;主题分布;主题演变

一、引言

信息化时代,对学习者学习能力的培养更倾向于思维能力的训练,由此,课程资源建设和教学也要发生相应的转变。微课程运用建构主义方法,以在线学习或移动学习为目的,开发教学资源和教学内容,设计完整的教学设计环节,包含课程设计、开发、实施、评价等环节,将传统课程资源设计转变为学习型课程资源设计。

在大数据、人工智能、虚拟现实等信息技术的助推下,微课程具有的特点包括:主持人讲授性,主持人可以出镜,可以话外音;流媒体播放性,可以视频、动画等形式基于网络流媒体播放;教学时间较短,5~10 分钟为宜,最短的 1~2 分钟,最长不宜超过 20 分钟;教学内容较少,突出某个学科的知识点或技能点;资源容量较小,适于基于移动设备的移动学习;精致教学设计,完全的、精心的信息化教学设计;经典示范案例,真实的、具体的、典型案例化的教与学情景;自主学习为主,为学习者提供自主学习的课程;微课程制作简便实用,通过多种途径和设备制作,以实用为宗旨;配套相关材料,微课程需要配套相关的练习、资源及评价方法。

二、研究现状

(一)数据获取

本文通过南京大学中国社会科学研究评价中心开发研制的引文数据库(Chinese Social Sciences Citation Index,CSSCI),检索中文人文社会科学领域的论文收录和被引用情况,目前该库是国内人文社科领域科研成果的评价工具之一。CSSCI 遵循文献计量学规律,采取定量与定性相结合的方法,从中文人文社会科学学术性期刊中精选出学术性强、编辑规范的期刊作为来源期刊。目前收录包括法学、管理学、经济学、历史学、政治学等在内的 25 大类的学术期刊。学科类型包括：建筑与规划、经济与管理学、哲学、法学、社会科学、教育学、语言与文学、艺术学、政治学、历史学、新闻传播学、体育学和设计学。

在 CSSCI 数据库检索篇名中含"微课"的文献,得到共 175 条 2011—2020 年发表的文献的记录,其中,论文 173 篇,综述和报告各 1 篇。

(二)总体趋势分析

我国微课程研究源于 2011 年发表的 1 篇发文,2015 年年度发文数达到最高峰(45 篇),之后年度研究数量开始逐年下降,趋于平缓,直到 2020 年发文数降至 3 篇,如图 1 所示。说明我国对于微课程的研究已经逐步走向成熟和应用。

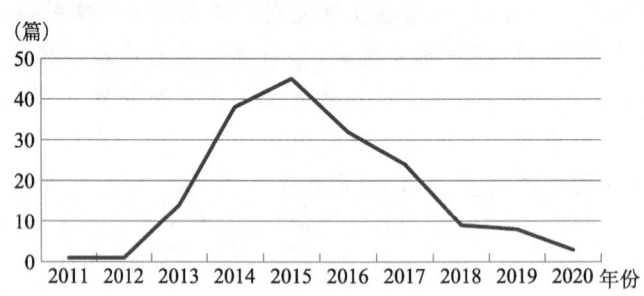

图 1　2011—2020 年我国微课程研究发文年度趋势

(三)学科分布分析

2011—2020 年我国微课程研究的发文,主要集中在教育学领域,占比近 84.6%,语言学,图书馆、情报与文献学领域的发文,占比为 10%,艺术学和心理学领域的发文分别为 1 篇,如表 1 所示。

表 1　　2011—2020 年我国微课程研究发文学科分布

学科	教育学	语言学	图书馆、情报与文献学	体育学	新闻学与传播学	艺术学	心理学
篇数	148	9	8	3	2	1	1

三、研究图谱分析

(一)研究主题分布

对在 CSSCI 数据库中检索到的 175 篇论文进行文献共被引的聚类分析,结果如图 2 所示,分为六类:课堂教学、微课程、知识表达、理念与实践、微课和碎片化学习。在各聚类分布表中,每一个聚类的 Silhouette 值都高于 0.7,这表明每一个聚类内部的同质性很高,聚类具有较高可信度。

图 2　微课程研究主题聚类

研究主题的详细分析如表2所示。首先,微课(主题聚类4)起源于2005年;接着,理念与实践(主题聚类3)在2008年展开,由此,碎片化学习(主题聚类5)2009年开始成为受关注的主题,与此同时,知识表达(主题聚类2)随之发展;最后,课堂教学(主题聚类0)和微课程(主题聚类1)分别自2011年和2012年成为研究焦点。

表2　　　　　　　　　　　微课程相关论文研究主题分析

ID	主题聚类	规模(篇)	起始(年)	关键词
0	课堂教学	13	2011	课堂教学模式;在线学习;本体价值;概念模型
1	微课程	12	2012	微课程;微课;本体特征;微课发展;教学行为
2	知识表达	12	2009	知识表达;时代表征;项目课程;个性化;知识样态
3	理念与实践	11	2008	理念与实践;发展阶段;认知负荷;教育资源建设
4	微课	10	2005	微课;微课程;教学模型;资源应用;影响因素
5	碎片化学习	6	2009	结果绩效;微课评价;语义技术;知识本体

(二) 期刊发文主题分析

对CSSCI数据库中检索到的175篇论文进行期刊共被引的聚类分析,将其分为五类:问题解决、自我决定理论、内容分析法、知识图谱、教学模型。聚类分析结合发文数排名前十的期刊、被引次数、研究主题及关键词分析,如表3所示。

《现代教育技术》的发表的微课程论文篇数最多,达46篇,其次是《中国电化教育》,达33篇,但《现代教育技术》的发文被引次数为55次,低于《中国电化教育》的发文被引次数(84次)。进一步分析期刊的发文主题及其关键词,《中国电化教育》的发文集中于知识图谱,由此易于引起更多关注。值得注意的是,《远程教育杂志》和《电化教育研究》的发文数分别为7篇和11篇,被引次数分别达68次和75次。根据期刊的发文主题及其关键词分析,《远程教育杂志》的发文侧重从自我决定理论的视角研究师生需求、信息素养教育、教育平台和学业成就;《电化教育研究》的发文侧重将教学模型应用于多维尺度分析和翻转学习;由此,这两个期刊的发文,都为微课程的实践发展和建设成效提供了有效的理论支持。

表3　　　　　　　　　　　期刊微课程相关论文主题

期刊	发文(篇)	被引(次)	研究主题及关键词
《现代教育技术》	46	55	问题解决;资源应用;微课教学设计标准;问题导向;微课程设计
《中国电化教育》	33	84	知识图谱;课堂教学模式;数字教育;解集作用;微课发展
《远程教育杂志》	7	68	自我决定理论;师生需求;信息素养教育;教育平台;学业成就
《现代远程教育研究》	7	23	
《中国远程教育》	5	26	

(续表)

期刊	发文(篇)	被引(次)	研究主题及关键词
《外语电化教学》	5	7	教学模型；本体特征；小学科学；多维尺度分析；翻转学习
《课程教材教法》	12	16	
《电化教育研究》	11	75	
《教育发展研究》	3	10	内容分析法；碎片化；研究主题；回顾与反思；微课建设

(三) 作者发文主题分析

对 CSSCI 数据库中检索到的 175 篇论文进行作者共被引的频次统计，频次排名前十的作者如图 3 所示。2011 年，胡铁生将微课程引入国内，并发表多篇研究论文，与此同时，微课程在国内迅速进入建设与发展阶段，由此胡铁生发文被引频次排名第一，达 89 次。

根据图 3 所示的作者微课程相关论文被引频次，进一步从作者、单位、发文年份、发文期刊对作者发文主题进行分析，如表 4 所示。被引

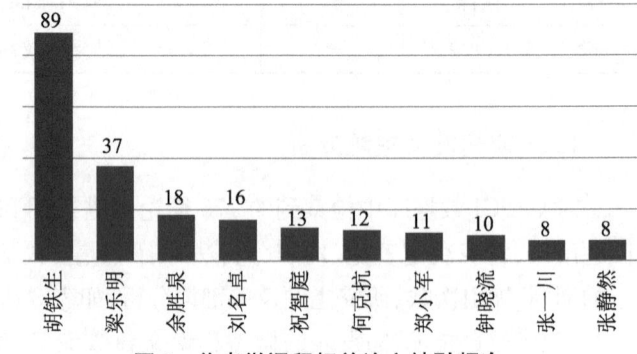

图 3　作者微课程相关论文被引频次

频次排名第一的作者，研究主题集中于微课程的问题解决、教师专业发展和教学设计。被引频次排名前十的作者中，有 5 名作者的研究关注微课程的教学资源建设与应用，有 3 名作者的研究关注微课程的设计要素、教育平台和翻转学习。

表 4　　作者微课程相关论文主题

作者	单位	发文年份	发文期刊	研究主题
胡铁生	佛山市教育局教育信息网络中心	2013 年	《远程教育杂志》	微课程；问题解决；教师专业发展；思维导图；教学设计
梁乐明	南京大学教育研究院	2013 年	《中国电化教育》《开放教育研究》	资源应用；教育资源建设；学业成就
祝智庭	华东师范大学上海数字化教育装备工程技术研究中心	2013 年	《中国电化教育》	
何克抗	北京师范大学现代教育技术研究所	2013 年	《现代远程教育研究》	
钟晓流	清华大学信息化技术中心	2013 年	《开放教育研究》	
张静然	中央电化教育馆	2013 年	《中国电化教育》	

(续表)

作者	单位	发文年份	发文期刊	研究主题
余胜泉	北京师范大学教育技术学院	2014年	《开放教育研究》	碎片化学习；师生需求；学习情境
刘名卓	华东师范大学开放教育学院	2014年	《中国电化教育》	设计要素；信息素养教育；教育平台；翻转学习
郑小军	广西师范学院教育技术系	2014年	《现代远程教育研究》	
张一川	华南师范大学化学教学与资源研究所	2013年	《远程教育杂志》	

四、总结

充分运用现代信息科技，将信息技术与传统教学相融合，是教育发展的趋势。基于此，本文对CSSCI数据库中微课程相关文献进行分析，研究表明：①发文量自2011年开始逐年递增，到2015年达到高峰，之后发展趋于平缓。②在教育学领域发文接近85%。③从文献共被引角度，发文主题可以聚类为课堂教学、微课程、知识表达、理念与实践、微课和碎片化学习。④从期刊共被引角度，发文主题可以聚类为问题解决、自我决定理论、内容分析法、知识图谱、教学模型。⑤从作者共被引角度，发文主题可以聚类为资源应用、设计要素、碎片化学习和微课程问题解决。

作为信息技术与教育教学深度融合的有效途径，在微课程中，每个知识体系都有重点和核心，可以由此延伸构建完整的知识网络，给学习者更多思考空间，提高其教学效率，还能培养学习者的学习思考能力，让其逐渐掌握学习的方法。因此，从微课程资源构成角度，关注微课程教学活动、教学资源建设与应用及教学评价，是微课程建设的有效路径。

参考文献

[1] 轩红芹.信息化时代微课建设特质的几点认识[J].中国大学教学,2020(6):82-85.
[2] 孙康宁,刘会霞,杨平,等.面向新工科的微课程体系和新形态课程研究与实践[J].高等工程教育研究,2021(3):44-48.
[3] 梁云真,朱珂,黄宏涛.网络授课技巧系列微课程：辅助教师在线教学[J].现代教育技术,2020,30(3):126.
[4] 胡铁生,黄明燕,李民.我国微课发展的三个阶段及其启示[J].远程教育杂志,2013,31(4):36-42.
[5] 梁乐明,梁锦明.从资源建设到应用：微课程的现状与趋势[J].中国电化教育,2013(8):71-76.
[6] 梁乐明,曹俏俏,张宝辉.微课程设计模式研究——基于国内外微课程的对比分析[J].开放教育研究,2013,19(1):65-73.
[7] 祝智庭,管珏琪,刘俊.个人学习空间：数字学习环境设计新焦点[J].中国电化教育,2013(3):1-6.
[8] 何克抗.新课改 新课堂 新跨越——教育系统如何实现信息技术支持下的重大结构性变革[J].现代远程教育研究,2013(4):3-6.
[9] 钟晓流,宋述强,焦丽珍.信息化环境中基于翻转课堂理念的教学设计研究[J].开放教育研究,2013,19(1):58-64.

[10] 张静然. 信息技术教师专业发展研究的特征及趋势分析[J]. 中国电化教育, 2013(10): 70-75.
[11] 余胜泉, 陈敏. 基于学习元平台的微课设计[J]. 开放教育研究, 2014, 20(1): 100-110.
[12] 刘名卓, 祝智庭. MOOCs教学设计样式研究[J]. 中国电化教育, 2014(7): 19-24.
[13] 郑小军, 张霞. 微课的六点质疑及回应[J]. 现代远程教育研究, 2014(2): 48-54.
[14] 张一川, 钱扬义. 国内外"微课"资源建设与应用进展[J]. 远程教育杂志, 2013, 31(6): 26-33.

基于"四重螺旋"理论的信息管理与信息系统专业产教融合人才培养研究

李 萌 朱茂然

(同济大学经济与管理学院)

摘 要：第四次工业革命时代下,信息管理与信息系统专业迎来大有可为的机遇期,但同时面临着自身定位不明确、缺乏核心竞争力、人才供需结构性矛盾突出等问题,产教融合则是打破人才培养瓶颈的重要途径。基于"四重螺旋"理论,构建"政府—高校—企业—社会第三方"产教融合人才培养模式,以需求为导向,通过政府统筹规划、企业发挥重要主体作用,学校紧密对接产业链、创新链,社会第三方监督促进产教对接,推动信息管理与信息系统专业抓住机遇,找准自身定位,形成专业核心竞争力,解决人才供需矛盾,办好让人民满意的教育,承担起为国家培养新型人才的重任。

关键词："四重螺旋";信息管理与信息系统;产教融合;人才培养

一、信管专业简况

(一) 人才培养定位

信息管理与信息系统专业(简称信管专业)由经济信息管理、信息学、科技信息、管理信息系统和林业信息管理五个专业归并而成,旨在培养拥有系统化管理思想和较高管理素质,掌握管理学与经济学基础理论及信息与工程相关技术知识,具有一定的理论和定量分析能力、实践能力及创新创业能力,具备职业道德与国际视野,满足现代管理需要的高素质人才。信管专业与管理学和计算机科学与技术等有着密切的联系,这些学科的交叉与拓展给该专业人才带来了竞争力。

(二) 研究背景

随着第四次工业革命的到来,利用信息化技术促进产业变革成为时代的主流。互联网和信息行业的发展,促进"大数据"时代的到来,在商业、经济及其他领域中,决策将日益基于数据和分析而作出,而并非基于经验和直觉。企业数字化转型的趋势日益明显,大数据、人工智能、区块链的兴起和在全行业内的广泛渗透使得掌握这些信息技术的人才广受欢迎。

信息管理与技术应用领域复合型人才,在项目团队中承担着整合、规划、辅助和支持决策的任务,应充分有效利用信息和数据,明确功能需求、技术实现,进行内、外部沟通协作,辅助和支持决策等,需要较强的综合能力,是十分关键的角色。目前社会上对此类复合型人才的需求仍有较大缺口。

信管专业以培养信息管理与技术应用领域复合型人才为目标,在数字化转型背景下扮演为国家培养一流信息化人才的重要角色,当前正处在一个大有可为的历史机遇期。

(三)专业目前存在的问题

1. 定位不明确,缺乏核心竞争力

由于其管理和计算机复合的交叉属性,信管专业一直面临着自身定位和发展趋势不明确、影响力不足的问题。信管专业本质不明确,缺乏清晰的人才培养目标。该专业建设初衷是培养管理和技术复合型人才,提高学生的综合竞争力,但由于目标和具体实现之间的差距过大,学生所学杂而不精,综合优势无法体现出来。一方面,信管专业学生自身实力不过硬,缺乏核心竞争力,另一方面,就业市场的竞争较以往更加激烈,因此,在双重压力下,学生面临着比较尴尬的处境。

2. 专业建设未与时俱进

信管专业易受热门信息技术发展影响。当今科技迅猛发展,信息技术日新月异。移动互联网、物联网、云计算、大数据等新技术领域创新活跃,正在全球范围内掀起新一轮科技革命和产业变革。面对高速发展的科技、理论的冲击,信管专业必须与时俱进,防止与时代脱节,错过机遇期。

目前信管专业的培养方案多以培养学生设计开发系统能力、掌握管理基本理论为主。而随着时代的发展和技术的进步,信管专业面临的内外部环境已发生巨大变化。我国信息化建设向深层次发展,由以信息化基础设施和信息应用系统建设为主转向以信息与数据的充分有效利用为主;由辅助管理转向辅助和支撑决策;由侧重技术服务转向技术与管理的深度融合。

然而,大多数高校信管专业教学还停留在偏传统理论、技术层面,缺乏实践,较难及时跟进信息技术的变化,由此引发"学校教的技能企业用不上,企业需要的技能学校里不教"的问题,远远满足不了社会需求。同时,保持专业与时俱进、与时代变化同节奏则将对教师的授课能力的要求提升到了新高度,要求教师能够紧跟发展趋势,不断学习,更新知识体系。此外,盲目融合热门信息技术不利于学科稳定发展。

如何在复杂的环境中增强自身实力,抓住机遇,脱颖而出是信管专业亟须解决的一个难题。由上述分析可知,制约信管专业发展的难点在于,未形成明确的定位,缺乏核心竞争力;计算机技术发展迅速,专业建设未能跟上时代发展的节奏,对学生能力的培养与社会的实际需求有较大出入,自身竞争优势未培养起来。归根到底在于对行业需求挖掘得不够深入,缺乏面向社会的开放交流,缺乏实践,较为封闭,仍采用传统教学模式教授传统理论、技术,缺乏主观能动性。

根据马克思主义认识论可知:实践是认识的基础,实践对认识具有决定作用;实践为认识的产生提出了需要;实践是认识发展的动力;实践是检验认识是否具有真理性的标准。

打破信管专业发展的瓶颈则必须以需求为导向,必须要跳出教育看教育、跳出学校看学校、跳出知识看知识,并根据学生的智力特点和学情分析,采用更与时俱进的技术手段构建产教深度融合的高质量信管专业。

二、产教融合必要性

产教融合即产业和教育密切结合。时代和科技的发展使产教融合成为必然,国家陆续出台一系列政策引领产教融合,目前我国产教融合尚且处于初级阶段,需要长期探索与发展。

(一) 产教融合作用

产教融合是适应引领新一轮科技革命和产业变革趋势的必然要求,市场需求是中国科技创新的根本动力,人才是创新的根基。党的十八大以来,我国经济发展进入新常态,工业化、信息化深度融合带来新业态、新技术、新模式等新经济蓬勃发展。新兴产业发展对人才的创新性、实践性要求日渐渗透融入人才培养各个环节,深化产教融合,就是要更好地发挥教育对产业转型升级的支撑引领作用,进一步推动教育与经济社会协调发展,通过人才创新创业加快新旧动能转换。

解决人才供需矛盾。受体制、机制等多种因素影响,我国人才培养供给侧和产业需求侧在结构、质量、水平上还不能完全平衡。随着我国人口结构的变化,人才供需矛盾凸显。深化产教融合,促进教育链、人才链与产业链、创新链有机衔接,是当前推进人力资源供给侧结构性改革的迫切要求,以人才发展引领产业转型升级,推动产教融合成为转型升级的"助推器"、促进就业的"稳定器"、人才红利的"催化器"。

提高教育质量。党的十九大报告指出,"建设教育强国是中华民族伟大复兴的基础工程,必须把教育事业放在优先位置,加快教育现代化,办好人民满意的教育"。产教融合有利于实现社会效益经济效益相统一,提高家庭教育投资回报,更好满足人民群众接受良好教育需求。

(二) 产教融合相关政策

2017年12月,国务院办公厅发布《国务院办公厅关于深化产教融合的若干意见》;2019年2月,中共中央、国务院印发《中国教育现代化2035》;2019年9月,国家发展和改革委员会发布《国家产教融合建设试点实施方案》。这些文件要求把创新创业教育贯穿人才培养全过程,深化产教融合,促进教育链、人才链与产业链、创新链有机衔接,推进多方协同育人。

(三) 产教融合处于初级阶段

目前我国的产教融合多停留在表层,较难深入下去,主要原因在于相关方的利益关切并没有得到很好保障,根源在于体制约束。现有体制对校企合作中的利益分配还有诸多限制,束缚了学校的手脚。产教融合还处在初级阶段,未来仍需较长一段时间的探索和发展,信管专业应顺应时代的潮流,以政策为导向,积极推动专业的产教融合。

三、"四重螺旋"理论与产教融合

(一)产教融合效果未达到预期

现有产教融合主要以高校和企业为主体,双方资源相互依赖,达成校企合作。但就目前而言,产教融合形式大于实质,尚未达到预期效果。

企业方面,企业面临激烈的市场竞争,企业积极响应产教融合的内在动力不足。企业主要以盈利为目的,缺乏承担社会责任的意识。部分企业认为与高校合作培养学生需要投入较多人力、物力,投入远高于产出。一方面,学生多为短期实习,能力提升有限;另一方面,学生未必会留在企业工作为企业带来收益;此外,学生在实习期间的安全问题也是一个重要的考虑因素。高校方面,由于企业参与度不足、教育者对行业缺乏深入的认识,专业预见性不足,教育改革决心不足,学校并未真正按照行业发展趋势进行专业建设,仅仅通过改良难以可持续发展。

(二)基于"四重螺旋"理论修正产教融合

相较于以获取自身所需的资源为目的的校企合作关系,"四重螺旋"理论下的产教融合更强调政府、高校、企业、行业组织在协作育人中的生产型合作。基于"四重螺旋"理论,构建以"学生发展"为目标,政府主导、校企双主体、社会组织共同参与的"政府—高校—企业—社会组织"的螺旋式循环人才培养模式,有利于促进高等教育和产业体系中资源要素集聚、功能交叉与重叠,提升人才培养质量。

美国社会学家亨利·埃茨科威兹(Henry Etzkowitz)和罗伊特·雷德斯多夫(Loet Leydesdorff)提出了经典的产学研合作的"三重螺旋"理论(Triple Helixes)。他们认为,"知识经济时代,政府、大学与产业各有其优势,需要相互协调和加强合作",形成了"大学—产业—政府"(University-Industry-Government,UIG)相互独立、相互联系和相互作用的关系网。大学、政府和产业是创新集群的三大创新主体,其"三重螺旋"互动是创新集群中创新行为产生的主要动力源。其中,产业(市场)在"三重螺旋"动力机制运作中居主导位置,其影响力要求传统大学的知识生产方式转向应用情景和社会需求,强调知识生产逻辑从"学术性"转向"应用性",从"同质性"转向"异质性",从"单学科"转向"跨学科"。传统大学不得不接受和回应新模式,由此产生具有资源依赖特征的创业型大学。政府在校企关系中也转变为促进者。随着 UIG 知识市场化、商业化对社会公益的削弱,美国学者埃利亚斯·卡拉雅尼斯(Elias Carayannis)引入"公众"动力机制,构建了"大学—产业—政府—公众"的"四重螺旋"模型(Quadruple Helix),是以知识集群、创新网络、创新生态系统为核心组织的内在动力系统(图 1)。其主要变化是吸纳了"公众"这一动力源,旨在克服产业(市场)主导带来的过度"私利化",促使知识走向公益化、民主化和多元化。显然,"四重螺旋"模型的诞生,是为了应对知识产业(如以人工智能为代表的高新技术产业)进入高度发达阶段公益性的缺失,是平衡既有主体公私利益格局、突出知识社会效益的新动力机制。同时,这一动力机制也使得大学与政府、产业和公众及整体的关系和方向更加紧密。

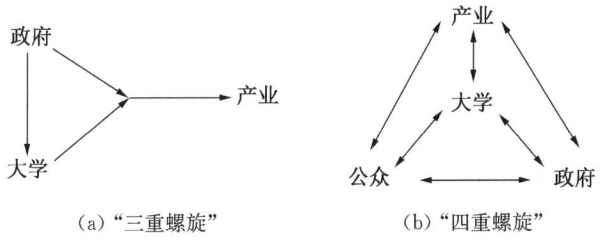

图 1 "三重螺旋"和"四重螺旋"

四、信管专业产教融合培养模式具体实现

信管专业产教融合培养模式如图 2 所示。

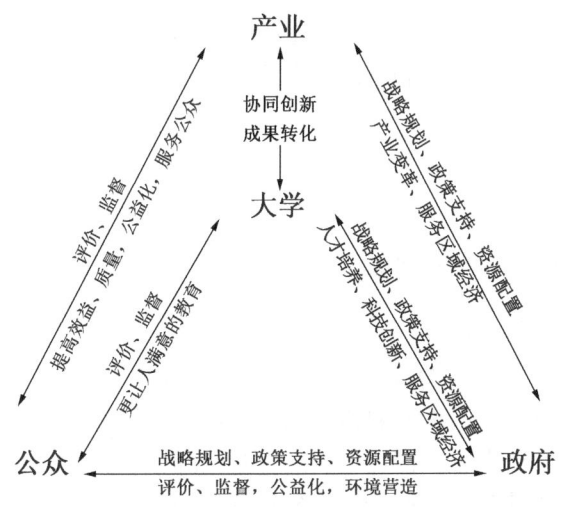

图 2 产教融合"四重螺旋"作用模式

(一) 政府统筹规划

将教育优先、人才先行融入各项政策,制定发展规划时明确产教融合要求,同步完善配套政策,合理配置相关资源。为相关方以利益为纽带形成长期的合作关系提供稳固的政策基础。

面向企业,通过财税、金融、用地等相关支持政策,鼓励企业投身产教融合,发挥其重要主体作用。面向高校,引导其建立以产业需求为导向的人才培养模式,将市场供求比例、就业质量作为学校设置调整学科专业、确定培养规模的重要依据。面向社会公众,鼓励其参与产教融合,形成第三方组织,打通供需双方需求,提升信息透明度,形成产教融合评价、监督体制机制。

(二) 强化企业重要主体作用,逐步形成校企双主体模式

1. 骨干企业发挥引领作用

国有企业特别是中央企业要发挥带头示范作用。骨干企业多关乎国计民生,如金融、

能源、电力、电信、建筑、交通等。大数据时代，各行各业均面临数字化转型，需要招纳信息化人才带动企业产业变革升级。对于信管专业而言，则可结合学校特色，与各行业相融合，如土地资源管理、卫生信息系统、智慧交通、智慧物流等。

2. 将企业需求融入人才培养

由于企业直面社会需求，对行业变化更加敏锐，企业应充分利用我国人才资源，及时将需求反馈给教育方，促进人才"供给—需求"单向链条，转向"供给—需求—供给"闭环反馈，实现企业需求侧和教育供给侧要素全方位融合，从而获得更符合需求的人才。信管专业与热门信息技术的发展息息相关，尤其需要快速掌握行业动态，通过直接获取企业反馈的需求，可以高效高质获得相应的信息，进而开展有针对性的教学、科研。

3. 协同创新

依托产教融合，发挥人才资源优势，以企业为主体推动协同创新和成果转化，从而提高企业核心竞争力，形成产教融合效果的良性循环。创新引领产业变革，"人才是创新的根基""创新驱动实质上是人才驱动"。高校是创新的重要主体，企业可充分利用信管专业信息技术与管理优势，推动协同创新和科研成果转化，实现企业的产业和科技变革。

4. 开展生产性实习实训

企业可依托学校建设行业或区域性实训基地，健全学生到企业实习的相关制度，保障双方权益。

（三）学校紧密对接产业链、创新链

1. 以需求为导向开展教学

对接产业链，把市场供求比例、就业质量作为学校设置调整学科专业、确定培养规模的重要依据。第一时间掌握行业动态，快速响应需求，市场需求是科技创新的根本动力，以需求为导向，提高科研、教学节奏，增强主观能动性。在需求导向下，信管专业应有效结合大数据、人工智能等科技发展趋势，对口企业深挖需求，有针对性地修订教学方案，做好产教融合。

2. 提升师资综合能力

支持在职教师定期到企业锻炼，逐步提高高校招收有工作实践经历人员的比例，鼓励特设产业教师岗位；紧密围绕产业需求，强化实践教学，完善以应用型人才为主的培养体系，增强复合型、创新型人才培养能力。信管专业管理科学与计算机的复合属性要求教师具备很强的综合能力，如丰富的经验、学习吸收新知识的能力、教学输出能力，因此教师必须与时俱进，与行业保持密切的交流。

3. 充分利用企业资源

一方面，为学生提供实践场所，将"工匠精神"融入教育，提高学生就业竞争力，从而提高教学质量。信管专业的学生必须不断积累知识和经验，才能凸显出本学科复合属性的优势，且有关数据表明，有企业实习经历的学生就业率远高于没有实习经历的学生，因此必须开展实践。另一方面，利用产业投资基金支持高校创新成果和核心技术产业化，有助于缩短成果转化链条，加快高校创新力向产业竞争力转换，让高校真正成为催化产业技术变革、加速创新驱动的重要策源地，提高高校科研创新能力，提升国家科技实力。高度科技创新

能力是一个国家的竞争优势,我国正在大力建设创新型国家,信管专业与当前科技、创新热门领域大数据、人工智能、区块链等密切相关,承担着为国家培养新型人才的使命。

(四)通过第三方促进产教供需双方对接

1. 打造供需对接平台

充分运用云计算、大数据等技术手段,打造产教融合信息服务平台,汇聚供需双方相关信息,提高信息透明度、流通性,实现高校需求企业供给、企业需求高校供给的双向良好互动。

2. 建立评价、监督体系

社会第三方机构开展产教融合效能评价与监督,健全体制机制。克服产业(市场)主导带来的过度"私利化",促使知识走向公益化、民主化和多元化。形成社会公信力,将其评估结果作为政策制定、资源配置的重要依据。

目前产教融合第三方服务平台及相应的评价、监督体制机制尚未成型,处在初级阶段,信管专业人才具备设计开发系统能力、一定的管理能力,因此可投身产教融合第三方角色,引领第三方的建设发展。

五、结语

由马克思主义认识论可知,实践是认识的基础、认识的来源、认识发展的动力,要求坚持实践第一的观点,积极投身实践。认识具有反复性、无限性、上升性,追求真理是一个过程,要求与时俱进、开拓创新,在实践中认识和发现真理,在实践中检验和发展真理。实践、认识、再实践、再认识,循环往复,螺旋上升,进入更高程度的实践和认知。

在新发展阶段,信管专业通过基于"四重螺旋"理论的产学融合人才培养模式,以需求为导向,进行反复的实践—认识—再实践—再认识,找准自身定位,形成专业核心竞争力,与时俱进,提升科技创新能力,推动产业需求与人才培养相融合,破解人才供需矛盾,办好让人民满意的教育,承担起为国家培养新型人才的重任。

参考文献

[1] 教育部高等学校教学指导委员会. 普通高等学校本科专业类教学质量国家标准(下)[M]. 北京:高等教育出版社,2018.

[2] 钟金宏,邵晶晶,王红叶. 基于QFD的信息管理与信息系统专业课程体系优化设计[J]. 情报科学,2018,36(10):105-109.

[3] 喻燕. 基于"四重螺旋"理论的土地资源管理产教融合人才培养研究[J]. 安徽农业科学,2021,49(15):263-266.

[4] ETZKOWITZ H, LEYDESDORFF L. The dynamics of innovation: from National Systems and "Mode 2" to a Triple Helix of university-industry-government relations[J]. Research Policy, 2000, 29(2):109-123.

[5] ETZKOWITZ H, LEYDESDORFF L. The triple helix — university-industry-government relations: a laboratoryfor knowledge-based economic development[J]. EASST Review, 1995,14(1):14-19.

[6] 龚放.知识生产模式Ⅱ方兴未艾：建设一流大学切勿错失良机[J].江苏高教,2018(9)：1-8.

[7] 黄瑶,马永红,王铭.知识生产模式Ⅲ促进超学科快速发展的特征研究[J].清华大学教育研究,2016,37(6)：37-45.

[8] 陈涛,韩茜.四螺旋创新集群：研究型大学人工智能发展生态重构与路向探究——以加拿大多伦多大学为例[J].重庆高教研究,2020,8(2)：48-61.

习近平总书记"清华谈话"的主要内涵与启示

张文辉

(同济大学经济与管理学院)

摘　要： 在清华大学建校 110 周年校庆日即将来临之际，习近平总书记考察清华大学并发表重要讲话(以下简称"清华谈话")。采用比较分析方法，根据党的十九大报告精神和全国教育大会精神，本文分析阐释了"清华谈话"的主要内涵，从坚持特色、明确方向、突出重点、改革机制、明白差距、担当重任等方面给出了学习"清华谈话"之后的若干启示和建议。例如，坚定不移地建设好中国特色社会主义一流大学。

关键词： "清华谈话"；主要内涵；启示

一、习近平总书记"清华谈话"的主要内涵及其比较分析

2021 年 4 月 19 日，在清华大学建校 110 周年校庆日即将来临之际，习近平总书记考察了清华大学，出席师生代表座谈会并发表重要讲话，为我国高等教育发展和一流大学建设指明前进方向，激励高校师生砥砺前行，具有重要指引和启示意义。

习近平总书记的"清华谈话"深刻揭示了新时代高等教育的历史使命，科学概括了建设世界一流大学的任务要求，对广大青年学生和教师提出了殷切期望和谆谆教导。"清华谈话"是指导新时代高等教育改革发展的纲领性文献。"清华谈话"的主要内涵可概括为以下几个方面。

(一) 坚持中国特色社会主义教育发展道路，建设中国特色社会主义一流大学

在 2018 年 9 月 10 日的全国教育大会上，习近平总书记曾经提出"坚持中国特色社会主义教育发展道路"，2021 年 4 月 19 日的"清华谈话"又一次强调了这一教育发展之路。习近平总书记指出，要坚持中国特色社会主义教育发展道路，充分发挥科研优势，增强学科设置的针对性，加强基础研究，加大自主创新力度，并从我国改革发展实践中提出新观点、构建新理论，努力构建中国特色、中国风格、中国气派的学科体系、学术体系、话语体系。这里，总书记的讲话不仅包含政治上保证党的领导所生成的我国高等教育的中国特色社会主义性质中的最本质特征和最大的制度优势，而且，从学科设计设置的针对性、创新主体的独立性、研究层次的基础性、理论观点的实践性、建设目标的系统性和中国性等几个方面的属性特征揭示了"中国特色"在学科建设层面上的内在涵义。习近平总书记指出，面向未来，清

华大学要坚持把立德树人作为根本任务,把服务国家作为最高追求,把学科建设作为发展根基,把深化改革作为强大动力,把加强党的建设作为坚强保证,不忘初心、牢记使命,为党育人、为国育才,为实现第二个百年奋斗目标、实现中华民族伟大复兴的中国梦、推动人类文明进步作出新的更大的贡献。这里的"五个把"从根本任务、最高追求、发展根基、发展动力和政治保障等方面进一步揭示了中国特色社会主义教育发展道路的主要内涵,是更为宏大的概括或凝练。

2014 年 5 月 4 日,习近平总书记在北京大学考察时指出,"办好中国的世界一流大学,必须有中国特色"。2017 年 10 月 18 日,习近平总书记在党的十九大报告中提出,"要加快一流大学和一流学科建设,实现高等教育内涵式发展,培养担当民族复兴大任的时代新人"。2018 年 5 月 2 日,习近平总书记在北京大学师生座谈会上指出,"高校只有抓住培养社会主义建设者和接班人这个根本才能办好,才能办出中国特色世界一流大学""要把中国特色社会主义道路自信、理论自信、制度自信、文化自信转化为办好中国特色世界一流大学的自信。只要我们在培养社会主义建设者和接班人上有作为、有成效,我们的大学就能在世界上有地位、有话语权""要坚持党对高校的领导,坚持社会主义办学方向,把我们的特色和优势有效转化为培养社会主义建设者和接班人的能力"。这次在清华大学考察时,习近平总书记强调:"我们要建设的世界一流大学是中国特色社会主义的一流大学,我国社会主义教育就是要培养德智体美劳全面发展的社会主义建设者和接班人。我国高等教育要立足中华民族伟大复兴战略全局和世界百年未有之大变局,心怀'国之大者',把握大势,敢于担当,善于作为,为服务国家富强、民族复兴、人民幸福贡献力量。习近平总书记指出:"一个国家的高等教育体系需要有一流大学群体的有力支撑,一流大学群体的水平和质量决定了高等教育体系的水平和质量。一流大学建设要坚持党的领导,坚持马克思主义指导地位,全面贯彻党的教育方针,坚持社会主义办学方向,抓住历史机遇,紧扣时代脉搏,立足新发展阶段、贯彻新发展理念、服务构建新发展格局,把发展科技第一生产力、培养人才第一资源、增强创新第一动力更好结合起来,更好为改革开放和社会主义现代化建设服务。"这里,总书记立足"两个大局",强调了我国"双一流"建设的中国特色社会主义属性、指导思想、总体要求和时代使命,为"双一流"建设指明了政治方向和发展逻辑。全面加强党对高校的领导,坚持以马克思主义为指导,全面贯彻党的教育方针,坚持社会主义办学方向,真正实现扎根中国大地建设世界一流大学,是对中国一流大学的必然要求。

具体到清华大学,习近平总书记指出:"清华大学诞生于国家和民族危难之际,成长于国家和民族奋进之中,发展于国家和民族振兴之时。110 年来,清华大学深深扎根中国大地,培育了爱国奉献、追求卓越的光荣传统,形成了又红又专、全面发展的教书育人特色,为国家、为民族、为人民培养了大批可堪大任的杰出英才。这是一代代清华人拼搏奋斗、勇攀高峰、争创一流的结果。"习近平总书记还指出:"清华大学的发展历程,是我国高等教育发展的一个生动缩影。"这都体现了习近平总书记对清华大学办学特色或者教书育人特色及我国高等教育事业的充分肯定。2016 年 4 月,《习近平致清华大学建校 105 周年贺信》指出:"清华大学是我国高等教育的一面旗帜,开创了中西融汇、古今贯通、文理渗透的办学风格,形成了爱国奉献、追求卓越的精神和又红又专、全面发展的培养特色。"显然,清华大学的培养特色正是中国特色社会主义教育事业发展的具体反映。包括"双一流"建设高校在内,中国高校必须将其特色和优势有效转化为培养社会主义建设者和接班人的能力。

(二) 建设世界一流大学,要明确方向、突出重点

怎样建设世界一流大学?习近平强调:"追求一流是一个永无止境、不断超越的过程,要明确方向、突出重点。"建设一流大学,关键是要不断提高人才培养质量。除了培养一流人才方阵,习近平总书记还提出,"要构建一流大学体系、提升原始创新能力、坚持开放合作"。

第一,培养一流人才方阵。高校立身之本在于立德树人。只有培养出一流人才的高校,才能够成为世界一流大学。为此,党的十八大报告首次将"立德树人"确立为教育的根本任务。党的十八大以来,习近平总书记站在国家和民族的战略高度,多次就立德树人和教书育人工作作出重要指示。例如,在党的十九大报告中,总书记进一步指出,要"落实立德树人根本任务""培养德智体美全面发展的社会主义建设者和接班人""培养担当民族复兴大任的时代新人"。在这次"清华谈话"中,习近平总书记进一步指出:"要培养一流人才方阵。建设一流大学,关键是要不断提高人才培养质量。要想国家之所想、急国家之所急、应国家之所需,抓住全面提高人才培养能力这个重点,坚持把立德树人作为根本任务,着力培养担当民族复兴大任的时代新人。"

第二,构建一流大学体系。新时代也是高质量发展的新阶段,高等教育改革发展工作作为全面深化改革的重要环节,必须增强系统观念,更加注重系统性、整体性和协同性。为此,习近平总书记指出:"要构建一流大学体系。高等教育体系是一个有机整体,其内部各部分具有内在的相互依存关系""要完善以健康学术生态为基础、以有效学术治理为保障、以产生一流学术成果和培养一流人才为目标的大学创新体系"。

第三,用好学科交叉融合的"催化剂"。学科建设是高等教育发展的根基,学科交叉融合可以不断体现高水平多学科体系的优势与特色,是催生新兴学科与交叉学科的生长点。习近平总书记指出,"要用好学科交叉融合的'催化剂',加强基础学科培养能力,打破学科专业壁垒,对现有学科专业体系进行调整升级,瞄准科技前沿和关键领域,推进新工科、新医科、新农科、新文科建设,加快培养紧缺人才。"习近平总书记指出:"重大原始创新成果往往萌发于深厚的基础研究,产生于学科交叉领域,大学在这两方面具有天然优势。要保持对基础研究的持续投入,鼓励自由探索,敢于质疑现有理论,勇于开拓新的方向。"

第四,提升原始创新能力。创新是引领发展的第一动力,是建设现代化经济体系的战略支撑。党的十九大报告指出:"培养造就一大批具有国际水平的战略科技人才、科技领军人才、青年科技人才和高水平创新团队。"无疑,在开启全面建设社会主义现代化国家、实现第二个百年奋斗目标的新征程中,进一步加强创新人才教育培养,高校肩负着神圣的使命。在"清华谈话"中,习近平总书记指出:"要提升原始创新能力。一流大学是基础研究的主力军和重大科技突破的策源地,要完善以健康学术生态为基础、以有效学术治理为保障、以产生一流学术成果和培养一流人才为目标的大学创新体系,勇于攻克'卡脖子'的关键核心技术,加强产学研深度融合,促进科技成果转化。"

第五,坚持开放合作。开放带来进步,封闭必然落后。中国将始终高举和平、发展、合作、共赢旗帜。习近平总书记指出:"要坚持开放合作。加强国际交流合作,主动搭建中外

教育文化友好交往的合作平台,共同应对全球性挑战,促进人类共同福祉。"

此外,"清华谈话"还谈到了美术美育和体育工作。习近平总书记指出:"美术、艺术、科学、技术相辅相成、相互促进、相得益彰。要发挥美术在服务经济社会发展中的重要作用,把更多美术元素、艺术元素应用到城乡规划建设中,增强城乡审美韵味、文化品位,把美术成果更好地服务于人民群众的高品质生活需求。要增强文化自信,以美为媒,加强国际文化交流。"

(三)建设世界一流大学,要让青春为祖国、为民族、为人民、为人类不懈奋斗

党的十九大报告指出:"青年兴则国家兴,青年强则国家强。青年一代有理想、有本领、有担当,国家就有前途,民族就有希望。"中华民族伟大复兴的中国梦终将在一代代青年的接力奋斗中变为现实。青年人在习近平总书记心中有着很重的分量。在"清华谈话"中,习近平总书记对广大青年学生和教师提出了殷切期望和谆谆教导。习近平总书记指出:"广大青年要肩负历史使命,坚定前进信心,立大志、明大德、成大才、担大任,努力成为堪当民族复兴重任的时代新人,让青春在为祖国、为民族、为人民、为人类的不懈奋斗中绽放绚丽之花。"对于青年学生,总书记强调其"生逢盛世,肩负重任",勉励其"四要":"要爱国爱民""要锤炼品德""要勇于创新""要实学实干"。

一流的高校离不开一流的教师队伍。教师是教育工作的中坚力量,没有高水平的师资队伍,就很难培养出高水平的创新人才,也很难产生高水平的创新成果。对于教师,习近平总书记强调"三要":"要成为大先生""要研究真问题""要坚定信念"。同时,习近平总书记指出:"中国教育是能够培养出大师来的。我们要有这个自信,开阔视野、兼收并蓄,扎扎实实把中国教育办好。"这实际上坚持了正确舆论导向,明确回应了最近几年网络舆情中怀疑和否定整个中国教育体系和教育制度的错误倾向。

二、学习"清华谈话"的若干启示和建议

建设教育强国是中华民族伟大复兴的基础工程,必须把教育事业放在优先位置,加快教育现代化,办好人民满意的教育。党的十八大以来,以习近平同志为核心的党中央高度重视教育事业。习近平总书记多次深入大中小学校和幼儿园考察并同师生座谈,多次主持会议审议重大教育议题,就教育改革发展作出一系列重要讲话、指示、批示,提出了一系列新理念、新思想、新观点,有力引领了教育事业取得历史性成就、发生历史性变革。"清华谈话"是习近平总书记指导新时代高等教育改革发展的一份新的纲领性文献,为做好高等教育改革发展和"双一流"建设工作提供了根本遵循。

学习"清华谈话",笔者有以下几点体会,归结起来主要是:坚持特色,明确方向、突出重点,改革机制,明白差距,担当重任。

第一,要深入学习领会以"清华谈话"为代表之一的习近平总书记关于教育的一系列重要论述,全面准确把握其丰富内涵、理论品格和精神实质,坚定不移走中国特色社会主义教育发展道路。简言之,即"坚持特色"。

以"清华谈话"为代表之一的习近平总书记关于教育的重要论述举旗定向、思想深刻、

内涵丰富、博大精深,体现了鲜明的政治性,体现了高度的战略性,体现了强烈的人民性,体现了深刻的规律性,体现了突出的创新性,成为习近平新时代中国特色社会主义思想和中国特色社会主义教育发展理论的重要组成部分,实现了马克思主义基本原理与中国教育实践的有机结合,标志着我们党对教育事业、高等教育改革发展和"双一流"建设工作的规律性认识达到了新高度,为办好新时代教育提供了科学思想指引和强大精神动力。

要通过系列化、系统化、研究型的学习,采用辨证分析、系统分析和比较分析等研究方法,深入理解和把握"坚持中国特色社会主义教育发展道路"的深刻内涵,深入理解和把握"建设中国特色社会主义一流大学"的深刻内涵。尤其是要结合"清华谈话",深入理解和把握习近平总书记在全国教育大会上的重要讲话精神,深刻理解和把握教育改革发展规律,深刻理解和把握坚持党对教育事业全面领导的根本要求,坚持立德树人的根本任务、坚持优先发展教育事业的战略地位、坚持社会主义办学方向的政治原则、坚持扎根中国大地办教育的自觉自信、坚持以人民为中心的发展思想、坚持深化教育改革创新的鲜明导向、坚持服务中华民族伟大复兴的重要使命、坚持把加强教师队伍建设作为基础工作。

作为中国特色社会主义教育发展理论的重要组成部分和最新成果,以"清华谈话"为代表之一的习近平总书记关于教育的重要论述,与坚持党的领导、坚持中国特色社会主义制度同属中国特色社会主义教育发展道路的三大核心要义,是建设与发展中国特色社会主义教育体系的理论指导和学理支撑,是"十四五"时期建设高质量教育体系的行动指南。据此,我们要建设的世界一流大学是中国特色社会主义的一流大学,我国社会主义教育就是要培养德智体美劳全面发展的社会主义建设者和接班人。"双一流"建设要坚定不移走中国特色社会主义教育发展道路,要坚定不移贯彻落实以"清华谈话"为代表之一的习近平总书记关于教育的重要论述,要坚持和发展中国特色社会主义教育发展理论,要坚持党对教育事业的全面领导,坚持社会主义办学方向。换言之,"双一流"建设要坚持中国特色社会主义教育发展道路的三大核心要义。正如教育部原党组书记、部长袁贵仁所言:"中国特色社会主义教育发展道路,是中国特色社会主义道路的重要组成部分。这条道路,既凝结了中国共产党领导人民发展教育事业的基本经验,又反映了世界教育发展规律;既坚持了马克思主义教育基本理论,又体现了中国国情;既坚持了社会主义教育的基本原则,又借鉴了人类文明优秀成果;既继承了我国教育的优良传统,又具有鲜明的时代特征,深刻回答了我国教育改革发展中的一系列带有方向性、根本性、战略性的重大问题,为推进我国教育事业改革发展指明了前进方向,是发展社会主义教育事业的唯一正确道路。"

第二,要明确方向、突出重点,坚定不移地建设好中国特色社会主义一流大学。简言之,即"明确方向、突出重点"。

"双一流"建设要充分体现中国特色社会主义的办学特征,充分体现马克思主义指导地位,充分体现"党对教育事业全面领导"这一制度优势,坚持党的领导与遵循教育规律的统一,坚持学校为主体与家庭、政府、社会多方面配合的统一;要不断坚持扎根中国大地办教育,坚持服务中华民族伟大复兴,坚持放眼世界与中国特色的统一,努力实现教育现代化的质量要求,努力彰显中国特色的大学文化与大学精神;要在党的坚强领导下,坚持教育为人民服务、为中国共产党治国理政服务、为巩固和发展中国特色社会主义制度服务、为改革开放和社会主义现代化建设服务,以凝聚人心、完善人格、开发人力、培育人才、造福人民为工作目标，培养德智体美劳全面发展的社会主义建设者和接班人。

"双一流"建设要抓住全面提高人才培养能力这个重点，把握人才培养质量这一关键，着力培养担当民族复兴大任的时代新人，着力培育一流人才方阵；要把深化改革作为强大动力，更加注重教育改革的系统性、整体性、协同性，构建一流大学体系；要把学科建设作为发展根基，强化学科交叉融合，打破学科专业壁垒，积极推进新工科、新医科、新农科、新文科建设，努力适应和满足高质量发展的新发展阶段出现的紧缺人才培育需求；要完善以健康学术生态为基础、以有效学术治理为保障、以产生一流学术成果和培养一流人才为目标的大学创新体系，提升原始创新能力；要坚持开放合作。

第三，深化教育体制机制改革，健全立德树人系统化落实机制，营造促进"四要""三要"的环境氛围。简言之，即"改革机制"。

要结合实际认真贯彻落实 2017 年 9 月中共中央办公厅、国务院办公厅印发的《关于深化教育体制机制改革的意见》等有关文件精神，健全立德树人系统化落实机制，要构建以社会主义核心价值观为引领的大中小幼一体化德育体系，深入开展理想信念教育，深入开展以爱国主义为核心的民族精神和以改革创新为核心的时代精神教育、道德教育、社会责任教育、法治教育，健全全员育人、全过程育人、全方位育人的体制机制，创新思想政治教育方式方法；要注重培养支撑终身发展、适应时代要求的关键能力；要建立促进学生身心健康、全面发展的长效机制。与此同时，健全促进高等教育内涵发展的体制机制，要创新人才培养机制，着重培养适应社会需要的创新型、复合型、应用型人才，深入推进协同育人，促进协同培养人才制度化；要深化科研体制改革，坚持以高水平的科研支撑高质量的人才培养；要完善依法自主办学机制，完善中国特色现代大学制度；要改进高等教育管理方式，促进高等学校科学定位、差异化发展。相应地，还要创新教师管理制度，健全教育宏观管理体制，等等。

同时，要回归大学本质、回归天真境界，将高校建设成为师生交流思想的学术共同体；要充分借鉴世界一流大学的成功经验，高度重视历史学和哲学学科建设，并结合本学科本专业的特点强化其专门史和思想史的研究与教学；要引入和推进习明纳尔（Seminar）教学方式（专题讨论式的教学方式）；要通过模块化课程设置改革，加强课程思政工作，强化高校美术教育和艺术熏陶，努力增进学生身心健康，强化责任担当的体格和人格基础；要为教师提供更加有利于创新潜力迸发、有利于教书育人、有利于能力成长的条件和环境；要进一步改革体制机制，压茬拓展改革广度和深度，使立德树人与科技创新彼此赋能，助推教育事业高质量发展；要在办学理念识别、办学行为识别、办学形象识别和办学品牌识别上狠下功夫，凸显办学定位和学科专业定位，形成和强化教书育人特色，提升大学治理体系和治理能力现代化水平；要不断加强基层党组织的作用，着力解决一些基层党组织弱化、虚化、边缘化问题，落实和加强党对教育工作的全面领导体制机制，坚持中国特色社会主义教育的特点和优势。

第四，要充分认识既有成绩与党和国家的高等教育事业发展要求之间的距离，担当起民族复兴大任。简言之，要"明白差距、担当重任"。

百年大计，教育为本。中华人民共和国成立以来，我国高等教育走过了从小到大、从弱到强的极不平凡历程，办学规模、培养质量、服务能力实现历史性跃升。特别是党的十八大以来，我国高等教育与祖国共进、与时代同行，创造了举世瞩目的发展成就。2021年是中国共产党成立100周年，我国开启了全面建设社会主义现代化国家新征程。习近平总书记强调："党和国家事业发展对高等教育的需要，对科学知识和优秀人才的需要，比以往任何时候都更为迫切。"2018年5月2日，在北京大学师生座谈会上，习近平总书记也说过同样的话。2020年4月22日，习近平总书记在西安交通大学考察时，又勉励广大师生大力弘扬"西迁精神"，到祖国最需要的地方建功立业。显然，随着中国开启全面建设社会主义现代化国家新征程，高等教育在国家发展中扮演着越来越重要的角色。但是，毋庸讳言，中国高等教育在人才培养的质量和速度上，同党和国家事业发展的要求还有不相匹配之处。习近平总书记正是从这个高度对中国高等教育提出了要求，既是对全国高校的勉励，也是鞭策。

因此，基层高校和教职员工及广大青年学生要充分认识既有工作或者学习状况与党和国家的高等教育事业发展要求之间的距离，积极担当民族复兴大任。要深入学习、深刻领会新时代高等教育的历史使命；要深入学习、深刻领会建设世界一流大学的任务要求；要深入学习、深刻领会习近平总书记对广大青年学生和教师的殷切期望和谆谆教导；要始终不渝地与党中央保持一致；要想国家之所想、急国家之所急、应国家之所需，增强使命感，增强责任感，增强紧迫感，为服务国家富强、民族复兴、人民幸福贡献力量。

根据习近平总书记的"三要"要求，教师要始终胸怀中华民族伟大复兴战略全局和世界百年未有之大变局，同党和人民站在一起，坚守正确的世界观、人生观和价值观，掌握扎实的知识本领，切实做学生为学、为事、为人的示范。要有更深定力、更高境界、更宽胸怀、更广视野、更大格局，要成长为大先生；要扎根中国大地，着眼世界学术前沿和国家重大需求，研究真问题，要善于调查研究和协同创新，善于运用系统思维、辩证思维和复合交叉思维，善于洋为中用和解决实际问题，善于发现或者联系具有中国特色、中国风格、中国气派的新知识、新技术、新理论，坚持马克思主义立场和方法及其中国化的最新成果；要自觉增强坚定理想信念的定力，在提升道德情操上做好表率，在强化理论功底上狠下苦功，在增强创新能力上有所作为，在培养优良学风上勇下决心，在教育事业中担当民族复兴大任，自觉肩负新时代重任。

参考文献

[1] 新华社. 习近平在清华大学考察时强调 坚持中国特色世界一流大学建设目标方向 为服务国家富强民族复兴人民幸福贡献力量[EB/OL]. (2021-04-19)[2021-08-25]. http://www.xinhuanet.com/politics/2021-04/19/c_1127348921.htm.

[2] 人民网. 赴清华考察"学长"习近平这样诠释心中的"大学之道"[EB/OL]. (2021-04-22)[2021-08-25]. http://news.cri.cn/2021-04-22/c2ae75af-48c4-9280-85d5-f5c771403bf5.html.

[3] 新华社. 习近平出席全国教育大会并发表重要讲话[EB/OL]. (2018-09-10). http://www.gov.cn/xinwen/2018-09/10/content_5320835.htm.

[4] 徐京跃, 霍小光. 习近平在北京大学考察时强调：青年要自觉践行社会主义核心价值观 与祖国和人民同行努力创造精彩人生[N]. 人民日报, 2014-05-05(1).

[5] 习近平. 决胜全面建成小康社会 夺取新时代中国特色社会主义伟大胜利——在中国共产党第十九次全国代表大会上的报告[N]. 光明日报, 2017-10-28(1-5).

[6] 新华社. 习近平在北京大学师生座谈会上的讲话[N]. 人民日报,2018-05-03(2).
[7] 新华社. 习近平在致清华大学建校105周年贺信[EB/OL]. (2016-04-22)[2021-08-25]. http://cpc.people.com.cn/n1/2016/0422/c64094-28298247.html.
[8] 中共教育部党组. 坚定不移走中国特色社会主义教育发展道路[N]. 人民日报,2018-09-18(1).
[9] 袁贵仁. 坚定不移走中国特色社会主义教育发展道路[J]. 求是,2012(12):3-6.
[10] 新华社. 中共中央办公厅 国务院办公厅印发《关于深化教育体制机制改革的意见》[EB/OL]. (2017-09-24)[2021-08-25]. http://www.gov.cn/xinwen/2017-09-24/content_5227267.htm.

进一步增强高校教职工党支部组织生活的有效性[*]

陆 薇

(同济大学经济与管理学院)

摘 要：增强高校教职工党支部组织生活的有效性，是深入落实习近平总书记强调的"坚持大抓基层的鲜明导向"，贯彻新修订的《中国共产党普通高等学校基层组织工作条例》的重要措施之一，是充分发挥高校基层党组织战斗堡垒作用的重要构成部分。新时代下，高校党建工作面临新的挑战和要求，而部分教职工党支部在适应新挑战和新要求的过程中依旧存在些许困惑。笔者通过对同济大学23个学院253个党支部进行走访调研，进一步了解了高校教职工党支部组织生活的现状，从党支部班子建设、组织生活内涵、组织生活形式、保障体系构建等方面提出了增强教职工党支部组织生活有效性的对策。

关键词：教职工党支部；组织生活；有效性；高校

2022年10月16日，习近平总书记代表第十九届中央委员会向党的二十大会议作的工作报告中，再次提到"坚持大抓基层的鲜明导向"。2021年4月，中共中央印发《中国共产党普通高等学校基层组织工作条例》，强调新时代高校党建面临新挑战与新要求，而严格党内组织生活，提升组织生活有效性则是增强党员教育、管理和监督实效，充分发挥党员先锋模范作用，以及加强党的建设的重要措施。党要管党，首先要从党支部的组织生活管起；从严治党，首先要从党支部的组织生活严起。面对新挑战与新要求，笔者身处高校基层党组织，充分认识到只有切实增强高校教职工党支部组织生活的有效性，才能充分发挥高校基层党组织的战斗堡垒作用。

一、科学把握高校教职工党支部组织生活的时代内涵

高校教职工党支部是党在高校的基层组织，是学校教学管理、科学研究、社会服务的第一线。2018年，中共中央印发《中国共产党支部工作条例（试行）》，强调了新时代加强基层党组织建设的重要意义，并指出建设新时代高质量基层党组织的关键在于提高组织生活有效性，进而更好地发挥党支部作用。

---

[*] 本文为2021年同济大学党建课题一般项目"加强教职工党支部政治把关作用研究"的阶段性研究成果。

提升教职工党支部组织生活的有效性已经成为高校党建工作探究的重要话题，教职工党支部需要在建设党支部班子、丰富党组织生活内涵、创新党组织生活形式及构建组织保障体系等多个角度、多个方面、多个层次勤思考、下功夫，以此达到有效提升党组织生活的吸引力、辐射力和好评度的效果，达到有效开展教职工党支部组织生活，提高支部凝聚力和战斗力的最终目标。

二、准确把握高校教职工党支部组织生活的现实问题

近年来，组织生活的内容和形式不断创新与发展，开展组织生活的经验也愈加丰富。但是在新时代下、新背景中，高校教职工党支部组织生活的开展依旧存在急需解决的问题，切实提升组织生活的有效性迫在眉睫。

（一）领导班子建设依旧存在短板

高校部分教职工党支部支委存在"一般性完成任务、被动型完成任务"、支委积极性与主动性欠缺的现象，有的党支部甚至存在党员不清楚支委的工作状态等问题，支部内部缺乏沟通，难以形成合力。

（二）组织生活内容亟待有效创新

高校部分教职工党支部仅将组织生活作为例行工作，开展情况固化、僵化。当前，多数党支部开展组织生活以理论知识学习为主，开展次数排在前三位的活动分别为"传达、学习上级有关精神""学习、讨论时事热点"和"讨论支部计划等重要工作"，内容和形式单调，吸引力不足。

（三）服务师生方面存在提升空间

高校部分教职工党支部存在支委谈话频次低的现象，甚至存在以微信、短信问候形式代替面对面的谈心谈话工作的情况。党支部在常态化关注教职工困难诉求、倾听教职工意见建议、有效解决师生实际困难等方面还需要不断改进，从而全方位提升服务师生的水平。

（四）组织生活工作保障难以到位

在落实"三会一课"制度的过程中，高校部分教职工党支部出现"场地资源紧张""高质量党课资源缺乏""党员讲课经验不足"等问题，一定程度上反映出组织生活工作保障不到位的现实问题。高校须对教职工党支部的工作保障保持高度重视，通过活动场地、学习资源共享等方式实现资源的有效利用和保障水平的切实提高。

三、全面提升高校教职工党支部组织生活的有效性

提升高校教职工党支部组织生活的有效性，必须从实际出发，从党员需求出发，在做好

规定动作的前提下创设具有特色的自选动作,坚持以人为本,直面问题、解决问题。

(一) 抓好源头,切实加强党支部班子建设

党支部书记是党支部的"领头雁"和"第一责任人",不仅要当好新时代的"播种人",还要不断加强自身党性教育,做到恪守律己之心、进取之心、感恩之心,做到行事正、为人正,积极影响周边的党员群众,在深刻理解上级党组织指示精神的基础上,结合实际情况高效开展工作。党支部书记通过参加学校和学院组织的党性教育培训、支部书记论坛、网络培训等教育活动,不断提升政治理论素养和党务工作能力。党支部的可持续发展不仅要靠党支部书记,更要有一个有力的支委班子,这是优秀党支部的共同特点。一个良性的党支部不仅拥有一支坚强有力的支委队伍,而且要谋划好支部的未来发展,做好人才挖掘工作,营造好"传帮带"精神。党支部委员的定位不能局限于"上传""下达",还要放眼于做好党支部的建设工作,支委的积极性、主动性、创新性、专业性、责任感等直接影响着党支部工作的开展。因此,党支部委员的配备更应该充分考虑年龄、性别、专业等多方面因素,做到既有分工也有互补,切实发挥支部委员会及支部委员的作用,群策群力下好新时代"先手棋"。支部班子建设中,支部委员还需要提高站位、有大局意识,树立基层党务工作者的荣誉感、责任感、使命感,严于律己,率先垂范,以自己的表率行为和人格魅力维护基层党务工作者的良好形象,从而游刃有余地开展工作。

(二) 与时俱进,丰富组织生活内涵

首先,高校教职工党支部要结合社会热点,保证组织生活内容的时效性。党支部要对一些关系国计民生的社会问题、热点问题进行学习和讨论,一方面引导大家辩证地看待问题,杜绝一些不和谐思潮的产生,保障社会稳定;另一方面鼓励党员多为人民、社会、国家出谋划策。其次,高校教职工党支部要结合专业知识,实现组织生活内容的互补性。一是结合专业知识开展形式多样的专题研讨,从专业角度丰富组织生活内容,实现组织生活与专业特色的有效结合、相互补充,提升相关专业成员在组织生活中的参与度与满意度;二是传递专业领域的榜样力量,发挥业内领军人物的示范作用,带动党员同志更好地履行党员义务;三是将党建工作与业务工作相结合,通过支部活动带动学科建设、人才培养和教学改革,增强党建工作实效。最后,高校教职工党支部要联系教职工实际情况,增强组织生活内容的现实性。需求层次理论认为,人们在获得生存需要、安全需要、归属与爱的需要之后必然追求更高层次的尊重需要和自我实现需要。党支部应遵循需求层次理论,针对不同需求层次的党员抓好组织生活的顶层设计,进行个性化激励和教育。例如,青年教师教学水平有限,站稳讲台是他们刚参加工作时面临的考验,对此,党支部可以通过新老教师"结对子"(听课、建立教学导师制度等),召开专题座谈会发现问题、总结经验等方式,促进青年教师提高业务水平。

(三) 开拓思路,不断创新组织生活形式

第一,高校教职工党支部要开展现场体验式、深入调研式的组织生活,让党员们在参观、调研过程中了解实际情况,获得直观感受和体验,有效增强组织生活的感染力和参与

度。组织高校教师深入企业、基层部门开展学习,使党员在社会服务和实践中提升党性修养,强化为人民服务的意识;充分发挥高校教师的理论和专业优势,通过为人民办实事、办好事,有力推动国家的经济社会建设。第二,高校教职工党支部要创新党课教育方式,由党支部书记上党课拓展为"人人讲微党课",引导党员深入学习和思考,进一步提升党支部组织生活的教育效果。通过"结对子",共建联合组织活动,促进活动双方相互了解和交流。共建包括院内共建、校内共建、校外共建等多种形式,院内共建主要指师生党支部共建,教师为学生学业问题答疑解惑,示范教师党支部为新建教师党支部提供支部建设经验;校内共建主要是以党课形式联合开展党史学习主题活动;校外共建主要是校内支部与企业支部共建,双方通过实地学习,做到互通有无、取长补短,实现产学研平台的搭建,从党建工作出发,推进业务工作效果显著提升。第三,高校教职工党支部要搭建服务平台,形成"党建＋服务"新特色,把解决教职工实际问题、增强教职工归属感、获得感作为党支部工作的重要立足点。例如,在党员参与迎新志愿活动的基础上,鼓励并组织党员下基层参与志愿劳动,全方位为人民服务。通过亮身份、树形象、作表率的服务活动,进一步增进党员与群众的联系,强化党员的群众意识和服务意识,以实际行动践行服务师生的初心和使命。

(四) 构建保障体系,落实组织生活制度

一是提供活动保障。高校教职工党支部要及时了解开展工作时需要解决的实际困难,切实保障党支部组织生活需要的活动场地、活动经费、活动平台等。活动场地方面,依托院(系)"党员之家"开展好组织生活;活动经费方面,学校每年按一定标准将经费下拨至学院,学院同时配套经费用于党支部、党员开展党组织生活;活动平台方面,充分利用互联网平台、"学习强国"App 等媒介打造学习的"微课堂""交流站",确保党支部有场地、有经费、有平台开展活动。二是落实督查指导。建立并有效落实党员领导干部联系党支部制度,要求党员领导干部定期参加联系党支部的组织生活,指导、评价党支部工作,提升组织生活质量;通过定期检查党支部工作手册、依托党建 e 家平台等多种形式,实时监测党支部组织生活的情况,根据监测情况,适时开展表彰活动或提出整改意见。三是加强制度建设。党支部建立健全有效的党组织生活管理制度,增强组织生活的计划性和系统性,形成长效机制;同时要加强组织生活的制度宣传,使广大党员都能充分了解党的组织生活制度,增强参与组织生活的主动性。

面对新时代给高校党建工作带来的新挑战、新要求,高校教职工党支部需要立足新发展阶段,贯彻新发展理念,构建新发展格局,切实提高高校教职工党支部组织生活的实际效果,坚持以"创新""开放""共享"等理念切实增强组织生活的有效性,使高校教职工党支部组织生活真正成为教职工党员参与政治生活的优质平台,不断展现基层党建新气象。

参考文献

[1] 谭凤娥.高校教师党支部组织生活现状调研分析[J].产业与科技论坛,2020(19):117-119.

[2] 屈丽虹,刘禹彤,万劢,等.全面从严治党形势下高校教工党支部组织生活的吸引力与实效性研究[J].科教文汇(上旬刊),2018(8):118-119.

［3］王宣赫.提高高等学校基层教工党支部组织生活质量研究［J］.科教导刊(上旬刊),2018(2):73-74.
［4］李鸿雁.高校教职工党支部组织生活存在的问题与对策［J］.文教资料,2017(26):166-167.
［5］吕保华.高校教工党支部组织生活实效性研究——基于湖北省高校教工党支部的调查分析［J］.重庆科技学院学报(社会科学版),2011(22):16-17,40.